Christoph Wagner-Trenkwitz

DURCH DIE HAND DER SCHÖNHEIT

Richard Strauss und Wien

K&S

Ein Verlag der Donauland-Gruppe im Hause Bertelsmann

in Zusammenarbeit mit dem
Richard-Strauss-Verlag, Wien

Bildquellenverzeichnis:

Bildarchiv der Österreichischen Nationalbibliothek, Wien: S. 55, 56, 65, 77, 89, 107, 151, 227; Foto Sauter, München: S. 262; Foto Wog, Berlin: S. 243; Lichtbildstelle Alpenland, Wien: S. 115; Österreichischer Bundestheaterverband, Wien (Fotos, soweit nicht anders angegeben, Axel Zeininger): S. 21 (Foto: Reinhard Werner), 43, 57 (2), 69 (2), 79 (2), 128 (Foto: Helmut Koller), 129, 162, 229, 259; Österreichisches Theatermuseum, Wien: S. 185, 187; Pressefoto Fayer, Wien: S. 199, 269; Pressefoto Hausmann, Wien: S. 208; Richard-Strauss-Archiv, Garmisch: Frontispiz, S. 12, 50, 51, 95, 117, 121, 136, 144, 170, 181, 194, 213, 218, 236, 238, 240, 246, 247, 253, 261, 264, 281; Setzer-Tschiedel-Fotoarchiv, Wien: S. 42, 119; Thomas Sessler Musikverlag, Wien (Boosey & Hawkes, Subvertretung für Österreich): S. 53; Wiener Staatsoper, Archiv: S. 29.

ISBN 3-218-00658-9

Schutzumschlaggestaltung: Zembsch' Werkstatt, München
Lektorat: Marie-Theres Pitner
Satz: Zehetner GesmbH, A-2105 Oberrohrbach
Repros: Repro Wohlmuth, Wien
Druck und Bindung: Mladinska knjiga Tiskarna, Ljubljana

Inhalt

III. Teil

Anhang

Vorwort

„O dieses Wien!
Allein, so hab' ich's oft geträumt!
Aus tiefster Schmach hebt's uns einmal empor
zu höchster Höhe durch die Hand der Schönheit."

Das titelgebende Zitat ist entlehnt aus *Arabella*, der letzten „wienerischen" Oper von Richard Strauss, zugleich der letzten, deren Textbuch Hugo von Hofmannsthal verfaßt hat. Auf Wien ist es gemünzt, auf Strauss läßt es sich nur teilweise ummünzen. Wohl hob sich Richard Strauss in dieser Stadt „zu höchster Höhe durch die Hand der Schönheit" empor, doch keineswegs „aus tiefster Schmach". Vielmehr kam der Erfolgskomponist und Berliner Hofkapellmeister „aus Glanz und Wonne" her, wie die Titelgestalt in Wagners *Lohengrin*, den Staatsoperndirektor Strauss als seine erste Neueinstudierung am 1. Januar 1920 leitete. Die erste Fühlungnahme mit der „Stadt der Musik" begab sich jedoch bereits 1882, als Strauss die Uraufführung seines Violinkonzerts selbst am Flügel begleitete, das Wiener Debüt als Konzertdirigent folgte 1895, der erste Auftritt im Opernhaus am Ring 1910.
Als sich das Kunsthistorische Museum 1996/97 mit seiner Großausstellung „Die Botschaft der Musik" auf „1000 Jahre Musik in Österreich" besann, durfte ein Autograph vom Schlußterzett des *Rosenkavalier* nicht fehlen. Dabei gab der Katalog an, Richard Strauss sei „der einzige in dieser Ausstellung berücksichtigte Komponist, dessen Zentrum seines Lebens und Schaffens nicht in Österreich zu suchen ist".
War dem wirklich so? Ist seine Verbindung zu Wien reduzierbar auf Darius Milhauds Ausspruch: „[...] wenn er mit Wien geflirtet hat, so jedenfalls mit großem Erfolg"? Diesen Satz bezog der Franzose auf Strauss und seinen *Rosenkavalier*, der bis heute als unübertroffener Inbegriff wienerischen Musizierens gilt. Für den Vollender der symphonischen Dichtung, den erfolgreichsten Opernkomponisten des

20. Jahrhunderts, den Dirigenten und Direktor Richard Strauss war die Beziehung zu Wien allerdings nicht bloß „Flirt". Sie war Lebensmittel für den heranwachsenden Komponisten, der im Geiste der Wiener Klassik großgezogen wurde, Kraftprobe für den jungen „Sensationsmusiker", eine innige Lebensfreundschaft mit den Philharmonikern und eine feste Liaison für die Dauer seiner Staatsoperndirektion. Neben dem Dauerrefugium Garmisch war Wien zumindest zwischen seinem 55. und seinem 67. Lebensjahr (mit einer deutlichen Zäsur) Zentrum seines Wirkens und über lange Zeit sogar zweiter Wohnsitz. Nicht zu vergessen ist freilich auch die unzerstörbare Liebe des Wiener Publikums zu seinem Werk, die über den Tod des Meisters hinaus bis heute andauert.

Es sei dahingestellt, ob es für Strauss selbst immer eine „Liebesbeziehung" war. Im ersten Zorn nach der Demission bezeichnete er Wien etwa als „Stadt der unbegrenzten Unmöglichkeiten". Aber welcher Künstler, ob heimisch oder „zugereist", hätte dies nicht bisweilen so empfunden?

Zum ersten Mal seit Strauss' Ableben, das sich im September 1999 zum 50. Male jährt, wird eine Gesamtdarstellung der vielfältigen Beziehungen des Künstlers zu Wien versucht. Dabei konnte ich auf das Anfang 1949 erschienene Buch Roland Tenscherts *Richard Strauss und Wien* sowie auf Franz Grasbergers Darstellung der Wiener Direktionsjahre *Richard Strauss und die Wiener Oper* (Tutzing 1969) als wichtigste Sekundärquellen zurückgreifen.

Die vorliegende Dreiteilung des Stoffes ergab sich gewissermaßen von selbst. Im Zentrum steht Strauss' fünfjährige Tätigkeit als „Künstlerischer Oberleiter" des Wiener Operntheaters (wobei zumeist die heute gebräuchliche Bezeichnung „Staatsoper" Verwendung findet) von 1919 bis 1924. Diesem Jahrfünft gehen die dreieinhalb Jahrzehnte voraus, in denen seine Werke, aber auch der Dirigent und Klavierbegleiter Richard Strauss die Konzertsäle und Opernbühnen Wiens eroberten. Ab Ende 1926 war unser Künstler erst regelmäßig, dann immer sporadischer Gast der Wiener Musikinstitutionen, durch seine Villa in der Jacquingasse und die dort lebende Familie seines Sohnes um so intensiver privat der Stadt verbunden.

Die Beschränkung auf Richard Strauss' Wirken in Wien erlaubt nur, daß ein Ausschnitt aus der vielfältigen Biographie beleuchtet wird;

wie umfangreich sein Beitrag zum künstlerischen Leben der Donaumetropole war, beweisen die Aufführungsgeschichten der wichtigsten Bühnenwerke und schließlich ein statistischer Teil, der die Dirigentenauftritte in Oper und Konzert sowie die Aufführungszahlen seiner Opernwerke an Staats- und Volksoper (bzw. Hofoper und Kaiserjubiläums-Stadttheater) beinhaltet.
Besondere Unterstützung bei der Materialzusammenstellung, Ermutigung und Gastfreundschaft wurde mir von der Familie Strauss zuteil. Den Enkeln Richard und Christian Strauss, Gabriele Strauss-Hotter und Madeleine Rohla-Strauss gilt darum mein herzlichster Dank. Für Rat und Hilfe zum Zustandekommen des Buches danke ich weiters (unter Verzicht auf alle Titel und in alphabetischer Reihenfolge) Erwin Barta, Günter Brosche, Peter Dusek, Michael Fritthum, Barbara Köszegi, Leo Mazakarini, Therese Muxeneder, Alfred Oberzaucher, Carmen Ottner, Oswald Panagl, Franz Patay, Marcel Prawy und Rainer Schubert.

Christoph Wagner-Trenkwitz Wien, im Juli 1999

I. Teil

Der Eroberer (1882–1919)

1. Auftakt

1882: Richard Strauss ist achtzehn Jahre alt. Das Bühnenweihfestspiel *Parsifal* aus der Feder seines Idols Richard Wagner wird uraufgeführt, das Berliner Philharmonische Orchester unter dem Mentor Hans von Bülow wird gegründet und der Widersacher Igor Strawinski geboren.
Am 5. Dezember 1882, dem einundneunzigsten Todestag des Abgottes Mozart, musizierte Richard Strauss erstmals in Wien. Es war dies sein erster Besuch überhaupt in jener Stadt, deren musikalischer Geist ihn seit seinen frühesten musikalischen Gehversuchen umgeben und geleitet hatte. Der gestrenge Vater Franz Joseph Strauss, erster Hornist an der Münchner Hofoper, hatte das Fundament für Kenntnis, Verehrung und Bemeisterung der Wiener Klassik beim

Richard Strauss als Abiturient, um die Zeit seines ersten Wien-Besuches.

Sohne gelegt: „Sein musikalisches Glaubensbekenntnis galt der Trinität Mozart (über allen), Haydn und Beethoven“, erinnerte sich Richard Strauss. „Unter der strengen Obhut meines Vaters wuchs ich bis zum 16. Jahre nur in klassischer Musik auf, und dieser Schule verdanke ich, daß mir bis heute die Liebe und Bewunderung für die klassischen Meister der Tonkunst ungetrübt verblieben ist.“[1]
Strauss war nur ein Anhängsel auf dieser seiner ersten Konzertreise. Die Protagonisten des „Concerts“ im Bösendorfer-Saal, der sich bis 1913 in der Herrengasse an der Stelle des heutigen Hochhauses befand, waren die Pianistin Eugenie Menter (Schwester der berühmteren Klaviervirtuosin Sophie Menter) und der Geiger Benno Walter. Bei diesem um einige Jahre älteren Cousin hatte Richard seit einem Jahrzehnt Violinunterricht genossen, ohne sein Hauptinstrument, das Klavier, zu vernachlässigen. Während sich Strauss als „keineswegs durchgebildeter Pianist“ bezeichnete, spendete ihm Hans von Bülow 1885 in Meiningen das doppelte Lob: „Wenn Sie nicht was Besseres wären, könnten Sie auch Klavierspieler sein.“[2] Jedenfalls entsprang aus der Befassung mit dem Streichinstrument das Violinkonzert in d-moll (op. 8). Der stolze Widmungsträger Walter setzte die Uraufführung des noch ungedruckten Stückes auf das Programm seines Wiener Konzertes, und der junge Komponist war dazu ausersehen, selbst den Klavierpart („in Vertretung des Orchesters“, wie auf dem Abendzettel vermerkt ist) zu übernehmen – wahrscheinlich spielte er aus dem Schulheft, in das er die Komposition während des Unterrichts, also ohne Zuhilfenahme eines Klaviers, notiert hatte. Dreizehn Jahre später sollte sich „mein biederer Vetter“[3], im Hauptberuf Konzertmeister des Münchner Hoforchesters, übrigens als weniger hilfreich erweisen: Es ist auch Benno Walters Protesten bei der Operndirektion zuzuschreiben, daß Richard Strauss' Opernerstling *Guntram* 1895 in der Vaterstadt nach einer Aufführung abserviert wurde.
Zur Zeit des gemeinsamen Wien-Besuches aber war alles noch in Ordnung: Man stieg im Hotel Klomser unweit des Bösendorfer-Saales ab und antichambrierte zusammen mit der Pianistin Menter bei einigen Größen des Kulturlebens. Der Auftritt bei Eduard Hanslick war keineswegs geneigt, den unbarmherzigen Kritiker milde zu stimmen: „Als wir bei Hanslick Besuch machten, hatte die lustige

Eugenie Menter vor des berühmten Scharfrichters Haustür einen so köstlichen Witz gemacht, daß wir herausplatzten, als das Hausmädchen die Tür öffnete. Sie hatte wohl noch nie so unehrfürchtige Besucher erlebt. Er war nicht zu sprechen!"[4] Das andere „kritische Ungeheuer", Max Kalbeck von der *Wiener Allgemeinen Zeitung*, zeigte sich hingegen – und zeigte sich liebenswürdig. Bemerkenswert, daß die Resonanz auf den Konzertabend genau umgekehrt ausfiel, als man erwarten möchte: Während Kalbeck bemängelte, daß Strauss „noch zu tief in seiner geistigen Entwicklung befangen" sei und sein Violinkonzert „leere Stellen und dürftig ausgefüllte Lücken" aufweise, urteilte Hanslick in der *Neuen Freien Presse* zustimmend: „Das Violinkonzert von Richard Strauss [...] verräth ein nicht gewöhnliches Talent. Der junge Componist hat sich damit auf das günstigste eingeführt [...]." Hanslick schloß mit den prophetischen Worten: „So dürfte der Name Richard Strauss bald in weiteren Kreisen bekannt und beliebt sein."[5] Strauss, der in den folgenden Jahren noch manchen Hieb des Wiener Kritikerpapstes einstecken mußte, bestand darauf, daß jenes „das erste und einzige Lob" war, das Hanslick ihm je gespendet. Doch sollte sich Hanslick bei der Wiener Erstaufführung von *Tod und Verklärung* (op. 24) nicht ein weiteres Mal positiv äußern und recht behalten? „Die Art seines Talents weist den Komponisten eigentlich auf den Weg des Musikdramas." Gewiß: das Wahrwerden dieses Satzes hat Eduard Hanslick nicht mehr erlebt – er verstarb 1904, also noch vor der *Salome*-Uraufführung –, doch nichts hätte ihn daran hindern können, nach den größten Musikdramatikern des 19. Jahrhunderts, Wagner und Verdi, auch jenen des 20. Jahrhunderts zu verkennen ...

Strauss nützte die Tage seines Wien-Besuches nicht nur zur Einübung in die Unberechenbarkeit der Wiener Kritiker. Der vielseitig Aufgeschlossene lernte den Hofkapellmeister Hans Richter kennen, zweifellos über Empfehlung des Vaters Franz Strauss, der Richter trotz dessen tätiger Verehrung für Richard Wagner freundschaftlich verbunden war. Richter blieb nicht nur von 1875 bis 1898 Dirigent der Philharmonischen Abonnementkonzerte, sondern wirkte auch an führender Stelle im Haus am Ring unter Operndirektor Wilhelm Jahn, dem Strauss ebenfalls einen Besuch abstattete. Er hörte am 2. Dezember eine *Tannhäuser*-Aufführung (mit Amalie Materna als

Elisabeth, Hermann Winkelmann in der Titelrolle und Louis von Bignio als Wolfram) in der Hofoper, im Burgtheater begeistert er sich für Josefine Wessely, eine Tante Paula Wesselys, in *Romeo und Julia*. Auch von einem Konzert unter Jahn – Richter hatte sich in der Saison 1882/83 vorübergehend von den „Philharmonischen" zurückgezogen –, das Brahms und Mozart bot, berichtete er dem Vater in einem zum Teil reservierten Brief. Der Achtzehnjährige monierte etwa, daß „das ganze Blech hier schlechter ist als bei uns [in München]"[6]. Knapp drei Jahre später sollte der mittlerweile Einundzwanzigjährige eine eigene Komposition bei dem Wiener Orchester einreichen: Seine Konzertouvertüre in c-moll (ohne Opuszahl) verfehlte bei der Abstimmung im Oktober 1885 die erforderliche Mehrheit um nur neun Stimmen[7]. So ergab es sich, daß erst sechseinhalb Jahre später erstmals ein Werk von Richard Strauss in einem Philharmonischen Konzert erklingen sollte.

2. Symphonisches Vorspiel

„Die Jungen gehen schon mit!"
Vier Wiener Erstaufführungen unter Hans Richter

Bei der Wiener Uraufführung seines Violinkonzertes war der halbe Knabe Richard Strauss selbst am Klavier gesessen. Im Laufe des folgenden Jahrzehnts sollte er vom begabten Anfänger zum jungen Meister reifen und der Musikwelt beweisen, was er in der Orchesterbehandlung zu leisten imstande war. *Aus Italien* (op. 16), *Don Juan* (op. 20), *Macbeth* (op. 23), *Tod und Verklärung* (op. 24) – so lauten die Titel seiner in den 1880er Jahren entstandenen Tondichtungen. Nach und nach bekleidete Strauss in jenen Jahren Kapellmeisterstellen in Meiningen, München und Weimar und erwarb sich einen ebenso guten Ruf als Dirigent, wie er als aufstrebender Komponist Bewunderung und Ablehnung auf sich vereinte.

So auch in Wien: Das „5. Abonnement-Concert" am 10. Januar 1892 unter der Leitung des zurückgekehrten Hans Richter mit der Wiener Erstaufführung des *Don Juan* bedeutete fast eine „Revolution", wie aus den sarkastischen Zeilen eines fortschrittlichen Rezensenten hervorgeht: „Die Philharmoniker kamen uns in ihrem letzten Konzerte einmal mit einer leibhaftigen Novität – man denke! – […] von einem Komponisten, dessen künstlerisches Schild noch den frischen Lackgeruch nicht verloren hat."[8] Albert Kanders geißelte im *Fremden-Blatt* den sonstigen „puritanischen Konservatismus der philharmonischen Programmacher", doch schien die Mehrzahl der Besucher laut Kanders' Schilderung der Novität nichts abgewinnen zu können: „Viele Zuhörer machten eine Miene, als ob sie am liebsten den gefiederten Namensvetter des Komponisten nachahmen und den Kopf bis über die Ohren im Sande bergen wollten." Alles klar machte Eduard Hanslick mit dem ersten in einer langen Serie von Strauss-Verrissen: „Am letzten Sonntag hörten wir *Don Juan*. Nicht den von Mozart – nein, ganz im Gegenteil!" Der junge Komponist sei wie „ein routinierter Chemiker, der die Elemente musikalisch sinnlicher Aufreizung äußerst geschickt in einem betäubenden

Lustgas zu mischen versteht". Schuld an dieser Fehlentwicklung trug laut Hanslick natürlich die unselige „Dreieinigkeit Hector Berlioz, Franz Liszt und Richard Wagner". Die von diesen verbreitete „Virtuosität im Orchestrieren ist heute ein Vampyr geworden, welcher der schöpferischen Kraft unserer Tondichter das Blut aussaugt".

Der Erfolg im Saale war ein geteilter; insbesondere ein jugendliches Publikum jubelte der Erstaufführung zu. Eines der beispielhaften Zeugnisse der Euphorie ist ein Brief des Musikstudenten Otto Mahler (des jüngeren Bruders von Gustav Mahler), der dem *Don Juan* beigewohnt hatte. Strauss faßte den Inhalt dieses Briefes befriedigt zusammen: „Mahler schickte mir gestern einen Brief seines neunzehnjährigen Bruders aus Wien, der sehr begeistert und eingehend mit großem Verständnis über das Werk schreibt. Die Jungen gehen schon mit!"[9]

Hanslick jedoch wollte in der Novität nur einen „Tumult von blendenden Farbenklecksen" erkennen. Er resümierte: „Ich habe Damen und Wagner-Jünglinge von dem Straussischen *Don Juan* mit einer Begeisterung reden hören, daß ihnen bei der bloßen Erinnerung ein wollüstiger Schauer über den Rücken zu laufen schien. Andere fanden das Ding einfach abscheulich, und diese Empfindung scheint mir die richtigere zu sein." Zu den von Hanslick zitierten „Wagner-Jünglingen" zählte auch Hugo Wolf, der trotz seiner Fixierung auf den Bayreuther Meister dessen Gefolgsmann Strauss als „ganze Meisterschaft" die „Kunst, ohne Einfälle zu komponieren" zugestand. Auch die insgesamt vierte Wiener Erstaufführung einer Strauss-Komposition im Rahmen der Philharmonischen Konzerte unter Hans Richter, *Also sprach Zarathustra* am 23. März 1897, erregte in Wolf bloß Mißfallen: Strauss hätte „mit seinem wahnsinnigen Gebaren nur einen Heiterkeitserfolg erzielt", aber „der süße Pöbel hat ihm natürlich zugejubelt; für den war's ja eine ‚Hetz', und wo's eine Hetz gibt, da sind unsere lieben Wiener immer zu haben."

Vorangegangen waren dem *Zarathustra* der verdienstvolle Einsatz Richters für *Tod und Verklärung* (15. Januar 1893) und *Till Eulenspiegel* (5. Januar 1896) mit den dazugehörigen Attacken Eduard Hanslicks. „Der arme Junge ist erlöst, was das Programm mit dem verschönernden Titel ‚Welt-Erlösung, Welt-Verklärung' bezeichnet."

Das Programm zu *Tod und Verklärung* roch dem Urbild des Beckmesser offenbar zu sehr nach Wagnerscher Terminologie! Und doch wies Hanslick, wie hier nochmals betont sei, den jungen Komponisten mit dieser Kritik auf den rechten Weg, nämlich den des „Musikdramas". Theatralische Assoziationen – wenngleich zynisch-abwertend gemeint – finden sich auch in Hanslicks *Zarathustra*-Rezension, wenn er die „verwegenen Künste des Regisseurs und Dekorationsmalers" Strauss geißelte. Max Kalbeck ließ im *Neuen Wiener Tagblatt* vom 24. März 1897 Richard Strauss selbst einen fiktiven Aufruf im Stile von Nietzsches Zarathustra hinausschmettern: „Ich lehre euch den Übermusiker! Der Musiker ist etwas, das überwunden werden soll." Und weiter spinnt Kalbeck seine satirische Kritik an der Symphonischen Dichtung überhaupt: „Schwer ist die Oper, das Oratorium, die Symphonie, das Konzert; ja sogar die Sonate und das Lied sind schwer, denn alle diese fallen ins Gewicht durch ihren Inhalt und ihre Form. Leicht wiegen die Hirngespinste der Aberwitzigen und Gedichte der Unmusiker, wenn ich sie in das freie Reich der blauen und roten Töne trage. Leicht ist die Tondichtung des Übermusikers, das tanzende Märchen, das singende Begriffsgemälde, das welterlösende Klangzauberwerk mit dem Trarrah, Plimplam, Schnedderengdeng, Bimbam und Bumbum seiner Windpfeifen, Glocken, Pauken, Posaunen und Harfen." Als Krönung noch ein unübersehbarer Seitenhieb gegen Richard Wagner: „Denn alles dies verlangt weder nach Inhalt noch nach einer Form, und wo Begriffe oder Melodien fehlen, da stellt sich ein Leitmotiv zur rechten Zeit ein."

„Raffinierte Narrheit"
Weitere Erstaufführungen und Richters Abschied

Zumindest einige Proben der Straussischen Kompositionskunst in anderen Gattungen hätte Kalbeck allerdings kennen müssen: Im Februar 1892 waren im Bösendorfer-Saal das Klavierquintett op. 13, ausgeführt vom Rosé-Quartett mit dem vorzüglichen Pianisten Bernhard Stavenhagen, sowie das Hornkonzert op. 11 erklungen. Im November desselben Jahres dirigierte Wilhelm Gerick die Wiener Erstaufführung des sechsstimmigen Chores *Wanderers Sturmlied* (op. 14) in der Gesellschaft der Musikfreunde. Hanslick war anwe-

send und konstatierte „das Wohltätige des Zwanges, daß der Vokalkomponist sich dem Inhalt und der Form einer bestimmten Dichtung [in diesem Falle von Goethe] anbequemen muß".
Dem *Till Eulenspiegel* erging es nicht besser, was die Feindseligkeiten der konservativen Kritik betraf (Hanslick schrieb von einem „Produkt der raffiniertesten Decadence"), und nicht schlechter, insoweit sich Strauss des Zuspruches jüngerer und fortschrittlicher Publikumsschichten erfreuen durfte.[10] Doch fand der Komponist auch in seinem betagten Kollegen Anton Bruckner einen ihm zugeneigten Geist. Neben dem *Till* hatte Richter dessen vierte Symphonie auf das Programm des Abonnementkonzerts am 5. Januar 1896 gesetzt, bei dem der bereits vom Tode gezeichnete Komponist selbst anwesend war. In einer Sänfte in den Saal getragen, lauschte er aus verstecktem Winkel der Darbietung und war von der Strauss-Novität so angetan, daß er bereits am 29. März einer Wiederaufführung des *Till* beiwohnte, den er nach dem ersten Mal „nicht völlig verstanden habe, obwohl sie [Anm.: die symphonische Dichtung] ihn ungemein interessierte"[11]. Für Max Kalbeck allerdings entsprach der „reinen Torheit" der Brucknerschen Symphonie die „raffinierte Narrheit" des *Till Eulenspiegel*, den er als „scharf und unangenehm" empfand.
Im Frühjahr 1898 sollte die jahrzehntelange Wiener Tätigkeit Hans Richters ein Ende finden und sich mit ihm ein engagierter Vorkämpfer für Richard Strauss verabschieden. Richters letztes Philharmonisches Konzert am 27. März ließ zwischen Brahms' *Akademischer Festouvertüre* und Beethovens *Eroica* nochmals *den Don Juan* erklingen. An Richters Stelle in der Hofoper wie später auch im Musikvereinssaal aber trat ein Mann, der sich aus künstlerischer Überzeugung nicht minder für Strauss einsetzte und den unter anderem dieser Einsatz persönlich scheitern ließ: Gustav Mahler.

3. Der freundschaftliche Rivale: Gustav Mahler

Mahler für Strauss – Strauss für Mahler

Am 11. Mai 1897 nahm der noch nicht 37jährige Gustav Mahler die bedeutendste Bastion der mitteleuropäischen Opernwelt im Handstreich: Sein Debüt an der Wiener Hofoper mit Wagners *Lohengrin* beeindruckte Publikum, Künstler und öffentliche Stellen so sehr, daß Mahler wenige Monate später die längstdauernde Operndirektion in der Geschichte der Donaumetropole, jene von Wilhelm Jahn, der 17 Jahre gedient hatte, mit seinem Nachrücken auf den Direktorsposten beendete.

Als Kapellmeister hatte Gustav Mahler mit Laibach, Olmütz, Kassel, Prag, Leipzig, Budapest und Hamburg nicht gerade die wichtigsten Karrierestationen vorzuweisen. Entscheidend aber war, *wie* er sich dort bewährt hatte: mit enormem Talent, Fleiß, Ehrgeiz, Durchsetzungsvermögen und einem musikalischen Genie, das eben nur dem großen Schöpfer gegeben ist. Als solcher aber war Mahler weit weniger anerkannt. Zu dem kleinen Kreis der verstreuten Vorkämpfer gehörte auch Richard Strauss, den man – fast zeitgleich mit dem Kollegen – ebenfalls in eine bedeutsame Position berief: Im Herbst 1898 wurde er Erster königlicher Kapellmeister in Berlin.

1887 hatte Strauss den vier Jahre älteren Komponistenkollegen in Leipzig kennengelernt, wo Mahler als Zweiter Kapellmeister am Stadttheater engagiert war. Zu Beginn der 1890er – Strauss hatte in Weimar, Mahler in Hamburg Fuß gefaßt – hatten die Künstler Gelegenheit, sich füreinander einzusetzen. Strauss führte im Rahmen der 30. Tonkünstlerversammlung des Allgemeinen Deutschen Musikvereins Gustav Mahlers I. Symphonie (*Der Titan*) auf. Mahler wieder war bemüht, den Opern-Erstling des Kollegen für das Hamburger Stadttheater an Land zu ziehen. Doch die Premiere des *Guntram* fand 1894 in Weimar statt. In einem Wiener Autorenkonzert am 19. Februar 1899 vermochte Mahler seine Wertschätzung für diese

Oper unter Beweis zu stellen und den Autor würdig zu vertreten: Nach Siegfried Wagner, Engelbert Humperdinck und Wilhelm Kienzl, die eigene Werke dirigierten, leitete Mahler anstelle des abwesenden Richard Strauss glänzend die beiden *Guntram*-Vorspiele. Am 19. November 1899 brachte ein Philharmonisches unter Mahler mit der symphonischen Fantasie *Aus Italien* (op. 16) wieder eine Wiener Strauss-Erstaufführung. Hanslick wetzte das Messer und stach zu, da er eine umfänglichere Verwendung von Luigi Denzas Volksweise *Funiculi funicula* vermißte.

Büste Gustav Mahlers von Auguste Rodin. Direkt gegenüber ist im Schwindfoyer der Wiener Staatsoper die Büste von Richard Strauss aufgestellt (siehe Seite 162).

„... im Voraus angenommen!"
Zwei Ballette, die nicht zustande kamen

Hugo von Hofmannsthals erste briefliche Kontaktaufnahme mit Richard Strauss stammt vom November 1900, also über fünf Jahre vor Beginn einer regelmäßigen Korrespondenz zur gemeinsamen *Elektra*. Hofmannsthal bot Strauss seinen Ballettentwurf *Der Triumph der Zeit* zur Vertonung an, was dieser dankend, aber bestimmt ablehnte; er hätte ein eigenes Ballett in Arbeit (*Kythere*, von dem ein vollständiges Szenario und mehrere musikalische Skizzen vorliegen). Hierauf wandte sich Hofmannsthal an den aufstrebenden jungen Opernkomponisten Alexander von Zemlinsky, dem er jedoch in einem Brief vom 18. September 1901 über ein vernichtendes Urteil berichten mußte, das seine Ballettpantomime (die nun den Titel *Das gläserne Herz* trug) von höchster Stelle traf. Gustav Mahler nämlich hatte „an dem Ganzen offenbar nichts gefallen, weder die pantomimischen noch die mehr decorativen Teile. Ich fürchte", so fuhr der merkbar verletzte Dichter fort, „daß ihm gerade das fehlt, worauf es hier ankommt: nämlich die Phantasie des Auges. Er denkt von der ganzen Kunstgattung schlecht ..."[12]

Daß Mahler weder Verehrer noch Fachmann im Bereich Ballett war, mag sicher zutreffen, doch sehnte sich der Hofoperndirektor ehrlich nach einem vorweisbaren Erfolg in dieser Sparte. So unreflektiert möglicherweise Mahlers Ablehnung des Hofmannsthalschen Werkes war, so spontan akzeptierte er eine noch unausgereifte Ballettidee, die ihm Richard Strauss im April 1900 antrug.[13] In einem Brief vom 22. April bat der Berliner Kapellmeister den „lieben Freund" zunächst, ihm eine „gut instrumentierte österreichische Kaiserhymne" für den bevorstehenden Besuch von Kaiser Franz Joseph in Berlin zur Verfügung zu stellen, im Rahmen dessen Strauss übrigens seine erste österreichische Auszeichnung, den Orden der eisernen Krone III. Klasse, erhalten sollte. Und weiter in dem erwähnten Brief: „Ich bin daran, ein ein- oder zweiaktiges burleskes Ballett zu schreiben: *Kometentanz*, eine astrale Pantomime – natürlich etwas vom landläufigen Gehüpfe total Abweichendes – von Paul Scheerbart. Wollen Sie das Ballett für die Wiener Oper annehmen, die allererste Aufführung haben u. eine schöne Ausstattung daran wenden? Auf mein gutes Gesicht hin?"

Nicht das gute Gesicht, aber Mahlers allgemeine Wertschätzung für den Kollegen (und eine deutliche Portion Geringschätzung für sein Publikum) diktierte umgehend die Antwort: „Ihr Ballett ist im Voraus angenommen! [...] Glauben Sie mir es, ich bin glücklich, Ihrem Schaffen die gebührende Würdigung erweisen zu können. – Daß ich mir die Wiener erst langsam erziehen muß, ist nur zu natürlich, nach der Decennien langen methodischen Verdummung. [...] Ich sehe es als eine Ehrensache für die Wiener Hofoper an, die Premiere zu haben. – Daß Sie mit der Aufführung zufrieden sein werden, dafür verbürge ich mich." Richard Strauss allerdings ließ die Kometen nicht tanzen ... „Damit war der spektakulärste Versuch Mahlers, die Kunstform des Balletts durch einen Impuls vom Musikalischen her zu erneuern, gescheitert."[14]
Die Schöpfer der abgelehnten bzw. gar nicht eingereichten Ballette, Hugo von Hofmannsthal und Richard Strauss, sollten sich wenige Jahre später zu dem grandiosesten Künstlergespann der zeitgenössischen Musiktheaterszene entwickeln. Erst 1912 gingen sie daran, mit *Josephs-Legende* das erste gemeinsame Ballett schaffen.

„Mit starker geistiger Einwirkung"
Strauss dirigiert erstmals in Wien

Im Herbst 1900 lud der Direktor des k. u. k. Hofoperntheaters Gustav Mahler den „lieben Freund" Richard Strauss ein, in einem der nächsten Philharmonischen Konzerte sein *Heldenleben* zu dirigieren, denn „es wäre nun an der Zeit, daß Sie und unser Publikum miteinander Bekanntschaft machten".[15] Der Eingeladene mußte leider „die Aufführung und Direktion refüsieren, da ich mich Herrn Gutmann für den 23. Januar [1901] verpflichtet habe". An jenem Tage erlebte Wien den „königlich-preussischen Hofkapellmeister" zum ersten Mal als Dirigenten seiner eigenen Werke, darunter (als Wiener Erstaufführung) *Ein Heldenleben* (op. 40). Schon fünf Jahre zuvor hatte Strauss im Rahmen eines Gastspiels der Berliner Philharmoniker neben den beiden „Felixen" Mottl und Weingartner in Wien dirigiert, damals aber (am 2. April 1895 im Musikvereinssaal) waren Werke von Wagner, Grieg, Liszt und Beethoven gespielt worden. In dem von der Konzertagentur Albert Gutmann organisierten Musikvereinskonzert am 23. Januar 1901 erklangen „unter persönli-

cher Leitung des Komponisten" und unter Mitwirkung des auf über hundert Mann verstärkten Münchner Kaim-Orchesters folgende symphonische Stücke: *Till Eulenspiegels lustige Streiche*, *Ein Heldenleben* und – als Abschluß – das packende Vorspiel zum 2. Akt *Guntram*. Der Kritik stieß die vermeintliche Selbstüberschätzung des Komponisten auf, die ihn dazu gebracht hatte, ihnen im *Heldenleben* eine von angeblicher „Selbstverherrlichung" (Kalbeck) geprägte Autobiographie vorzuführen und es überdies in „des Helden Widersacher" auf „andersgläubige Kapellmeister und widerborstige Musikreferenten abgesehen" zu haben. „Giftiger Neid, kleinliche Bosheit und stumpfer Unverstand sind schlimme Artikel", giftete sich auch Hanslick, „für welche sich der Held durch eine zehnmal schlimmere, wahrhaft scheußliche Musik rächt."
Auch zwei Blöcke mit Liedern, dargebracht von Pauline Strauss, waren in das Programm eingewoben und stimmten die Kritik versöhnlicher: die Erstaufführung der Orchesterlieder *Meinem Kinde*, *Muttertändelei* und *Wiegenlied* sowie die Klavierlieder *Befreit*, *Ein Obdach*, *Traum durch die Dämmerung* und *Heimliche Aufforderung*, die sich an das *Heldenleben* anschlossen. So sehr dem Referenten des *Fremden-Blattes* dieses mißfiel, so sehr lobte er die kleineren Kompositionen und deren Interpreten: „Wie ein freundlicher, warmer Sonnenstrahl erglänzte uns über diesem Schlachtfeld [gemeint ist das *Heldenleben*] der Gesang der Frau Strauss-de Ahna, der anmutigen Gattin Richards ... Wie labte uns Frau de Ahnas meisterhaft geschulte, weiche, süße Sopranstimme! Von Richard Strauss unvergleichlich schön begleitet, fanden die Vorträge seiner Frau enthusiastischen Beifall. Wir dürfen sie wohl seine schönere Hälfte nennen."
Dieser erste gemeinsame Wien-Auftritt, den Strauss und seine Gattin als Erfolg werten durften, stellte sich für den Konzertveranstalter weniger günstig dar: „Da die Eintrittspreise infolge der hohen Spesen des für einen Abend eigens engagierten auswärtigen Riesenorchesters begreiflicherweise ungewöhnlich hoch bemessen werden mußten, ließ der Besuch etwas zu wünschen übrig, so daß der Manager dieses Abends, der Hofmusikverleger Albert Gutmann, nicht annähernd auf seine Kosten kam."[16]
Als nächster gewann der Prater-Impresario Gabor Steiner den Dirigenten Richard Strauss für Wien. In drei Konzerten (21., 25. und

26. Juni 1902) musizierte Strauss mit einem 130 Mann starken „Riesen-Orchester“, wie der Programmzettel ausposaunte (es war aus Mitgliedern des Wiener Konzertvereins und verschiedener Wiener Bühnen zusammengesetzt). Die Programme kündeten von Strauss' „musikalischem Credo“[17]: Wagner, Berlioz, Liszt und der Zeitgenosse Schillings waren vertreten – und natürlich der Dirigentenkomponist selbst, mit *Till Eulenspiegel, Tod und Verklärung* sowie *Ein Heldenleben*. Wie sein großer Namensvetter Johann hatte Richard nichts dagegen einzuwenden, daß die Konzerte unter freiem Himmel im englischen Garten des Etablissements „Venedig in Wien“ abgehalten wurden. Doch der warnende Hinweis auf dem Plakat („Im Falle ungünstiger Witterung findet das Concert im Sommertheater statt“) sollte sich in der regnerischen Wetterperiode, in welche die Termine gerieten, bewahrheiten: „Bei unwirtlichem Wetter mußten die opferwilligen Musikfreunde die Wanderung in den feuchten Prater antreten, um des ungewöhnlichen Kunstgenusses teilhaftig zu werden. Einmal geschah dies sogar vergebens, da die Absage erst in letzter Stunde erfolgen konnte. Willkommen war, als es wirklich dazu kam, nur der Umstand, daß der Regen den lauten Betrieb da draußen verstummen machte, daß die Reklamerufe für die ‚Riesendame‘, für den ‚Höllensprung‘ eines Radfahrers, der Lärm der Leierkästen und phonoelektrischen Instrumente die Sammlung des Besuchers nicht beeinträchtigten.“[18]

Im Juni 1902 verfestigte sich auch in Wien der Ruf Richard Strauss' als hervorragender Dirigent („Strauss leitete das Orchester, wie man es an ihm gewohnt ist, ohne Affektion und mit starker geistiger Einwirkung“, attestierte ihm eine der Kritiken[19]). Und zu Beginn desselben Jahres hatte die Stadt ein neues Werk kennengelernt, das einen Meilenstein in jener Gattung bedeutete, als deren bedeutendster zeitgenössischer Meister er sich bald herausstellen sollte. Am 29. Januar 1902 kam Straussens zweites Bühnenwerk *Feuersnot* in der Wiener Hofoper zur österreichischen Erstaufführung.

„... eine unübertrefflich schöne Wiedergabe"
Die Erstaufführung der *Feuersnot*

Selbstverständlich hatte Richard Strauss jedes Interesse, daß seine erste Oper *Guntram* (am 10. Mai 1894 in Weimar uraufgeführt) auch den Weg an die Wiener Hofoper fände. Eine Einladungskarte für die Premiere, abgesandt von der „Grossherzoglich Sächsischen Generalintendanz des Hoftheaters und der Hofkapelle zu Weimar" an den damaligen Wiener Direktor Wilhelm Jahn, wird im Haus-, Hof- und Staatsarchiv aufbewahrt, ebenso ein Beweis, daß der Wiener Zensor dem *Guntram* durchaus wohlgesonnen war. In einem Gutachten an Jahn vom 7. November 1894 wurde festgehalten, „[...] daß Richard Wagner wohl Schule gemacht, aber keine Schüler haben kann. Aber die Wiener Hofoper wird wohl an die Aufführung *dieses* Strauss über kurz oder lang denken müssen."[20] Der im selbst verfaßten Textbuch stark wagnernde, in der Musik allerdings schon unverkennbar straussische Opern-Erstling, der am 9. Oktober 1901 zu Prag als erste Strauss-Oper in der österreichischen Donaumonarchie erstaufgeführt wurde, hat bis heute nicht Einlaß in die Wiener Opernhäuser gefunden. Daß *Guntram* auf den deutschen Bühnen allgemein nicht den erwünschten Erfolg erzielte, schreckte Strauss auch für den Rest des Jahrhunderts von weiterer musiktheatralischer Produktion ab.

Erst am 21. November 1901 folgte die Uraufführung des einaktigen „Singgedichtes" *Feuersnot* am Königlichen Opernhaus zu Dresden. Hofoperndirektor Mahler hatte sich bereits im Frühjahr 1901 bemüht, die Uraufführung nach Wien zu ziehen und konnte im Juni dieses Jahres dem Freunde hoffnungsfroh berichten: „*Feuersnoth* liegt beim Zensor. Sowie er es freigegeben folgt der Abschluß der Verträge. Dieß ist der hier erforderliche Amtsgang."[21] Anfang Juli war die leidige Kunstkontrolle noch im Gange. Mahler schrieb: „Bezüglich *Feuersnoth* scheint, horribile dictu, die Censur Schwierigkeiten zu machen, denn bis heute ist das Werk noch immer nicht heruntergekommen [...]. Ich fürchte, Sie werden sich zu Änderungen verstehen müssen. Jedenfalls muß das ‚lirum larum' geändert werden, und nicht nur im Wortlaut, sondern vielleicht auch noch weitergehend! Mit diesen Mächten ist noch immer kein Bund zu flechten. Ich werde natürlich dahinter sein und retten, was ich kann."

Das „kleine Intermezzo gegen das Theater", geleitet nicht zuletzt von dem Bedürfnis „kleiner Rache an der lieben Vaterstadt" (Strauss), enthielt für die damalige Zeit doch einige Sprengkraft. Das „lirum larum" etwa ist nichts anderes als die Unschuld, die das Mädchen verlieren muß, um der Stadt München das Licht wiederzugeben. Verfinstert hat sich der Himmel, weil besagtes Mädchen Diemut den mit Zauberkräften begabten Gelehrten Kunrad nicht nur abgewiesen, sondern öffentlich blamiert hatte. Erst als sich Diemut dem Kunrad hingibt, ist die Stadt von der titelgebenden „Feuersnot" erlöst. Die Gestalt des Kunrad ist ein verkapptes Selbstporträt: Ernst von Wolzogens Text verweist auf den Meister Reichart (Wagner!), der ebenfalls bereits aus der Stadt gejagt worden war, und wird gar überdeutlich: „Sein Wagen kam allzu gewagt euch vor,/ Drum triebt ihr den Wagner aus dem Tor,/ Den bösen Feind triebt ihr nicht aus,/ Der stellt sich euch immer aufs neue zum Strauss."

Noch war es nicht an der Zeit, daß die Musikkritik der Kaiserstadt ihr Mütchen an diesen Anspielungen (und den unvermeidlichen Zitaten in der Orchesterbegleitung) kühlen durfte, denn Mahler mußte den Sommer verstreichen lassen: „Es läßt sich leider jetzt nichts machen, bis der September gekommen ist; dann werde ich den Censor selbst aufsuchen, jetzt ist er auf Urlaub." Strauss antwortete am 11. Juli 1901 mit kampferprobter Ironie, die dem Leser die Ernsthaftigkeit seines Anliegens doch nicht verschleiern darf: „Censur in Wien macht mir riesigen Spaß! Ich wage ein Verbot gar nicht zu hoffen, denn die Reklame eines Zensurverbots wäre das größte Glück für das Öperchen, um so mehr als dadurch die Aufführung in Wien doch wohl nur aufgeschoben, aber nicht aufgehoben würde. Oder nicht?" Der merklich bangen Frage folgt wieder der typisch straussische trockene Humor: „Beanstandet die Censur in Wien nur einige Verse, so lassen wir ein anderes Textbuch drucken und statt der beanstandeten Verse Kreuzchen machen mit der Anmerkung: die von der Censur gestrichene Stelle siehe Klavierauszug. Das gibt einen Massenabsatz! Glücklicher Verleger!"

Daß Richard Strauss hinter solchen (halbernsten) ökonomischen Überlegungen bisweilen sein ehrliches künstlerisches Interesse verbarg, sollte ihm bald auch Mahler zum Vorwurf machen. Zunächst erwiderte er aber (etwa Mitte Juli), mit „jüdischem Ernst" den bayerischen Galgenhumor verkennend: „Mit der *Feuersnoth* haben Sie ganz Recht; das giebt eine ungeheure Reklame. Aber – mein Gott! Solche Werke haben es doch nicht nöthig und lenkt meiner Empfindung nach von dem Kunstwerk ab und auf Äußerlichkeiten hin; das ist sehr bedauerlich.“ Obwohl bereits brieflich Besetzungen diskutiert wurden, war die Aufführung der Oper den Sommer über noch ungewiß. Am 20. August 1901 schrieb Mahler: „Ich fahre 26. nach Wien, und werde dann über das Schicksal unserer *Feuersnoth* etwas erfahren. – Bisher weiß ich nur, daß unser sehr moralischer Intendant [August Freiherr Plappart von Leenheer, Generalintendant der Hoftheater 1898 bis 1906, also beinahe durch Mahlers gesamte Amtsperiode], der es zu Wege bringt, sowol mit den Grazien und 9 Musen, als auch mit unseren heiligen Schutzpatronen auf gleich gutem Fuße zu stehen, die Aufführung inhibieren will. Alle meine Vorstellungen und Hinweise auf den einfachen ‚gesunden Menschenverstand‘ scheinen also nichts gefruchtet zu haben. – Vederemo!“

Am 18. November hatte der Generalintendant „die weitere Entscheidung über die Aufführung dieser Oper an der hiesigen Hofbühne“ vom Uraufführungserfolg der *Feuersnot* in Dresden abhängig gemacht, der sich drei Tage später einstellte. Vom Januar 1902 datiert der erste Mahler-Brief, aus dem Gewißheit spricht: „Es ist alles so geordnet, daß Sie sich nur ans Pult zu setzen brauchen.“ Mit diesen Worten bot er dem Komponisten an, „die eine oder andere Vorstellung“ seines Werkes an der Hofoper zu „dirigiren. Ob die Premiere oder eine andere hängt davon ab, wie unser Personal Ihrem Taktstokke folgt.“ Als Strauss am Samstag, dem 26. Januar, zu den *Feuersnot*-Proben stieß, war er von Mahlers Einstudierung so beeindruckt und von dessen Zweifeln, ob sich „unsere Leute“ mit nur zwei Proben an einen neuen Dirigenten gewöhnen würden, so überzeugt, daß er ihm die Leitung der Premiere gerne überließ. An die Eltern schrieb Strauss am Tage davor: „Gestern Generalprobe *Feuersnot* unter Mahlers Leitung, die leider durch seine entsetzliche Nervosität nicht so gut ausging, als die Samstagsprobe erwarten ließ, in der mich besonders das herrliche Wiener Orchester im höchsten Maße entzückt hat. Es ist entschieden das beste und schönst klingende Orchester Europas.“ Dies ist die erste einer schier endlosen Reihe von Liebes-

Mahler, der Dirigent.

erklärungen an die Wiener Philharmoniker, die damals wie heute als Wiener Opernorchester Dienst tun. Am 29. Januar 1902 fand die erste Premiere einer Strauss-Oper in Wien statt; die „unübertrefflich schöne Wiedergabe" unter Gustav Mahler konnte Strauss nicht genug loben. Der Operndirektor leitete auch die zweite und dritte Vorstellung und gab die *Feuersnot* erst ab, als er seine Hochzeitsreise antrat.

Seine Frau Alma, mit der er sich im vorangegangenen Dezember verlobt hatte, sollte in ihren Lebenserinnerungen die Behauptung aufstellen, Mahler hätte nicht dirigiert, „weil ihm vor dem Werk grau-

te“[22]. Diese und so manche andere unzutreffende Darstellung, die Almas Memoiren enthalten, lassen uns auch die folgende Geschichte mit äußerster Vorsicht genießen: „Ende Januar war die Premiere der *Feuersnot* von Richard Strauss. Dieser Aufführung wohnte Pauline Strauss in unserer Loge bei. Sie tobte die ganze Zeit: Niemandem könne dieses Machwerk gefallen, wir seien verlogen, wir täten so, als gefiele es uns, wir wüßten aber genau so gut wie sie, daß nicht ein eigener Ton darin sei, alles gestohlen, von Wagner, von vielen anderen, ja sogar von Schillings (‚Maxi‘, wie sie ihn nannte), der ihr viel lieber sei als ihr Mann. Kurz, sie raste.“
Herta Blaukopf hat für die Herausgabe des Briefwechsels zwischen Mahler und Strauss ein Exemplar der *Erinnerungen* von Alma Mahler studiert, das Richard Strauss im Jahre 1946 mit Randglossen versehen hat. Zu der oben wiedergegebenen Passage notierte er: „Völlig unglaubhaft! Jedenfalls ganz erlogen, zum mindesten rätselhaft, auf welchem Mißverständnis diese ganze Historie sich aufbaut. Um so mehr als gerade die *Feuersnot* meiner Frau immer besonders gut gefallen hat.“ Laut Almas Schilderungen folgte einem veritablen Ehekrach am Premierenabend Paulines schmollender Rückzug ins Hotel und ein Diner, an dem Strauss ohne Gattin teilnahm. Und dort hätte er „keinen anderen Gedanken als Geld“ gehabt: „Er quälte Mahler ununterbrochen, die Eventual-Tantièmen bei großem und bei mittlerem Erfolg zu berechnen [...].“ Diesem Abschnitt von Almas Erzählungen kann man noch eher Glauben schenken. Und daß dem stets leidenden Genie Mahler die Fähigkeit des Kollegen, Großes schaffen und dann zur Tagesordnung (also auch zur Ordnung der Finanzen!) übergehen zu können, nicht behagte, glaubt man ebenfalls. Gerade Mahler kontrollierte aus dem vitalen Interesse des Operndirektors mit Argusaugen die Einnahmen der von ihm angesetzten Werke, ohne deren Qualität einzig daran zu ermessen (wie sich gerade bei der *Feuersnot* noch erweisen sollte). Dennoch schrieb er an seine frischgebackene Ehefrau mit Bezugnahme auf jene Begebenheit beim Premierenempfang: „Nicht wahr, lieber zusammen das Brot der Armut essen und im Lichte wandeln, als sich so verlieren an das Gemeine!“ Daß hier ein wohlbestallter Hofoperndirektor die Feder führte, läßt die Worte wohl eher als romantische Emphase des Verliebten erkennen. Und in biblischem Ton setzte er

fort: „Kommen wird die Zeit, da die Menschen die Spreu vom Weizen gesondert erblicken werden – und meine Zeit wird kommen, wenn die seine um ist ...“ Der Ton dieser Prophezeiung (die zu Mahlers Glück nicht eintraf, denn sonst müßte er wohl noch lange auf „seine Zeit“ warten) wirft ein Schlaglicht auf die sehr zwiespältige und wechselhafte Beziehung, die Mahler zu seinem – wesentlich ausgeglicheneren – Zeitgenossen pflegte. Herta Blaukopf analysiert ebenso treffend wie prägnant: „Die widersprüchlichen Urteile Mahlers über seinen Kollegen Strauss sind nur durch Widersprüche in Mahler selbst zu erklären.“[23]

Widerspruch erregte natürlich auch die Erstaufführung der *Feuersnot*; Hanslick gefiel sich in der Pose des Kinderfreundes, die doch nur enthüllt, daß das neue Jahrhundert nicht mehr das seine war: „Wir staunten, wie rein sie [der Kinderchor] die widerhaarigsten Intonationen im Eingangschor sangen, ja daß sie überhaupt diese Musik auswendig zu behalten vermochten. Gibt es keinen musikalischen Kinderschutzverein?“ Und er wäre nicht der unerbittliche Merker der *Neuen Freien Presse* gewesen, wenn Hanslick dieser letzten Strauss-Oper, die er erleben durfte, nicht schiefe Metaphern nachgeschimpft und dabei auch noch seinem früheren (zutreffenden) Urteil widersprochen hätte: „Wie die tausenden von Sternchen aufzählen, die hier unterschiedslos in der Monotonie der Einen sauren Milchstraße aufgehen“, lästerte er über die kleingliedrige Motivbildung, um fortzufahren: „Strauss ist kein Dramatiker von Geburt.“ Im März-Heft der Zeitschrift *Die Musik* brachte Max Graf das Echo zu *Feuersnot* auf einen betrüblichen Nenner: „Die Kritik hat das Werk einstimmig abgelehnt, es war ein Salvenfeuer von rechts und links, konservativer und radikaler Seite.“ Das Publikum allerdings, insbesondere wieder das jüngere, bereitete dem Komponisten und den Hauptrollensängern (nach ausgiebigen brieflichen und mündlichen Diskussionen hatten sich Mahler und Strauss auf Leopold Demuth als Kunrad und Margarete Michalek als Diemut geeinigt) ein Fest. Kein geringerer als Hermann Bahr schrieb am Tage nach der Premiere an Strauss: „Es gibt am Rheine alte Weine, durch die man in eine Trunkenheit gerät, die sich von der gewöhnlichen durch eine selige Klarheit, durch ein gesteigertes Bewußtsein, durch eine Stimmung des Fliegenkönnens unterscheidet.“ Und, anspielend auf

den entscheidenden dramatischen Moment des Stückes: „Ein solcher Rausch von innerer Helligkeit hat mich die ganze Nacht nicht schlafen lassen."[24]
Unmittelbar im Anschluß an dieses bislang bedeutendste Lebenszeichen seiner Kunst in Wien absolvierte Richard Strauss noch zwei Konzertauftritte: am 30. Januar fand hier die erste öffentliche Wiedergabe des Melodrams *Enoch Arden* mit dem Münchner Hoftheaterintendanten Ernst von Possart als Rezitator und dem Komponisten am Klavier statt; 1899 hatte der Wiener Tonkünstlerverein das Werk bereits in einer geschlossenen Aufführung mit Alexander von Zemlinsky am Klavier erklingen lassen.[25] Am 31. Januar musizierte das Ehepaar Strauss–de Ahna gemeinsam: Der Bösendorfer-Saal war wie schon oft zuvor der Vortragsort von Strauss-Klavierliedern, doch diesmal ergab die Interpretation von Schöpfer und kongenialer Nachschöpferin der intimen Stücke „ein einheitliches Zusammenwirken von allerhöchster Vollkommenheit", wie in einer Kritik nachzulesen ist. „Sie ist eine geistvolle, tief musikalische Sängerin. Er ein geradezu idealer Begleiter."[26]
Eine knappe Woche nach der Wiener Erstaufführung der *Feuersnot* schrieb der überglückliche Komponist, bereits zurück in Berlin, an seinen Wiener Vorkämpfer Mahler: „Eine schönere Stunde, als die, in welcher Sie eben die zweite Aufführung von *Feuersnot* dirigiren, weiß ich nicht, um Ihnen nochmals für die unübertrefflich schöne Wiedergabe, die Sie vorige Woche meinem Werke bereitet haben u. hoffentlich noch recht oft bereiten werden, innigst zu danken. In der Erinnerung schwelge ich noch immer, wenn ich des zauberhaften Orchesterklanges, des herrlichen Bühnenbildes, das Brioschis und Löfflers Genie gedichtet, der prachtvollen Tonpoesie, mit der die wunderbar schönen Stimmen von Solisten u. Chor mein Ohr erfreut haben, gedenke." Es spricht für die tiefempfundene Begeisterung des Schöpfers der *Feuersnot*, daß er solch poetische Tiraden fand, die ja keineswegs seinen „Normalton" darstellten. Mit dem 1855 geborenen Anton hatte die „Brioschi-Dynastie" nach Giuseppe und Carlo bereits in der dritten Generation die Leitungsstelle des Maler-Ateliers der Hofoper inne. Von 1885 bis zu seinem Tode 1920 herrschte Brioschi III. und entwarf auch die Bühnenprospekte zur *Feuersnot*. Wesentlich kürzer versah Heinrich Lefler (nicht „Löffler",

wie Strauss schreibt) seinen Dienst als Vorstand des Ausstattungswesens in Wien (1900–1903). In dem oben zitierten Brief ließ Strauss auch den Oberregisseur August Stoll und den Chordirektor Karl Luze sowie „die Erzeugerin der *Feuersnot* (ich meine jetzt natürlich die hohe Beleuchtungsinspektion)" beglückwünschen.
Mahler konnte den freundlichen Dankesworten nur Bitteres erwidern. In seinem Brief vom 18. Februar 1902 ließ er sogar Demissionsabsichten durchklingen: „Ich bin so angeekelt von der Haltung der Wiener Presse, und vor Allem, daß das Publikum sich so ganz in's Schlepptau nehmen ließ, daß ich gar nicht darüber wegkomme. Wie schön wäre es, den Leuten den ganzen Krempel vor die Füße schmeißen zu können!" Drei Aufführungen der *Feuersnot* – der Einakter wurde zweimal mit dem Ballett *Rouge et noir*, einmal mit *Coppélia* gekoppelt – hatten bis zu diesem Datum stattgefunden. Zu Mahlers Schmerz sanken die Einnahmen von Vorstellung zu Vorstellung kontinuierlich, so daß jene am 10. Februar abgesagt werden mußte: „am Faschingsmontag – einem der besten Abende des Jahres 900 [Gulden Einnahmen]" war tatsächlich eine katastrophale Ausbeute – zum Vergleich: *Die Fledermaus* erzielte am 11. Februar 6128 Gulden, und noch die *Feuersnot*-Erstaufführung am 29. Januar hatte 6387 Gulden in die Kassa gebracht.
Mahler gab die Pflege „Ihres Kindes (meines Schmerzenskindes)" jedoch nicht auf. Er überlegte, das Werk versuchsweise mit *Der dot mon* zu kombinieren, kam jedoch davon ab, als die Uraufführung von Joseph Forsters Einakter am 28. Februar 1902 nicht den erwarteten Erfolg verbuchte. So blieb er dabei, *Feuersnot* mit Balletten von Josef Bayer oder Josef Hellmesberger zu koppeln, und nur einmal war der Strauss-Einakter in Verbindung mit einem italienischen Opernpendant zu sehen. Am 31. Januar 1904 erzielte *Feuersnot* mit Leoncavallos *Bajazzo* erstmals einen zufriedenstellenden Kassenrapport (6668 Gulden). Am 5. Juni 1905 folgte die zwölfte und zugleich letzte Vorstellung in Mahlers Ära. Wiederholt hatte er insistiert, daß Strauss selbst sein Werk dirigiere, doch dazu kam es nicht vor dem 28. März 1912 in der Volksoper (wo *Feuersnot* mit Maria Jeritza im Januar denselben Jahres erstaufgeführt worden war), im Haus am Ring gar erst ein Jahrzehnt später, am 18. März 1922 – da hieß der Wiener Operndirektor allerdings bereits Richard Strauss.

1964 nahm die Volksoper den Einakter zum 100. Geburtstag des Meisters nochmals ins Repertoire.

... und noch eine symphonische Erstaufführung unter Mahler

Bevor – im nächsten Kapitel – zu Mahlers ebenso heldenhaftem wie fruchtlosen Kampf um die Aufführung von *Salome* am Hofoperntheater übergegangen werden soll, sei noch sein Eintreten für ein symphonisches Werk Strauss' erwähnt. Im ersten Orchester-Konzert der Vereinigung schaffender Tonkünstler am 23. November 1904 dirigierte der Hofoperndirektor die Wiener Erstaufführung der *Sinfonia domestica* (op. 53). Albert Kanders resümierte im *Fremden-Blatt*, die *Domestica* stellte „das Werk eines künstlerischen Vollbluts, eines eigenartigen, aber übermütigen Tondichters dar, der seine souveräne Herrschaft über alle Disziplinen und Mittel der Thematik und Koloristik mehr für den musikalischen Witz, als für den musikalischen Geist ausnützt“. Was für Kanders augenscheinlich ein Produkt der Oberflächlichkeit, verriet seinem Kollegen von der *Neuen Freien Presse*, Julius Korngold, „die Erschöpfungen von Strauss' Phantasie“. Die damaligen Fehleinschätzungen der Rezensenten lassen sich keinesfalls mit der „Indisposition“ des Orchesterleiters erklären: „Man vermißte die gewohnten nervösen und hastigen Bewegungen. Auch bei größter Klangentfaltung des Orchesters begnügte sich der Meister mit einem leichten Nicken des Kopfes, mit sparsamster Beanspruchung von Arm und Hand. [...] Mahler war nämlich kurz vor dem Konzert in Schultern, Nacken und Armen von einem heftigen Hexenschuß befallen worden. Er mußte sich in letzter Minute von seinem Hausarzt noch stark elektrisieren und mit Salben bearbeiten lassen“[27], weshalb dem Freundschaftsdienste besondere Bedeutung zukommt; Strauss honorierte diesen in einem Brief vom 27. November, in dem er Mahler „ganz speciellen Dank für die wundervolle Aufführung“ ausspricht.

4. Der Kampf um *Salome*

„Wegen der Censur spukt's schon wieder"

Für Cosima Wagner war es „Wahnsinn", was der vierzigjährige Richard Strauss ihr am Karfreitag 1905 am Klavier vorspielte; für den Komponisten entsprangen die Klänge dem Bedürfnis, dem orientalischen Stoff „wirklich exotische Harmonik" und „schärfste Personencharakteristik" zu geben; und für die Wiener Hoftheater-Zensurbehörde blieb die *Salome* bis in das Jahr 1918 „aus religiösen und sittlichen Gründen" unaufführbar. So reichte der Kampf, von dem der Titel kündet, über Mahlers Ära hinaus an die Schwelle von Strauss' eigener Wiener Direktionszeit.

1905 war für Mahler und Strauss ein an Begegnungen reiches Jahr: Wenn man Almas *Erinnerungen* trauen darf, hat Mahler seinen ersten *Salome*-Eindruck im Mai dieses Jahres in Straßburg erhalten, wo beide Musiker beim Elsässischen Musikfest geladen waren. Im Schauraum eines Klavierhändlers, an dessen Fenstern sich Neugierige die Nasen platt drückten, spielte Strauss die beinahe vollendete Partitur „unvergleichlich gut" durch, und „Mahler war hingerissen". Er beteuerte dem *Salome*-Komponisten: „Das ist Ihr Höhepunkt bis jetzt!" Im Anschluß an das Straßburger Musikfest fand die Tonkünstlerversammlung des Allgemeinen Deutschen Musikvereins in Graz statt, wohin man ebenfalls reiste (und wo, Schande über Wien, im folgenden Jahr die österreichische Erstaufführung der *Salome* unter des Komponisten Leitung stattfinden sollte). Als Strauss am 18. August 1905 aus Marquartstein brieflich anfragte, ob sich Mahler, wie einer Zeitungsnotiz zu entnehmen war, wirklich zu einem baldigen Premierentermin entschlossen hätte, beschwichtigte dieser die Vorfreude: „Wahrscheinlich erst im Januar" könnte die *Salome* in Wien gezeigt werden. „Wegen der Censur spukt's schon wieder", vermerkte Mahler prophetisch und erbat ehebaldigst die Zusendung des Textes, damit er ihn „bei Zeiten der Zensur unterbreiten und eventuell noch rechtzeitig zu raufen anfangen" könne. Nichtsdestoweniger wurde über mögliche Besetzungen spekuliert. Für den Narraboth erwog Strauss den seit vier Jahren an der Hofoper engagierten Leo Slezak. Es ist bemerkenswert, wie der Hofoperndirektor die mögliche Mitwirkung des heute legendären Tenors vom Tisch fegte: „[...] keineswegs aber Slezak, der sich keine Mühe giebt, sehr schlampig unrhythmisch singt, und bei der 3. Vorstellung bereits umschmeißt." Aus dem Nachsatz geht hervor, daß Slezak in vokal anspruchsvollen Werken allerdings seinen festen Platz hatte: „Der muß auch bei *Troubadour* und Arnold bleiben."

Am 15. September folgte dann die kalte Dusche: Der Hofzensor Emil Jettel von Ettenach lehnte die *Salome* ab. In seinem Schreiben an die Generalintendanz wies er darauf hin, daß die „Darstellung von Vorgängen aus dem Neuen Testament, insbesondere auf einer Hofbühne, grundsätzliche Bedenken erregt" und daß die „Vorführung einer perversen Sinnlichkeit, wie sie in der Figur der Salome verkörpert ist, sittlich verletzend" wirke. Generalintendant Plappart gab der Direktion des Hofoperntheaters die Ablehnung am 20. September weiter und verweigerte die Zustimmung zur Aufführung. Wollte Mahler die traurige Tatsache nicht wahrhaben? Wollte er Zeit gewinnen, um – wie er behauptete – „Himmel und Hölle" in Bewegung zu bringen, zu retten, was zu retten war? Jedenfalls sandte er einen schon diktierten Brief, in dem er Strauss vom *Salome*-Verbot in Kenntnis setzte, nicht ab, forderte vielmehr per Telegramm vom selben Datum (22. September) „2 oder 3 Clavierauszüge von *Salome*" an, „damit die Hauptpartien mit dem Studium beginnen können". Über zwei Wochen später erst erfuhr Strauss, wie es um seine Oper stand – durch einen knappen, sachlichen Brief aus der Feder des Direktors der Volksoper (damals noch Kaiserjubiläums-Stadttheater) Rainer Simons vom 8. Oktober: „Hochverehrter Herr Hofkapellmeister! Wie ich soeben erfahre, wird Ihr Werk *Salome* die Hofopern-Censur nicht passieren. Würden Sie die Güte haben, mir mitzutheilen, ob Sie mir das Werk jetzt überlassen wollen?" Schockiert warf Strauss die Zeilen darunter: „Ist dies richtig? Bitte diesen Brief zurück [...]" und sandte das ganze Schreiben an Mahler.

Mahler konnte es nicht mehr verbergen: „Es ist leider traurige Wahrheit. Ja, noch mehr: die Censur hat es bereits refusirt. Bis jetzt weiß es noch Niemand [...]", was getrost in Zweifel gezogen werden kann, hatte Strauss doch erst von dritter Seite die Ablehnung erfah-

ren! Simons' Brief kam Mahler „sehr gelegen", wie er behauptete. Sein „Feldzugsplan", der (nur für die Hoftheater zuständigen) Zensur mit einer *Salome*-Erstaufführung an der „ganz unmöglich[en]" Volksoper drohen zu können, erscheint merkwürdig: Der Hofoperndirektor, nicht die Zensurbehörde stand in Konkurrenz mit dem aufstrebenden Vorstadttheater und seinem tüchtigen Leiter; Mahler war wie Simons von der überwältigenden künstlerischen Kraft der *Salome* überzeugt, der Zensor hingegen von ihrer „religiösen und sittlichen" Untauglichkeit – wie ihn umstimmen?
Mahler ging mit dem Simons/Strauss-Brief hausieren, zerriß ihn irrtümlich im Kampfesrausch, setzte ihn wieder zusammen, schickte Strauss allein im Laufe des Oktober 1905 drei Schreiben, die wie Wechselbäder wirken mußten: „Hoffnungsvoller" zeigte er sich um die Monatsmitte; „Ihre Salome ist gestattet! Ich komme eben vom Censor", jubelte er um den 22. Oktober und diskutierte schon Besetzungen, mitsamt einer geforderten Namensänderung des Jochanaan (in „Bal Hanaan"), die Strauss geradezu heiter akzeptierte; Mahlers Bericht am Monatsletzten tönte „leider wieder etwas grauer" – in Wahrheit war das vorläufige Wiener Schicksal der *Salome* an diesem Tag besiegelt worden.
Aus dem Meisterwerk war inzwischen ein Spielball der Intrigen von Zeitungen und Verhinderern in den Behörden geworden: Dresden hatte die für November geplante Uraufführung wegen Lernschwierigkeiten der Titeldarstellerin Marie Wittich und Problemen in der Erstellung des Orchestermaterials um einen Monat verschoben. In Wien wurde diese Hinauszögerung allerdings als Bestätigung für die Unzulässigkeit der Oper betrachtet. Die Zeitungsnachrichten vom Zensurverbot wirkten wieder auf Dresden zurück, was den mitten in der Probenarbeit begriffenen Dirigenten Ernst von Schuch zu einem eiligen Brief an Mahler veranlaßte. Mahler bestätigte am 26. Oktober die Richtigkeit der Nachrichten, fügt aber hinzu, es werde „meinerseits an den äußersten Bemühungen nicht fehlen, eine Änderung dieser Entscheidung zu erwirken". Und mit selbem Datum erbat der Direktor eine Aussprache mit dem Zensor. Seine Bitte um Präzisierung der allgemein gehaltenen Ablehnung versetzte Mahlers ehrgeizigstem Projekt jedoch den Todesstoß. Eine lange, detaillierte Begründung des Zensors Jettel von Ettenach vom 31. Oktober schloß

mit der zynischen Empfehlung, „der Presse gegenüber die Frage, ob das Verbot der *Salome* ein definitives sei, als eine noch offene zu bezeichnen. Es haben sich übereifrige Korrespondenten ohnehin schon zu viel mit der Sache beschäftigt."[28]
Mahler gab in dem Schreiben selben Datums an Strauss einige Beanstandungen des Zensors weiter (etwa gegen die „Darstellung von Vorgängen, die in das Gebiet der Sexualpathologie gehören und sich nicht für unsere Hofbühne eignen"), blieb aber kämpferisch: „Ich lasse nicht locker! Und betrachte Ihre *Salome* als meine eigene persönliche Angelegenheit."

„Höchste Ton-Kunst – keine Musik." *Salome*-Erstaufführungen in Graz und Wien

Verständlicherweise meldeten sich andere Interessenten, die den „Höhepunkt des Strauss'schen Schaffens" (Mahler) auf Wiener Boden, abseits von der Hofopernbühne, zur Erstaufführung bringen wollten: Rainer Simons blieb hartnäckig, Mahler seinerseits beharrte, daß eine Aufführung im Jubiläumsstadttheater „unmöglich" sei; zu Verhandlungen mit dem Breslauer Theater riet Mahler dem Komponistenfreund – wobei er immer noch daran glaubte, dem Zensor mit der Hofoper unterlegenen Häusern und Truppen drohen zu können. Wie gerüchteweise überliefert, soll der Grund für die Ablehnung der *Salome* „noch höher hinauf" gelegen sein, nämlich in der Intervention der Erzherzogin Valerie.
Noch bevor die Breslauer und die Volksoper zum Zuge kamen, ging die österreichische Erstaufführung der *Salome* über die Bühne des Grazer Stadttheaters, das der Hauptstadt ja bereits ein halbes Jahrhundert zuvor mit der ersten Wagneraufführung auf österreichischem Boden (dem *Tannhäuser* 1854) den Rang abgelaufen hatte. Alfred Cavar, Leiter der Vereinigten Städtischen Bühnen in Graz, hatte 1903 das (nicht zustandegekommene) Projekt erwogen, *Feuersnot* aufzuführen. 1905 hatten das in Graz abgehaltene Tonkünstlerfest und die dortige Erstaufführung des *Heldenleben* unter dem Komponisten eine Verbindung gefestigt, die den Ausschlag gegeben haben mag, der Opernbühne auch die *Salome* zu überlassen, als Gustav Mahlers Kampfeswille nachzulassen schien.
Am 16. Mai 1906 leitete Strauss die Grazer Erstaufführung und zwei

weitere Vorstellungen des Werkes, bis zum Ende der Spielzeit wurde *Salome* noch viermal dort aufgeführt. Mahler, der die Dresdner Uraufführung versäumt hatte, war in Graz anwesend. „Am Morgen nach dem Abend", erinnert sich Alma, „der ein großer Erfolg gewesen war, obwohl man christlich-soziale Skandale befürchtet hatte, kam Strauss zu unserem Frühstück und begann Mahler Vorwürfe zu machen: Er nähme alles, z. B. die Oper – diesen Stall – so schwer, er solle sich schonen. Niemand gäbe ihm etwas dafür, wenn er sich aufgerieben hätte. Ein solcher Saustall, der nicht einmal die *Salome* aufführen wolle – nein, es stände nicht dafür!"

Mußte die *Salome* auch nach Graz ausweichen, um gehört zu werden, so stiftete das Jahr 1906 doch zwei bedeutende Bande zwischen Richard Strauss und Wien: Es markierte den Beginn der Zusammenarbeit mit seinem bedeutendsten Librettisten und mit dem für ihn maßgeblichsten Orchester. Hugo von Hofmannsthal und den Wiener Philharmonikern sind spätere Kapitel gewidmet, während wir in diesem noch den Weg der *Salome* und die bleibende Verbindung zwischen Strauss und Mahler verfolgen wollen.

Die Vereinigten Breslauer Theater unter der Leitung von Theodor Loewe hatten bereits für das Frühjahr 1906 ein ausgedehntes Wien-Gastspiel mit *Salome* geplant. Obwohl Mahler insistierte, er „lasse [in Sachen *Salome*] nicht locker, und wenn daraus auch eine ‚Cabinetsfrage' [sein Demissionsangebot] entstehen sollte", demissionierte er vorerst nicht und bot dem Konkurrenz-Unternehmen sogar Hilfe an. „Wenn die Breslauer also den Muth haben, dann in Gottes Namen!", schrieb er Mitte März 1906 an Richard Strauss. „Für diesen Fall stelle ich mich Hr. Löwe ganz zur Verfügung – wenn er unsere Musiker oder sonst etwas braucht, und ebenso würde [der seit 1903 amtierende neue Ausstattungsleiter Alfred] Roller für die Inscenirung mit Rath und Tat ihm zur Seite stehen." In das Kämpferherz schienen sich Resignation und Verzweiflung einzuschleichen; gleichzeitig war Gustav Mahler um der Wertschatzung für *Salome* willen bereit, einem Stadttheater unter die Arme zu greifen, das ihm mit der Wiener Erstaufführung des Werkes einen seiner Lebensträume wegschnappte.

Strauss schätzte und achtete diese menschliche Größe in seinem Antwortbrief (15. März 1906): „Ich habe ungern und zögernd zugestimmt, da es mir wirklich hart ist, Ihnen die Wiener Erstaufführung vorwegzunehmen, schließlich, bei den enormen Schwierigkeiten, mit denen Sie zu kämpfen haben, scheint mir ein großer Erfolg der *Salome* durch die Breslauer in Wien die einzige Möglichkeit, daß sich die maßgebenden Hofkreise dem Einzug der *Salome* in die Hofoper nicht mehr verschließen können. Hoffentlich sind Sie mir nun innerlich nicht doch darüber verstimmt; wenn dies der Fall wäre, würde ich heute meine Erlaubnis noch widerrufen; stellen Sie auch um Gotteswillen der *Salome* wegen keine Cabinettfrage! Wir brauchen einen Künstler von Ihrer Tatkraft, Ihrem Genie und Ihrer Gesinnung zu notwendig an solcher Stelle, als daß Sie der *Salome* wegen irgend etwas auf's Spiel setzen dürften. Es wird schließlich auch so gehen!" In diesem Brief klang jedoch auch eine Sorge an, die nicht unbegründet war: „Hoffentlich schlägt die Sache nun nicht ins Gegenteil aus, indem es, statt der *Salome* die Wege in die Hofoper zu ebnen, ihr den Weg noch mehr verschließt."

Es sollte noch über ein Jahr verstreichen, bis die Breslauer Kompanie mit *Salome* ins Gebäude des Wiener (damals „Deutschen") Volkstheaters einzog. Vom 25. Mai bis 20. Juni 1907 dauerte das Gastspiel, das knapp zwei Dutzend En-suite-Vorstellungen beinhaltete. Roland Tenschert gibt die Stimmung der Wiener Erstaufführung wieder: „Die unmittelbare Wirkung, die das Werk hier bei der ersten Aufführung auslöste, war so, daß das kühne Neue daran den Zuhörern zunächst sozusagen den Atem verschlug. Nach den Worten des Herodes ‚Man töte dieses Weib' und dem turbulenten Ausklang des Orchesters blieb es im Zuschauerraum einige Sekunden mäuschenstille, was die geringe Opposition ermunterte, sich vernehmlich zu machen. Dann wurde dieser Widerstand aber sogleich von einer tosenden Brandung des Beifalls verschluckt."[29] Die Titelpartie in der Breslauer Produktion war sechsfach (!) besetzt, mit Fanchette Verhunk, Margarethe Kahler, Fina Widhalm, Albine Nagel, Jenny Korb und Thyra Larsen, wobei die Erstgenannte auch die Erstaufführungs-Besetzung darstellte. Der Schriftsteller Arthur Schnitzler besuchte die Aufführung am 18. Juni 1907 und vermerkte in seinem Tagebuch: „Höchste Ton-Kunst; – keine Musik. – Die Verhunk enorm."[30]

Brachte die Aufführungsserie auch keine Änderung in der rigorosen

Haltung der Hoftheaterzensur, so gab sie doch mehreren späteren Hofopernsängern Gelegenheit, ihre Rollen als Einspringer im voraus „auszuprobieren“: So sang der deutsche Bariton Hermann Wiedemann (ab 1916 Mitglied der Oper und wenig später kurioserweise einer der Wortführer der „Revolte“ gegen den designierten Direktor Strauss) mehrmals den Jochanaan oder der kroatische Baß Nicola Zec (Mitglied ab 1915) den Ersten Nazarener.
Julius Korngold, Hanslicks Nachfolger in der *Neuen Freien Presse*, variierte den Beginn des Stückes auf seine Weise: „[...] über kurz oder lang rufst du mit mir: ‚Wie schön *war* die Prinzessin Salome!‘“ Die originelle, in Gesprächsform abgefaßte Werkbesprechung stellt einen begeisterten Befürworter und einen skeptischen Kritiker des Strauss-Werkes gegenüber.[31] Letzterer attestiert Strauss eine enge Verbindung zum Zeitgeist: „Er hat immer nach Aktualitäten ausgeblickt. Ein Musiker, durch und durch modern, auch darin, daß er mit der literarischen Moderne Schritt hält, mit allen ihren Launen und Phantasien, in die Strömungen der Zeit horcht. Ihm, der den tanzenden Zarathustra symphonisch eingefangen hat, konnte auch die tanzende Salome nicht entgehen. Und du weißt, er hält schon beim Blutrausch der *Elektra*.“ Die Symphonie hätte sich im Theater zu des letzteren Schaden eingenistet, bemängelte Korngold. Die Folgen davon seien nämlich „eine beispiellose Vorherrschaft des Orchesters, zu der sich Wagner aus guten Gründen nie und nimmer verstiegen hätte, eine Degradation des vokalen Elements, des dramatischen Gesanges. Dieser Gesang in *Salome*! Oft nur ein Leiern, ein nervöses Sprechen, aufgeregtes Schreien. Und was herrscht wieder im herrschenden Orchester vor? Die Farbe, der instrumentale und harmonische Stimmungswert überwiegt weit vor dem melodischen, motivischen, thematischen. [...] Das Melos dankt ab, Seitenlinien der Musik besteigen den Thron.“ Korngold, der manche harschen Urteile des Jahres 1907 („dürftige Tonfolgen“, „die Seele ist leer ausgegangen“) elf Jahre später anläßlich der Hofopern-Erstaufführung von *Salome* großteils revidierte, fand aber auch Grund zu Lob. Die Orchesterbehandlung zeuge vom „Theaterblut“ und der „genialen Sonderbegabung“ Strauss': „Dieses Orchester kann alles, [...] man sieht, riecht, tastet vermöge seiner Zauberkraft.“

***Salome* (Musikdrama in einem Aufzug nach Oscar Wilde)**
Uraufführung am 9. Dezember 1905 in Dresden
Wiener Erstaufführung am 25. Mai 1907 im Deutschen Volkstheater
An die Wiener Hofoper fand Richard Strauss' Meisterwerk erst im Jahre 1918 nach dem „Umweg" über das Volkstheater und die Volksoper. Rainer Simons sicherte sich das Musikdrama für sein Haus zur Premiere am 23. Dezember 1910. Alfred Roller, aus dem Dienst an der Hofoper bereits ausgeschieden, ließ zum „erstenmal das wundersame Blau des bestirnten ‚Roller-Himmels'" (Tenschert) in einer Strauss-Premiere aufleuchten, Alexander von Zemlinsky stand am Pult. Der ersten Volksopern-Salome Klothilde Wenger folgten prominente Gäste, darunter im Januar 1911 die „k. u. k. Kammersängerin" Gemma Bellincioni und Aino Akté, die Diva der Pariser Grand Opéra. Am 9. April 1911 gab der Komponist

Die erste Prinzessin von Judäa an der Wiener Hofoper: Maria Jeritza …

selbst am Pult einer *Salome*-Vorstellung sein Debüt an der Volksoper, deren Direktor Simons ihm bei dieser Gelegenheit einen silbernen Lorbeerkranz überreichte.
Am 14. Oktober 1918 hielt das Werk dann endlich an der Hofoper Einzug. Die sinnlich-strahlende Maria Jeritza und die tiefgründige Marie Gutheil-Schoder (erstmals am 19. Oktober) teilten sich mit unterschiedlichen Interpretationen die Titelpartie in den 47 Aufführungen der folgenden Jahre, nur unterbrochen von je einem Einzelgastspiel von Barbara Kemp und Rose Pauly. Friedrich Weidemann, Hermann Wiedemann und Hans Duhan blieben bis 1921 die dominierenden Darsteller des Jochanaan, ehe sich am 22. Oktober dieses Jahres mit Alfred Jerger ein neuer Prophet vorstellte.
Erwähnenswert ist nicht nur eine *Salome*-Produktion im Raimundtheater 1925, sondern auch das Fehlen des Werkes auf dem Staatsopernspielplan Mitte der dreißiger Jahre: Über vier Jahre vergingen zwischen der 89. und der 90. *Salome*-Vorstellung, der Neueinstudierung am 11. Oktober 1938, bei der Hans Knappertsbusch am Pult stand und die Einnahmen bereits in „Reichsmark" gezählt wurden. Die Neuengagierten Else Schulz und Mela Bugarinovic verkörperten Salome und Herodias, Paul Schöffler, Josef Witt und Anton Dermota glänzten als Jochanaan, Herodes und Narraboth. Strauss' scherzhafte Bemerkung, man hätte in der Liste der verfemten Werke auf seine Juden in der *Salome* vergessen, scheint begründet, gab es doch an der Staatsoper bis Kriegsende durchschnittlich über sechs Aufführungen pro Saison. Während Else Schulz in

... und eine ihrer Nachfolgerinnen in den neunziger Jahren: die Amerikanerin Catherine Malfitano.

allen Vorstellungen (bis auf die beiden letzten 1944 mit Christel Goltz) die Titelrolle verkörperte, herrschte bei den anderen Partien Abwechslung, wo u. a. Elisabeth Höngen als Herodias und die Herren Hotter, Jerger und Schöffler als Jochanaan zum Zug kamen. Viermal leitete Richard Strauss sein Werk in der Kriegszeit (15. Februar, 5. und 23. März sowie 6. Mai 1942).
Die erste Wiener Salome der Nachkriegszeit hatte ihre Sporen bereits bei der Volksopern-Neuproduktion am 29. April 1944 (der bis zur Theatersperre nur acht Reprisen folgten) verdient: Ljuba Welitsch bestätigte den enormen Eindruck ihrer Stimme und Ausstrahlung am 9. Juni 1946 im Theater an der Wien, wohin die Staatsopernproduktion übertragen wurde. An Welitschs Seite waren u. a. Höngen, Schöffler und Dermota zu erleben, der Herodes-Darsteller Josef Witt übernahm auch die Regie, Rudolf Moralt dirigierte. Dasselbe Leitungsduo betreute die Übernahme der Produktion in die wiedererrichtete Wiener Staatsoper am 30. Dezember 1955, Dermota blieb der Narraboth, während Max Lorenz als Herodes, Jean Madeira als Herodias, Alfred Poell als Jochanaan neu hinzustießen und Christel Goltz die Titelrolle sang.
Eine von Georg Szell geleitete Neueinstudierung erlebte die Produktion aus 1918 am 30. Dezember 1957 (zu der Ita Maximowna immerhin neue Kostüme beisteuerte), bevor sie 1963 abgesetzt wurde; 125 Aufführungen im alten Opernhaus, 83 im Theater an der Wien, 52 im neuen Haus am Ring sowie fünf Gastspielvorstellungen (in London und Brüssel) hatte sie überdauert. Innerhalb von nur sieben Jahren – welch merkwürdige Ökonomie! – erlebte das Werk hingegen gleich zwei Neuproduktionen an der Staatsoper: jene in der Inszenierung von Wieland Wagner am 25. November 1965 (mit Anja Silja als Prinzessin, Eberhard Waechter als Propheten, Fritz Wunderlich als Narraboth, Gerhard Stolze und Astrid Varnay als Tetrarchenpaar) sowie jene am 22. Dezember 1972 unter dem „leading team“ Karl Böhm, Boleslaw Barlog und Jürgen Rose. Leonie Rysanek debütierte als Salome, Waechter war wieder der Jochanaan. Die Barlog-Produktion erwies sich erneut als langlebig: Bis heute tut sie (1991 mit Eva Marton in der Titelpartie neu einstudiert) am Opernring Dienst und bot in den fast dreißig Jahren ihres Bestehens so aufregenden Singschauspielern wie Leonie Rysanek (in beiden großen Frauenpartien), Hildegard Behrens, Grace Bumbry, Eliane Coelho, Gwyneth Jones, Catherine Malfitano, Mara Zampieri, Theo Adam, Simon Estes, Bernd Weikl oder zuletzt Bryn Terfel Raum. Nicht nur Gastspiele im Ausland (Florenz, Washington und Japan), auch Feierstunden im Inland waren im letzten Jahrzehnt mit dieser Produktion verbunden. So die Feiern zur 40jährigen Staatsopern-Zugehörigkeit von Leonie Rysanek (1990) und Berislav Klobucar (1993), der 80. Geburtstag von Ljuba Welitsch (1993) und die Verleihung der Ehrenmitgliedschaft an den fulminanten Herodes-Interpreten Heinz Zednik (1994).

„Was hier vorgeht, wissen Sie wol. Ich gehe."
Mahlers Demission

Es war ein zufälliges, aber vielsagendes Zusammentreffen: Mitten in den „*Salome*-Rummel" (Tenschert) am Deutschen Volkstheater schnitt die Nachricht von der Demission des Hofoperndirektors. Die Ursachen für Gustav Mahlers Rücktritt waren vielfältig, sein Scheitern im Versuch, die Strauss-Oper herauszubringen, gehörte sicherlich zu ihnen. „Man weiß", schrieb der Mahler- und Strauss-Biograph Richard Specht, „daß sein Scheiden beschlossene Sache war, seit er der *Salome* nicht den Einzug in die Hofoper erobern konnte; er fühlte sich fehl am Ort, wenn seine Macht und seine Befugnis es ihm nicht möglich machen konnten, das faszinierendste Werk seiner Zeit in dem von ihm geführten Institut zu Gehör zu bringen."[32]

Im Mai benachrichtigte er den „lieben Freund" Richard Strauss knapp und scheinbar emotionslos: „Was hier vorgeht, wissen Sie wol. Ich gehe", um sich sofort für Alfred Roller einzusetzen: „Es stekken Möglichkeiten in ihm, die noch Niemand auch nur ahnen kann", pries der scheidende Direktor den Bühnenbildner an, dessen Genie auch Strauss schon erkannt hatte. Mit der Rezeption seiner Meisterwerke ist der Name Roller heute ebenso eng verbunden wie mit der Ära Mahlers an der Hofoper.

Noch im Januar des Demissionsjahres 1907 schrieb Mahler an seine Frau nach einer in Berlin genossenen *Salome*-Aufführung unter Straussens Leitung, wie sehr ihn das Werk beeindruckte, dessen Gehalt er doch nicht ganz begreifen könne („Vielleicht lehrt mich die Zeit noch besser verstehen!"). Daß er der *Elektra* noch weniger folgen konnte, dafür liegen uns einige wenige Zeugnisse vor. Einer Tagebuchnotiz Strauss' zufolge machte er den Kollegen mit der „harmonisch kühnsten" Stelle, der „Halbtraumerzählung der Klytämnestra, wo der Orgelpunkt als Alpdruck funktioniert", bekannt: „Ein Stück, vor dem auch Mahler (es war das letzte, was ich ihm vorspielte), nicht mehr mitkonnte."[33] Laut Almas Bericht lernte ihr Mann das gesamte Werk in der Saison 1909/10 im Manhattan Opera House kennen: „Diese Oper mißfiel Mahler derart, daß er mittendrin weggehen wollte. Wir blieben und gestanden uns nachher einmütig, daß wir uns selten so gelangweilt hätten. Das Publikum entschied gegen uns." Das Publikum, es teilt bis auf den heutigen Tag nicht ganz den Operngeschmack Gustav Mahlers …

Der Symphoniker, dessen Gabe, unter den Novitäten die Meisterwerke zu entdecken, weit weniger ausgeprägt war als sein schöpferisches Genie, verstarb am 18. Mai 1911. Sein Weggefährte Strauss vertraute seinem Tagebuch an: „Der Tod dieses hochstrebenden, idealen und energischen Künstlers ein schwerer Verlust", und an Hofmannsthal schrieb er: „Mahlers Tod hat mich sehr ergriffen: nun wird er wohl auch in Wien der große Mann werden."[34] Mit dem Dichter war Strauss bereits seit einem halben Jahrzehnt in regelmäßiger Korrespondenz, und zu diesem Zeitpunkt stand nach *Elektra* und *Rosenkavalier* bereits die dritte gemeinsame Oper in Arbeit: *Ariadne auf Naxos*.

5. Der kongeniale Dichter: Hugo von Hofmannsthal

Es ist vielfach darauf hingewiesen worden, daß fast alle Librettisten, derer sich Richard Strauss bediente, Österreicher waren. Beinahe hätten noch weitere Namen die Liste der Textautoren bereichert: Der Wiener Anton Lindner übersandte Strauss einige Szenen zu *Salome*, bevor sich dieser entschloß, für seine Vertonung doch die Prosa-Übersetzung Hedwig Lachmanns zu verwenden; zu Anfang der zehner Jahre überlegte Strauss die Vertonung eines Schnitzler-Stückes (z. B. *Der Grüne Kakadu*); einige Zeit später trat der Komponist an (den in Linz geborenen) Hermann Bahr für einen Text zur autobiographischen Oper *Intermezzo* heran, was der Schriftsteller mit Hinweis auf Strauss' eigene Qualitäten ablehnte; schließlich geht das unvollendet hinterlassene Singspiel *Esels Schatten* auf ein Buch des Wieners Hans Adler zurück.

Der wichtigste künstlerische Mit- und Vorarbeiter des Komponisten aber war und blieb der 1874 geborene Hugo von Hofmannsthal. Die Zusammenarbeit, aus der (die beiden *Ariadne*-Fassungen gesondert gerechnet) zehn Bühnenwerke entstanden, ist aus allererster Hand beispielhaft dokumentiert. Im Briefwechsel[35] verkörperte Hofmannsthal nicht nur das „wienerische Element" des Schöpferduos, sondern stellte – neben dem Journalisten Ludwig Karpath und dem seit 1900 an der Hofoper wirkenden Kapellmeister Franz Schalk – auch die wichtigste Wiener „Außenstelle" für die gemeinsamen Ambitionen und Interessen dar. Schon der erste Strauss-Brief dieser Periode an Hofmannsthal gibt der Überzeugung Ausdruck, die beiden Künstler seien „füreinander geboren" und würden „sicher Schönes zusammen leisten, wenn Sie mir treu bleiben" (11. März 1906). Und am 1. September desselben Jahres bekräftigte Strauss, es sei ihm „viel mehr ein Wissen, als ein bloßes Für-Möglich-halten, daß wir bestimmt sind, miteinander etwas oder mehreres recht Schönes, Merkwürdiges noch zu machen."

„Der Auch-Direktor"
Ringen mit Felix Weingartner (1908–1911)

Die Ratschläge und Lageberichte Hofmannsthals, so subjektiv sie auch gefärbt sein mochten, mußte Strauss berücksichtigen, wenn es um die Durchsetzung seiner Werke in der Kaiserstadt ging. So brachte der Dichter am 7. November 1908, als die Proben zur Dresdner *Elektra*-Uraufführung im Gange waren, bescheiden aber bestimmt einige Faktoren für die erfolgreiche Übernahme des Werkes an die Hofoper vor: „[...] in gar keinem Sinne betrachte ich mich etwa als Mitautor und gedenke mich in keiner Weise als solcher aufzuspielen. [...] Ich habe aber sehr den Eindruck, daß die Art, wie *Elektra* in Wien vorbereitet wird, wenn nicht von einem direkten Übelwollen, so doch von einem auffallenden Mangel an Liebe diktiert wird. Nicht von Opern, nur von den Theaterverhältnissen im allgemeinen verstehe ich etwas und so ergibt sich das Fazit meiner Betrachtung: da das Wiener Publikum gegen jedes Neue immer noch so stützig ist, wie zu Zeiten, da es einen *Fidelio* und *Don Juan* hat durchfallen lassen, und da es ferner gerade in Wien weniger auf das Werk selbst den Leuten die in einer Première sitzen ankommt, als auf das Drum und Dran, nämlich auf eine erste Besetzung und einen Dirigenten, von dem sie sich in ihrem eingebildeten Musikverständnis einbilden, er sei ein großer Mann, so habe ich den Eindruck, daß sich hier eine, in diesem vulgären Theatersinn glanzlose und daher nicht ungefährliche Première vorbereitet." Hofmannsthal plädierte im folgenden dafür, daß die Wiener Premiere nicht zu bald auf die Uraufführung folgen sollte, denn „wenn schon eine ganze Reihe von Erfolgen, an denen ich nicht zweifle, vorliegen, so fällt natürlich der halbe Mißerfolg, an dem ich unter diesen Umständen auch nicht zweifle, weniger in die Waagschale".

Neben manifesten Vorbehalten gegen den Wiener Publikumsgeschmack enthält das Schreiben zwischen den Zeilen Warnungen vor dem neuen Hofoperndirektor, der Straussens Werk im allgemeinen zu wenig Liebe angedeihen lassen würde. Der sorgenvolle Verdacht war durchaus berechtigt. Felix Paul von Weingartner, Edler von Münzberg (1863–1942), der „Weltmann von österreichischem Temperament"[36], galt neben Mottl und Mahler als einer der bedeutendsten Pultvirtuosen seiner Zeit und war Straussens Vorgänger als

Leiter der Berliner Hofkapelle, bevor er das Münchner Kaim-Orchester übernahm. Als Dirigenten waren sie einander ebenbürtig; als Komponist genoß Weingartner in seiner Zeit einen guten Ruf, das stürmische Genie eines Richard Strauss aber hat er nie besessen und spürte das wohl auch selbst. In Weimar, München und Berlin ergaben sich Berührungspunkte zwischen den beiden Musikern, doch obwohl man einander das seinerzeit noch recht rare Du-Wort schenkte, herrschte mißtrauische Konkurrenz und auch charakterliche Unvereinbarkeit zwischen den beiden Künstlern.

Weingartners enorme dirigentische Qualitäten wurden von Zeitgenossen gepriesen, seine Direktionszeit in Wien zählt jedoch keineswegs zu den glücklichsten Epochen des Hauses am Ring. Das monumentale Reformwerk, das Mahler begonnen, gegen Ende seiner Tätigkeit aber mit immer weniger Energie verfolgt hatte, wurde von Weingartner keineswegs im selben Sinne fortgeführt. In den Augen der Mahler-Anhänger „versündigte" sich der neue Direktor durch eine *Fidelio*-Neuinszenierung (ohne *Leonoren*-Ouvertüre an dem auch heute gewohnten Platz, vor dem Finale), durch die Wiedereinführung von Strichen in Wagners *Walküre* oder die Verbannung der „Roller-Türme" aus dem *Don Juan*. Franz Schmidt hatte jedenfalls nicht unrecht, wenn er schrieb: „Seine Direktionsführung war nicht imstande, die Verwirrung, in der Mahler das Institut hinterlassen hatte, zu beheben, sondern schien vielmehr dazu angetan, das Chaos zu vergrößern."[37]

An *Elektra*, dem neuen Werk des Widersachers Richard Strauss, dessen Musik er nach eigenem Urteil überhaupt nichts abzugewinnen vermochte, konnte Direktor Weingartner dennoch nicht vorbeigehen. Der von ihm signierte Aufführungvertrag mit dem Verlag A. Fürstner trägt das Datum 1. Oktober 1908; es handelte sich also nicht um eine noch von Mahler geschlossene und von Weingartner widerwillig „geerbte" Vereinbarung. Allerdings war der Direktor nicht an der musikalischen Leitung des Stückes interessiert und übertrug diese seinem neuengagierten Kapellmeister, dem Münchner Hugo Reichenberger. Schwieriger war die Frage nach der geeigneten Besetzung der Titelpartie. Marie Gutheil-Schoder, die wandelbare Darstellerin mit dem enormen Repertoire, das von Carmen bis zum Blondchen reichte, empfanden Strauss und Hofmannsthal als prä-

Ein furchtbares Paar.

Wen der erste — „bearbeitet" hat, den „vertont" sofort der zweite!

Ein Wunderteam im Spiegel der Karikatur: Hofmannsthal und Strauss als „furchtbare" Bearbeiter …

destiniert, sie sollten ihren Wunsch aber zunächst nicht durchsetzen. Bis Jahresende 1908 ließ Weingartner die Besetzung offen, dann wies ihn Strauss selbst auf eine junge Amerikanerin namens Lucille Marcel, Schülerin des legendären Tenors Jean de Reszke, hin. Aus dem Vorsingen ging nicht nur die erste Wiener Elektra hervor, es verschaffte Felix von Weingartner auch ein mystisch-erotisches Erlebnis: „Waren es ihre seltsam tiefen Augen, die gesungen hatten? Ich versuchte, die wütenden Dissonanzen der *Elektra* zu überhören. Große, leuchtende Augen fühlte ich mit einem Blick mir folgen. Oh, diese Zweiheit der Geschlechter … Die dunklen

Räume des Operntheaters schienen heller geworden ..."[38] Allein dieses absonderliche Zitat läßt uns die charakterliche Ferne begreifen, die zwischen Richard Strauss und Weingartner geherrscht haben muß.

Noch im Vorfeld der Wiener *Elektra*-Premiere, die am 24. März 1909, also kaum zwei Monate nach der Dresdner Uraufführung, stattfand, zeigte sich Strauss optimistisch: „Ich habe in Wien mit Herrn Oberregisseur Wymetal gesprochen; er wird sich freuen, Sie auf den letzten Proben zu sehen und hat versprochen, sich mit Ihnen ins Einvernehmen zu setzen. [...] *Elektra* geht überall kolossal. München jede Woche ausverkauft" (5. März 1909). Mit der Marcel in der Titelrolle, Lucie Weidt als Chrysothemis, Weidemann als Orest und Schmedes als Aegisth stand tatsächlich eine vortreffliche Besetzung zu Gebote.

... und als einnahmenstarke „Rosenkavaliere".

Anna von Mildenburg, die noch in der Ära Gustav Mahlers eingetretene Tragödin, die sich mittlerweile vom dramatischen ins Charakterfach zurückgezogen hatte, apostrophierte Strauss in einem Brief an Weingartner überhaupt als „für Klytämnestra geradezu prädestinierte“ Künstlerin. Im Mai desselben Jahres widmete er „Der genialen Darstellerin der Klytämnestra in Wien Frl. von Mildenburg zur freundlichen Erinnerung an ihren größten Bewunderer“ ein Skizzenbuch, das Entwürfe zum Schluß der Oper beinhaltet (bei dem Elektras Mutter übrigens nicht mehr unter den Lebenden weilt!). Richard Specht nannte Mildenburgs Klytämnestra „ein Standbild zerstörter Hoheit voll gräßlicher Angst im jagenden Blut, das ihr von schauerlichen Traumgespenstern ausgesogen wird“.[39]
Julius Korngold, der in *Elektra* bloß einen weiter überreizten *Salome*-Stil erkennen konnte, wußte sich der Euphorie zu entziehen. Er war nicht angetan, „wenn in *Elektra* Blut, dieser ganz besondere Saft, wie ein Likör kredenzt wird – watet die Opernmusik nicht schon lange genug in Blutlachen? Sie hat verlernt zimperlich zu sein – leider.“[40] Und der „Tumult von verwegenen Neubildungen, ein Aufruhr von Dissonanzen und kakophonen Konstruktionen“ bewog Korngold zu dem abschließenden Aufsruf: „Wie *schön* war die Prinzessin Salome!“
Der Zeitzeuge und „Ohrenmensch“ Marcel Prawy erinnert sich an die ebenso wohlgelungene optische Komponente: „Das Bühnenbild, eine überwältigende Schöpfung Rollers, ist mir noch in unvergeßlicher Erinnerung, durch Jahre und Jahre hat es die Wiener Opernfreunde tief beeindruckt: die gigantische Mauer von Mykene, in der Mitte das Tor des Schicksals, durch das alle tragischen Figuren ein und aus schritten. Besonders erinnere ich mich des herrlichen Auftritts der Klytämnestra, wie sie, lechzend nach einem Mittel gegen ihre bösen Träume, die Sklaven und Sklavinnen mit den Opfertieren zur Schlachtstätte jagt. Eine der grandiosesten Strauss–Hofmannsthalschen Theatervisionen nahm hier Gestalt an.“[41]
Der *Elektra* galt Alfred Rollers erste Strauss-Dekoration an der Hofoper, und sie hatte einen so durchschlagenden Erfolg, daß sie noch Jahrzehnte später in ganz Europa (und als historisches Experiment auch zu Beginn der 1990er Jahre an der New Yorker Metropolitan Opera) nachgebaut oder nachempfunden wurde. Strauss war dem

Alfred Rollers Entwurf zum Löwentor von Mykene.

Bühnenkünstler überaus dankbar für die Arbeit, wie auch aus einem Brief Rollers an seine Frau vom 26. August 1909 hervorgeht. Zu diesem Zeitpunkt jedoch war Alfred Roller nicht mehr Ausstattungsleiter der Wiener Oper; mit Weingartner, der noch dazu unter dauerndem Sparzwang stand, fand er keine gemeinsame Wellenlänge. Strauss setzte sich für den Künstler, der am 1. Juli 1909 wieder den Direktorsposten der Wiener Kunstgewerbeschule übernommen hatte, freundschaftlich ein. „Er hat", so heißt es in dem oben erwähnten Brief, „dem [Dresdner] Intendanten Graf Seebach sehr zugeredet, mich nach Dresden zu berufen. Doch der sagte, jemand so kostspieligen wie mich könnte er nicht engagieren. Strauss freut sich sehr auf die neue Comödie."[42] Von dieser, gemeint ist natürlich der *Rosenkavalier*, soll bald zu erzählen sein – vorerst aber zurück zur Tragödie *Elektra*.

Bemerkenswert, daß die nicht gerade familienfreundliche Oper zwei Ehen stiftete: Lucille Marcel wurde 1912 Weingartners dritte Frau, und die Mildenburg verehelichte sich noch im Jahr der *Elektra*-Erstaufführung mit dem Wortführer des *Jung-Wien*-Kreises Hermann Bahr. Der von antisemitischen Gefühlen nicht freie Antipode Karl Kraus' entwickelte sich zu einem getreuen Agenten der Wiener Strauss-Pflege. Bahrs noch heute populäres Lustspiel *Das Konzert* ist

Richard Strauss gewidmet („Vielleicht bringt mein weltbekannter Dusel auch Ihrem Werke mal Glück", schrieb der Musiker am 23. Mai 1909 in seinem Dankesbrief) und nimmt in der Hauptfigur des selbstgerechten, eitlen Musikers unverkennbar Felix von Weingartner aufs Korn. Dessen Widerpart Richard Strauss hingegen charakterisierte Bahr so: „[...] der steckt in der Erde fest, den werden sie nicht umblasen. Nein, wirklich: zu seinen Bewunderern paßt er nicht. Ein beispielloser Fall: ein Künstler, der durch seine Verwegenheit die Kenner schreckt, aber schon im ersten Lauf die Menge gewinnt."[43]

***Elektra* (Tragödie in einem Aufzuge von Hugo von Hofmannsthal)**
Uraufführung am 25. Januar 1909 in Dresden
Wiener Erstaufführung am 24. März 1909
Die Besetzung der ungemein fordernden Titelpartie war das große Problem in der Vorbereitung dieser Erstaufführung (und ist es bis heute geblieben). Die Wahl des Hofoperndirektors Weingartner fiel nicht auf die darstellerisch prädestinierte Marie Gutheil-Schoder, sondern auf eine amerikanische Debütantin, Lucille Marcel (eigentlich Wasself). Die anderen Rollenvertreter ergaben sich sozusagen von selbst: Anna Mildenburg als Klytämnestra (die Roland Tenschert noch 1949 als „die wohl bis auf den heutigen Tag berufenste Vertreterin dieser Dichtergestalt" bezeichnete), Erik Schmedes als Aegisth von Heldenformat, Lucy Weidt als Chrysothemis und Friedrich Weidemann als Orest. Letzterer hielt die Rolle auch in den Aufführungen bis zum Ende des Jahrzehnts fest in seiner Hand, bevor ihm die Herren Manowarda, Jerger und Schipper gleichberechtigt folgten. Die Mildenburg, Laura Hilgermann und Bella Paalen, später Hermine Kittel und Maria Olszewska waren bis Beginn der 1930er Jahre die hervorstechenden Klytämnestra-Interpretinnen. Eine „Übergangene" kam ab 1914 zum Zuge: Die Gutheil war bis zu ihrem Bühnenabschied 1925 die bedeutendste Elektra der Wiener Oper. Zuvor bot aber noch am 19. Juni 1910 eine *Elektra* auch Anlaß für das Debüt des Richard Strauss an der Hofoper. Die Kritik bemerkte nicht nur, daß sich die Operngläser auf den Charakterkopf des Dirigentenkomponisten richteten, sondern auch, daß dieser imstande war, dem überaus bewegten Werk deutliche Ruhepunkte zu verleihen. Edith Walker war die Titelheldin, Mildenburg, Schmedes und Weidemann hießen ihre bewährten Kollegen. Auch die Rückkehr Richard Strauss' ans Pult der Oper, zwei Jahre nach seiner Demission, wurde am 7. Dezember 1926 mit *Elektra* gefeiert.
Der mittelbare Direktionsnachfolger und berufene Strauss-Interpret Clemens Krauss ließ sich eine Neuinszenierung des Werkes angelegen sein: Am 4. März 1932 hatte *Elektra* in der Regie von Lothar Wallerstein Pre-

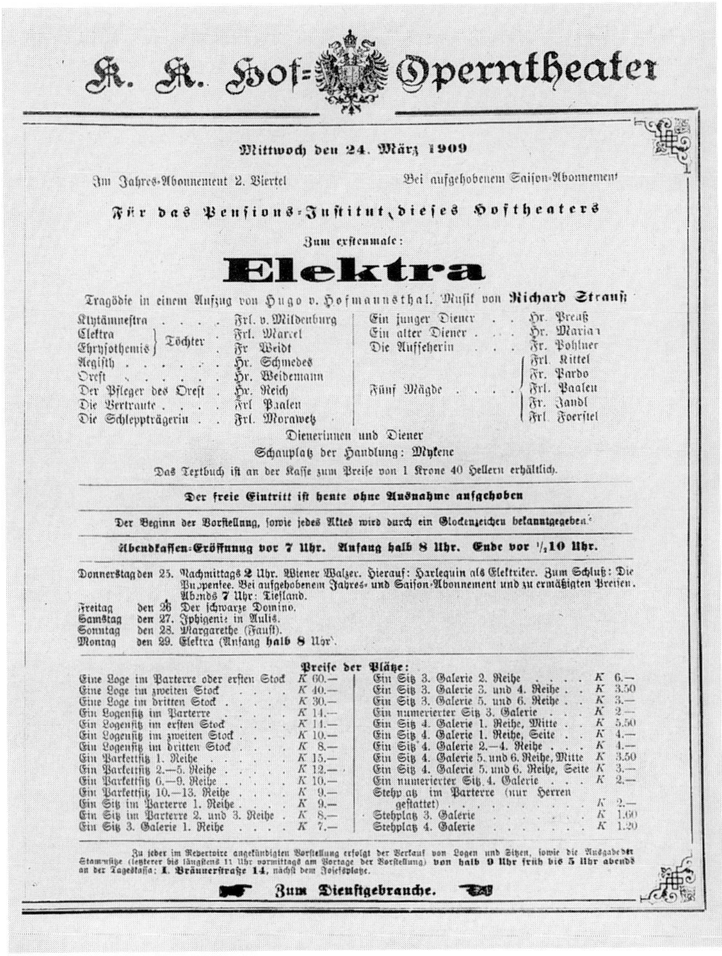

K. K. Hof-Operntheater

Mittwoch den 24. März 1909

Im Jahres-Abonnement 2. Viertel — Bei aufgehobenem Saison-Abonnement

Für das Pensions-Institut dieses Hoftheaters

Zum erstenmale:

Elektra

Tragödie in einem Aufzug von Hugo v. Hofmannsthal. Musik von **Richard Strauß**

Klytämnestra	Frl. v. Mildenburg	Ein junger Diener	Hr. Preuß
Elektra } Töchter	Frl. Marcel	Ein alter Diener	Hr. Marian
Chrysothemis } Töchter	Fr. Weidt	Die Aufseherin	Fr. Pohlner
Aegisth	Hr. Schmedes	Fünf Mägde	Frl. Kittel
Orest	Hr. Weidemann		Fr. Pardo
Der Pfleger des Orest	Hr. Reich		Frl. Paalen
Die Vertraute	Frl. Paalen		Fr. Jandl
Die Schleppträgerin	Frl. Morawetz		Frl. Foerstel

Dienerinnen und Diener

Schauplatz der Handlung: Mykene

Das Textbuch ist an der Kasse zum Preise von 1 Krone 40 Hellern erhältlich.

Der freie Eintritt ist heute ohne Ausnahme aufgehoben

Der Beginn der Vorstellung, sowie jedes Aktes wird durch ein Glockenzeichen bekanntgegeben.

Abendkassen-Eröffnung vor 7 Uhr. Anfang halb 8 Uhr. Ende vor ½10 Uhr.

Donnerstag den 25. Nachmittags **2** Uhr. Wiener Walzer. Hierauf: Harlequin als Elektriker. Zum Schluß: Die Puppenfee. Bei aufgehobenem Jahres- und Saison-Abonnement und zu ermäßigten Preisen. Abends **7** Uhr: Tiefland.
Freitag den 26. Der schwarze Domino.
Samstag den 27. Iphigenie in Aulis.
Sonntag den 28. Margarethe (Faust).
Montag den 29. Elektra (Anfang **halb 8** Uhr).

Preise der Plätze:

Eine Loge im Parterre oder ersten Stock	K 60.—	Ein Sitz 3. Galerie 2. Reihe	K 6.—
Eine Loge im zweiten Stock	K 40.—	Ein Sitz 3. Galerie 3. und 4. Reihe	K 3.50
Eine Loge im dritten Stock	K 30.—	Ein Sitz 3. Galerie 5. und 6. Reihe	K 3.—
Ein Logensitz im Parterre	K 14.—	Ein numerierter Sitz 3. Galerie	K 2.—
Ein Logensitz im ersten Stock	K 11.—	Ein Sitz 4. Galerie 1. Reihe, Mitte	K 5.50
Ein Logensitz im zweiten Stock	K 10.—	Ein Sitz 4. Galerie 1. Reihe, Seite	K 4.—
Ein Logensitz im dritten Stock	K 8.—	Ein Sitz 4. Galerie 2.—4. Reihe	K 4.—
Ein Parkettsitz 1. Reihe	K 15.—	Ein Sitz 4. Galerie 5. und 6. Reihe, Mitte	K 3.50
Ein Parkettsitz 2.—5. Reihe	K 12.—	Ein Sitz 4. Galerie 5. und 6. Reihe, Seite	K 3.—
Ein Parkettsitz 6.—9. Reihe	K 10.—	Ein numerierter Sitz 4. Galerie	K 2.—
Ein Parkettsitz 10.—13. Reihe	K 9.—	Stehplatz im Parterre (nur Herren gestattet)	K 2.—
Ein Sitz im Parterre 1. Reihe	K 9.—	Stehplatz 3. Galerie	K 1.60
Ein Sitz im Parterre 2. und 3. Reihe	K 8.—	Stehplatz 4. Galerie	K 1.20
Ein Sitz 3. Galerie 1. Reihe	K 7.—		

Zu jeder im Repertoire angekündigten Vorstellung erfolgt der Verkauf von Logen und Sitzen, sowie die Ausgabe der Stammsitze (letzterer bis längstens 11 Uhr vormittags am Vortage der Vorstellung) **von halb 9 Uhr früh bis 5 Uhr abends** an der Tageskassa: **I. Bräunerstraße 14,** nächst dem Josefsplatze.

Zum Dienstgebrauche.

Theaterzettel der Wiener Erstaufführung.

miere. Gertrud Rünger (Klytämnestra), Rose Pauly (Elektra), Viorica Ursuleac (Chrysothemis), Josef Kalenberg (Aegisth) und Emil Schipper (Orest) hießen die zum Teil einer neuen Sängergeneration angehörenden Protagonisten. Nach zehn Vorstellungen in großteils gleichbleibender Besetzung (und immer unter der musikalischen Leitung des Hausherrn Krauss) wurde die Musiktragödie am 30. September 1936 neueinstudiert. Hans Knappertsbusch stand bei dieser mittlerweile 91. *Elektra*-Vorstellung am Pult, neben Pauly, Graarud und Schipper waren Klytämnestra und Chrysothemis neu: Rosette Anday und Hilde Konetzni. Vier

Anna Bahr-Mildenburg, die „geniale" Klytämnestra.

Zwei Momentaufnahmen aus Harry Kupfers packender Elektra-*Produktion des Jahres 1989: oben Noriko Sasaki (Schleppträgerin) und Brigitte Fassbaender (Klytämnestra), unten Eva Marton (Elektra) und Franz Grundheber (Orest) in der Erkennungsszene.*

Jahre später (9. April 1940) folgte eine weitere Neueinstudierung unter „Kna" mit der Rünger erstmals in der Titelrolle und Hilde Konetzni abermals als Atridenschwester. Ihre leibliche Schwester Anny Konetzni war die Titeldarstellerin bei der ersten Nachkriegsproduktion im Theater an der Wien (Spielleitung Adolf Rott, Dirigent Rudolf Moralt) und blieb der Rolle treu, bis eine weitere legendäre Interpretin neue Maßstäbe setzte: Von Juni 1952 bis März 1963, also auch im neuen Hause, blieb Christel Goltz die unangefochtene Elektra (zugleich mit 57 Auftritten Rekordhalterin in dieser Rolle); an ihrer Seite waren wiederholt die Damen Höngen, Madeira und Resnik (Klytämnestra), Zadek, Rysanek, Della Casa (Chrysothemis) sowie die Herren Lorenz, Patzak, Treptow, Windgassen und Stolze (Aegisth) sowie Schöffler, Hotter, Braun, Uhde, Neidlinger und Böhme (Orest) zu erleben. 1965 war es abermals Zeit für einen Generationswechsel: Wieland Wagner inszenierte, Karl Böhm dirigierte die Premiere am 16. Dezember, in der die legendäre Elektra der 60er und 70er Jahre, Birgit Nilsson, ihren Einstand gab. Ihre Partner waren Resnik und Rysanek, Windgassen und Waechter. Bis Ende der 80er Jahre blieb die finstere, bedrohlich-statische Produktion im Repertoire (1981 unter Erich Leinsdorf mit Christa Ludwig, Ute Vinzing, Gwyneth Jones – noch als Chrysothemis! –, James King und Walter Berry neueinstudiert), bis sie von der grellen, höchst bewegten Inszenierung Harry Kupfers 1989 abgelöst wurde. Musikdirektor Claudio Abbado dirigierte, Brigitte Fassbaender, Eva Marton und die Hausdebütantin Cheryl Studer als Chrysothemis waren die weiblichen, King und Franz Grundheber die männlichen Protagonisten. Hildegard Behrens und Deborah Polaski verkörperten zuletzt die Hauptrolle, Marjana Lipovšek und Monte Pederson waren Neuzugänge als Mutter und Bruder. Und Christa Ludwig feierte am 14 Dezember 1994 mit einer überwältigenden Klytämnestra-Studie ihren Bühnenabschied.

Schon Mitte April 1909 sah Hugo von Hofmannsthal sein früher geäußertes Mißtrauen bestätigt. Er prangerte Direktor „Weingartners zweifelhaftes Vorgehen" an, „dem sicher kein anderes Motiv zugrundeliegen kann als den (für Wien) ungeheuren Erfolg der Première und den kolossalen Zudrang des Publikums möglichst herabzuschwächen und zu unterminieren". Und er gab einen detaillierten Bericht der sabotageverdächtigen Spielplanpolitik: „Nun ist wieder für Donnerstag eine *Elektra* angesetzt, nach 9 Tagen (Montag 12. – Donnerstag 22. [April 1909]) wiewohl jede Vorstellung, sobald sie angekündigt, im Vorverkauf ausverkauft ist und die Billetenhändler enorme Summen verdienen. Weingartners Neid auf den Komponisten der *E.* ist offenbar viel stärker als sein Interesse als Theaterdirektor. Die Marcel will angeblich nur einmal die Woche singen. Die [Elise] Elizza aber läßt er nicht singen. Warum nicht? Ferner: die Weidt hat schon die Chrysothemis abgegeben, mit der sie solchen Erfolg hatte – offenbar auf Weingartners Betreiben. Ferner teilt Bahr mit, daß die [Laura] Hilgermann (Ersatz für Mildenburg) keine Probe noch gehabt hat, auch die Rolle nicht gelernt. Das wird offenbar von der Direktion gewünscht – und gerne gesehen." Sein Resümee dieser „offenkundige[n] Gemeinheit [...], die zu tolerieren direkt unmoralisch ist", lautet: „Nur in Wien scharf sein! Es ist solches Gesindel!" Strauss reagierte sofort, dankte Hofmannsthal (und Bahr durch ihn) und regte mit einem „saftigen Brief" an Weingartner Zweitbesetzungen an.

Hofmannsthal, mitten in der Niederschrift des 2. Aktes *Rosenkavalier*, konstatierte befriedigt die Früchte der Intervention (24. April): „Nun ist *Elektra* mit korrekter 6tägiger Pause wiederum für Donnerstag angesetzt, wohl schon eine Folge Ihres Briefes, also zunächst alles gut." Strauss erbat im Antwortschreiben (4. Mai) nicht erlahmende Wachsamkeit: „Halten Sie mich bitte über Wien mit Hülfe des lieben Polizeispitzels Bahr immer auf dem Laufenden, damit ich dem hohen Direktor und Auch-Komponisten zur rechten Zeit auf die Finger klopfen kann." Und genau dies sollte Hofmannsthal im Spätsommer 1909 wieder anheizen: Weingartner, dem man „wieder auf die Kappe gehen" müsse, hatte *Elektra* „während der größten Hundstagshitze dreimal rasch hintereinander" angesetzt, mit einem „schlecht rezensierten Gast aus Barmen" namens Marie Gärtner. „Es ist als habe er im schlechtesten Moment, in der schlechtesten Besetzung (der Intendanz) den Beweis liefern wollen, daß auch diese Oper schlechte Häuser machen kann." Der Klammerausdruck erinnert uns daran, daß der Direktor der Hoftheaterintendanz natürlich Rechenschaft über schwächer verkaufte Werke ablegen mußte – Hofmannsthal verdächtigte Weingartner also einer perfiden Vorgangsweise, um *Elektra* aus dem Spielplan zu manövrieren.

Strauss warf sich sofort wieder in den Kampf um mehr und besser vorbereitete *Elektra*-Aufführungen. Felix von Weingartner erwiderte ihm am 1. Oktober 1909: „Ich bin gewiß unschuldig daran, daß die Titelrolle dieses Werkes Anforderungen stellt, die auf die Dauer nur von einer allerersten hochdramatischen Sängerin wirklich gut bewältigt werden können. Ich bin schließlich auch unschuldig daran, daß ich ein Theater geerbt habe in dem neben vielem anderen gerade dieses Fach eigentlich unbesetzt ist [ein deutlicher Seitenhieb gegen Mahlers vermeintlich schlechte Amtsführung!]. Wäre Frau von Mildenburg im vollen Besitze ihrer Kräfte gewesen, so wäre ein Zweifel über die Besetzung ja nicht möglich gewesen. Ich glaube das Möglichste getan zu haben, indem ich eine Sängerin eigens für diese Rolle engagierte; indem ich mir zu Anfang der Saison eine disponible Sängerin für drei Vorstellungen verpflichtete, und außerdem beabsichtige, das Werk mit Gästen ersten Ranges in der Titelrolle weiter zu geben. Sobald ich wirklich eine erste dramatische Sängerin habe, die fähig ist, die Elektra darzustellen, verspreche ich Dir hiemit, daß das Werk wieder regelmäßig auf dem Repertoire erscheinen soll. Bis dahin muß ich mich jedoch mit Aushilfen begnügen ..."[44]

Dieses Schreiben brachte Strauss in Harnisch, und er schöpfte in seiner Rage aus seinem wohlsortierten Hintergrundwissen (12. Oktober 1909): „Ich kann Dir nicht verhehlen, daß Dein letzter Brief die peinlichsten Gefühle in mir wachgerufen hat. Ich erledige nach Möglichkeit alle Dinge gern friedlich, darum mußte ich einige Zeit verstreichen lassen, um mich über Dein Vorgehen gegen *Elektra* erst etwas – zu fassen! Nun meldet heute Herr Bahr folgendes Gespräch am Telefon: Herr Wymetal teilt ihm mit, daß Frau Bahr bis 15. Dezember nicht die Klytämnestra singe, weil die Einnahmen ‚zu elend' seien, weiter aber, Herr Direktor Weingartner wünsche nicht ‚aus Freundschaft', daß mir dies bekannt werde. – Merkwürdige Freundschaft. Zuerst alles tun, damit das Werk schlechte Einnahmen erziele – oder konntest Du Dir das nicht voraussagen, daß Ende August *Elektra* keine Einnahmen machen werde, wenn die drei ersten Sängerinnen Mildenburg, Weidt, Marcel auf dem Zettel fehlen? Ich bin nicht Direktor der Hofoper, aber soweit kenne ich [auch dank Hofmannsthal!] das Wiener Publikum, um zu wissen, daß nach solch glänzender Erstaufführung das Werk schwerste Einbuße erleiden muß, wenn ihm die 3 ersten Zugkräfte entzogen werden. [...] als Du Dich s. Z. bei mir um die Aufführung der *Elektra* bemühtest, habe ich die schwersten Bedenken, die mir Deine Antipathie für meine Arbeiten einflößten, unterdrückt in der Hoffnung, daß vielleicht

Deine Interessen als Direktor Deine Loyalität für einen wenig beliebten Kollegen etwas ergänzen werden. Als Du keine Elektra hattest, habe ich sie Dir aus Paris verschafft. Daß Frl. Marcel eine lyrische Stimme habe, wußten wir alle seit der Première. Wenn Du also wirklich die Absicht hattest, die Sängerin, die ich allein Dir und der Wiener Oper zugeführt, einem Werke zu entziehen, so mußtest Du rechtzeitig für einen vollwertigen Ersatz sorgen. Da Du das nicht getan, erheischt die Gerechtigkeit, daß Frl. Marcel solange die Elektra weitersingt, bis ein voller Ersatz gefunden. – Bevor ich also weitere Schritte in der Sache unternehme – und ich gebe Dir die Versicherung, daß ich sie nicht ruhen lassen werde – appelliere ich nochmals ‚friedlich' an Deinen Gerechtigkeitssinn."[45] Strauss brachte den Brief Hofmannsthal zur Kenntnis, der ihn „ganz ausgezeichnet" fand, Hermann Bahr setzte sich mit Erfolg für eine weitere *Elektra*-Vorstellung am 9. November ein – natürlich mit seiner frischgebackenen Ehefrau als Klytämnestra.

Die erste Ära Weingartner an der Hofoper (eine zweite, noch kürzere, sollte 1935/36 folgen) brachte neben der Erstaufführung der *Elektra* auch das Debüt des Dirigenten Richard Strauss in eben diesem Werk. Ende Juni 1910 hielt sich Strauss dank Probenarbeiten mit den Wiener Philharmonikern in Wien auf und trat am 19. Juni ans Pult. Es war dies nach sechzehn Vorstellungen überhaupt die erste, die nicht der brave Reichenberger dirigierte! Der Autor als Interpret seines Werkes stimmte selbst Julius Korngold versöhnlich: „Strauss entknotet scheinbar Wirrverschlungenes, mildert die Realismen, unterstreicht breit, fast mit einer zärtlichen Liebe die lyrische Orchesterkantilene, stürzt sich mit einem hinreißenden Schwung ohne Brutalität auf die dramatischen Höhepunkte." Edith Walker, die sich kurz zuvor vom Mezzofach verabschiedet hatte, gestaltete – wie bei der folgenden Münchner Strauss-Woche – die bejubelte Elektra, Anna Bahr-Mildenburg und Friedrich Weidemann waren Klytämnestra und Orest. Tenschert schildert die frenetischen Reaktionen des Publikums: „Nach der Vorstellung erhob sich ein Jubel, wie er auch an dieser Stätte, wo warmherzige Aufgeschlossenheit zu oft gewürdigter Tradition gehört, Seltenheitswert besitzt. Nach ungezählten Hervorrufen des Komponisten und Dirigenten in einer Person sowie der Hauptdarsteller setzte sich der Begeisterungsrausch noch auf

der Straße fort, wo man Strauss mit Hochrufen empfing. Eine stattliche Gemeinde meist junger Mädchen und Herren verstellten dem Meister den Weg zu seinem Wagen und konnten nur mit Mühe daran gehindert werden, die Pferde auszuspannen." Nicht Zeuge des Erfolges war der Hausherr: Felix von Weingartner hatte sich rechtzeitig auf „Dienstreise" abgesetzt, ein Affront gegen Strauss und sein Werk, der auch als solcher erkannt und angeprangert wurde.
Hofmannsthals mahnendes P. S. in seinem Brief vom 15. Oktober 1909, mit Weingartner „wird man bei einem künftigen Werk einen gehörig vorsichtigen Vertrag machen müssen", sollte bald keine Bedeutung mehr haben. Schon am 6. Juni 1910 bat der Dichter seinen Komponisten, sich auf keinerlei Abmachungen mehr mit Weingartner einzulassen. „Er fällt spätestens im nächsten März" – und genau so sollte es kommen. Die nächste Strauss-Erstaufführung an der Wiener Hofoper, *Der Rosenkavalier* am 8. April 1911, wurde wohl noch von Weingartner (im August 1910) angenommen, fand aber bereits unter der Direktion des Nachfolgers Hans Gregor statt.
Den *Rosenkavalier* hatte der Dichter Anfang Februar 1909 skizziert und seitdem immer kunstvoller ausgeführt. Seine Hoffnung, Strauss ein Buch vorlegen zu können, das „Ihrer künstlerischen Individualität sehr entspricht (eben in der Mischung von Charakteristisch-Groteskem mit Lyrischem) und was sich viele Jahre, vielleicht viele Dezennien auf dem Repertoire wird zu halten vermögen", hat sich bekanntlich erfüllt. „In Wien", so schließt der zitierte Brief vom 12. Mai 1909, „kann ich mir die Aufführung ganz charmant denken. Roller ist Feuer und Flamme, uns Regiebuch mit Ausstattung (Bühnenskizzen und Figurinen) für ein für allemal zu liefern, so daß Fürstner es zugleich mit Musikalien eventuell in Vertrieb nimmt." So sollte es geschehen, und im Juli 1910 wurde der diesbezügliche Vertrag abgeschlossen. „Rollers Dekorationen waren herrlich", schwärmt Strauss in seinen *Erinnerungen*, „sind heute noch vorbildlich wie am ersten Tag. Ehre seinem Andenken!" Was immer spätere szenische Realisierungen des *Rosenkavalier* an Schönem oder Interessantem zutage förderten: diese Oper ist als Gesamtkunstwerk nicht nur von Textdichter und Komponisten, sondern auch vom Bühnen- und Kostümbildner konzipiert. Rollers Bilder veredelten noch die so überaus theaterwirksame, gleichzeitig vollkommen ana-

chronistische Bühnenwelt eines Rokoko-Wien mit Walzerbegleitung. Im besten Verdischen Sinne des „inventare il vero“ erfand Strauss eine Musik, die seinem Wien-Bild entsprach. Ein wenig Derbheit finden wir, ein wenig Klamauk, vor allem aber viel bis an die Grenzen des Kitsches hinschwappende Süße. So stellte Strauss im Mai 1909, als „die Rohskizze [des 1. Aktes] so gut wie fertig“ war, befriedigt fest, er hätte „die gewisse Wiener Sentimentalität der Abschiedsszene gut getroffen“.[46]
Ein viertes Element – neben Text, Musik und Bild – fehlte den Dresdner Premierenvorbereitungen zu Jahresende 1910 noch, nämlich eine meisterliche Spielleitung: „Als ich in Dresden die erste Bühnenprobe mit Orchester hörte, war mir schon im 2. Akt klar, daß der dortige brave Regisseur alten Schlages (Georg Toller) vollkommen unfähig sei, das Stück zu inszenieren“, so schrieb Strauss 40 Jahre später in seinen Lebenserinnerungen. „An ein gütiges Anerbieten Max Reinhardts mich erinnernd, machte ich dem Generalintendanten Graf Seebach den Vorschlag, Reinhardt bitten zu dürfen, er möge kommen und helfen. Seebach gestand dies widerstrebend zu unter der Bedingung, daß Reinhardt aber nicht die Bühne betrete.“ Seebachs Vorstellungen, daß Max Reinhardt gleichsam aus dem Hintergrund die Inszenierung retten würde, ließen sich so natürlich nicht umsetzen. Reinhardt griff tätig ein und übernahm schließlich die gesamte Regie, ohne aber auf dem Theaterzettel genannt zu werden. Die immense Dankbarkeit der Autoren veranlaßte sie ein Jahr später, Reinhardt die Erstfassung von *Ariadne auf Naxos* zur Uraufführung zu überlassen.

„Die Rosenkavalierproben mopsen mich bis zum äußersten“[47] Aufschwung unter Hans Gregor (ab 1911)

Es war eine kühne und keineswegs unangefochtene Entscheidung des Ersten Obersthofmeisters Fürst Alfred Montenuovo, mit Hans Gregor im Herbst 1910 einen „Nicht-Künstler“ als Direktor der Hofoper vorzuschlagen. Seit drei Jahrzehnten hatten hier überragende Gestalten gewirkt: Jahn, Mahler und Weingartner repräsentierten künstlerische Wertkriterien, Gregor hingegen war der Praktiker, der „erfahrene Theaterfachmann“, wie Montenuovo in seinem Gesuch an Kaiser Franz Joseph vom 12. November 1910 betonte. 1866 in

Dresden geboren, leitete Gregor die Vereinigten Stadttheater Elberfeld-Barmen und war Mitbegründer der Komischen Oper Berlin, die er nach anfänglichen Erfolgen (mit d'Alberts *Tiefland* oder *Hoffmanns Erzählungen*) zu Ende des Jahre 1910 in eine prekäre Lage manövriert hatte. Trotzdem eilte ihm der Ruf voraus, ein „Mann des Rechenstifts" und dazu ein tüchtiger Regisseur zu sein, was sich schließlich zu seinen Gunsten auswirkte.

Für Richard Strauss war die siebeneinhalb Jahre währende Ära Gregor alles in allem eine hervorragende Zeit. Mit zwei Erstaufführungen (*Rosenkavalier* und *Salome*) sowie der Uraufführung von *Ariadne auf Naxos* in der neuen „Wiener Fassung", wurden nicht nur die Fundamente einer bis heute währenden Strauss-Pflege und -Liebe gelegt, sondern auch der Boden für Straussens Einzug als Direktor bereitet. Weder Komponistenehrgeiz noch Dirigentenstolz trübten Gregors Blick, der fest die Kassa im Auge behielt. Sollten andererseits die Kassenrapporte nachlassen, hinderte Gregor auch kein künstlerisches Verantwortungsbewußtsein am Zurückdrängen des betreffenden Werkes vom Spielplan. Diese pragmatische Linie verstimmte bisweilen auch Richard Strauss, der in Summe allerdings von ihr nur profitierte.

Dem neuen Hofoperndirektor fiel *Der Rosenkavalier*, wie bereits oft festgestellt, gleichsam „als Morgengabe" in den Schoß. Franz Schalk, der längstdienende unter den Hofopernkapellmeistern, wurde mit der musikalischen Vorbereitung betraut, die in Abstimmung mit dem Komponisten erfolgte. In einigen Briefen wurden mögliche Striche, Besetzungen, aber auch Tempofragen diskutiert. Ein für Strauss' Interpretationsideen besonders aussagekräftiger Absatz findet sich in seinem Schreiben an Schalk vom 14. März 1911: „In Italien (Scala) nahm der dortige Kapellmeister Serafin: ein famoser Bursche rasende Tempi und sie machten sich famos. Ich bin also um gut *ein Drittel* schneller eingestimmt als [bei der Uraufführung am 26. Januar] in Dresden. Ad Notam! Besonders für alle Scenen des Ochs. Alle Parlandi prestissimo. [...] Ceterum censeo, daß ich gegen Striche bin. Wenn jedes Wort deutlich *gesprochen, pointiert* und *verstanden* wird, hat das Werk keine Längen. Wenn die Tempi sprudeln, der Darsteller jeden Augenblick auszufüllen versteht, kann nichts langweilig sein. Durch Striche werden nur die genau

Richard Mayr, der „ideale" Ochs.

ausgeglichenen Proportionen verschoben und Willkür und Unebenheiten in ein genau ausgeglichenes Stück hineingetragen."[48] Die Diskussionen über die Besetzung des Wiener *Rosenkavalier* wurden noch im Herbst 1910 mit Weingartner begonnen. Für den Textdichter war die Gutheil-Schoder „die einzige in Betracht kommende Person als Octavian", während Weingartner Berta Kiurina vorschlug. Als Ochs konnte nur Richard Mayr in Frage kommen, „nicht nur ein guter, sondern fast ein idealer Darsteller" (Schalk), der zum Bedauern der Autoren nicht für die Uraufführung gewonnen werden konnte. Lucie Weidt als Marschallin und Selma Kurz als Sophie waren zwei weitere erstklassige Rollenrepräsentantinnen. Allerdings legte letztere die Partie kürzestfristig zurück – und zwar wegen einer nicht in ihrem Sinne geregelten Freikartenangelegenheit, die sie auch beinahe zur Kündigung bewogen hätte und in den

Zeitungen ausgiebig als „Affaire“ ausgewalzt wurde. So machte die ebenso brillante wie kapriziöse Kurz den Weg frei für die Sopranistin Gertrud Förstel.
Der nicht unerhebliche Betrag von 40.565 Kronen war für die Anfertigung der Dekorationen nach Rollers Entwürfen (die sich, mehrfach renoviert, bis Ende der 1960er Jahre halten sollten!) bereitgestellt worden. Strauss traf eine knappe Woche vor der Premiere in Wien ein, wo Hofmannsthal und Roller „an den Arrangierproben tätigen Anteil“ nahmen. An Frau Pauline schrieb der Komponist vier Tage vor dem Premierentermin: „Die *Rosenkavalier*proben mopsen mich bis zum äußersten. Hier in Wien versäumst Du ja gerade nicht allzu viel ... Ich, der ich die Stadt hasse, muß hier sitzen und Du, die Du sie liebst, stöhnst auf dem Lande.“[49]
Am 8. April 1911 wurde die „wienerischste“ aller Opern am Ort des Geschehens erstaufgeführt, vom Publikum sofort in den Himmel gehoben, von den meisten Kritikern aber verdammt. Beispielhaft sei abermals Julius Korngold zitiert, der bloß ein Mischmasch, nicht aber ein geschlossenes musikalisches Lustspiel erkennen konnte: „*Feuersnot-*, *Elektra-*, Singspiel- und Operettenelemente geben, gemengt, weder einen neuen Stil, noch einen musikalischen Lustspielstil überhaupt. Man findet, was man an Strauss liebt, den oder jenen Musikeinfall, der fliegen macht, erfrischenden Elan, geistreiches Motivenspiel, berückendes Klangwesen, spitzbübischen Witz, findet nicht minder, was man an ihm weniger liebt, Wahllosigkeit in der musikalischen Grundsubstanz, Mangel an Disposition und Einheitlichkeit, süßliche Sentimentalitäten, findet aber auch, was man nie hätte finden sollen, die weitgehende, herabziehende ‚Konzession‘. ‚Die schöne Musik‘, wird im Stücke von dergleichen gesagt, ‚da muß man weinen!‘ Jawohl.“ Das Schlimmste für Korngold war „die Entente mit der Operette“, von der „eine Flut von Walzern kündet“. Anachronistisch seien sie und billig, „diese Walzer von ganz bestimmtem, modernstem Gepräge [...]. Und da darf man nun ein bißchen protestieren, ja dieser Protest muß gegen den *Rosenkavalier* aus Wien kommen. Wenn Wien wirklich die Stadt der Walzer ist, so ist es keineswegs die Stadt der gegenwärtig herrschenden, ausdrucksleeren, schablonenhaften, banalen Operettenwalzer. Walzer solcher Art vertragen wirklich nicht die Standeserhebung, die ihnen Ri-

chard Strauss, obendrein in Verkennung der Kunst Johann Strauß', zugedacht hat." Gerade der Baron Ochs, „dieser Falstaff der Mistgrube, wird immer in schmeichelhaftester Weise von Wiener Walzermusik begleitet, so wie sich seine Sexualität regt. Scherz, Satire, tiefere Bedeutung?"

Im Textbuch ortete Korngold die niedrigen Pointen einer „Praterposse", und auch Hermann Bahr äußerte sich ablehnend gegen Hofmannsthals Schöpfung. Strauss paraphrasierte mit gewohnt schroffem Humor diese negativen Stimmen in einem Brief an Hofmannsthal (15. Mai): „Ist es nicht hübsch, wie auch in Wien bei dem schlechten Text der *Rosenkavalier* geht. Das macht eben nur ganz allein die Musik! Etsch! Nichtsdestoweniger arbeiten Sie!!"

Der Rosenkavalier (Komödie für Musik von Hugo von Hofmannsthal)
Uraufführung am 26. Januar 1911 in Dresden
Wiener Erstaufführung am 8. April ~~1909~~ 1911

Die im Haus am Ring meistaufgeführte Strauss-Oper (in der Saison 2000/2001 wird sie die 900er-Grenze passieren), wurde eine der Wiener Lieblingsopern überhaupt. 37 Vorstellungen im ersten Jahr, zumeist mit dem Erstaufführungsquartett Weidt (Marschallin), Mayr (Ochs), Gutheil-Schoder (Octavian) und Förstel (Sophie), belegen deutlich den enormen Ansturm. Die erwähnten Interpreten wechselten in weiterer Folge mit Paula Windheuser, Lorenz Corvinus und Berta Kiurina, während Selma Kurz, als erste Sophie vorgesehen und wegen einer Unstimmigkeit über Freikarten kurzfristig zurückgetreten, die Rolle nur bei der ersten und zweiten Reprise (10. und 18. April) sang. Am 25. Januar 1917 debütierte die neuengagierte Lotte Lehmann in der Hosenrolle, am 24. Mai 1923 Maria Jeritza; im Jahr darauf „avancierte" die Lehmann bereits zur Marschallin, und ein einziges Mal, am 25. April 1928, konnte man an ihrer Seite die Jeritza als Octavian erleben. Bis zu seiner ersten Neuinszenierung im Jahr darauf erlebte *Der Rosenkavalier* an der Staatsoper 191 Vorstellungen und neben den Erwähnten so potente Rollenvertreter wie Kappel, Wildbrunn und Kemp (Marschallin), Manowarda und Jerger (Ochs), Wanda Achsel, Vera Schwarz, Maria Olszewska und Margit Angerer (Octavian), Schumann, Rajdl und Adele Kern (Sophie). Clemens Krauss, der (nach Schalk, Strauss, Alwin und Reichenberger) am 3. März 1922 gastweise den *Rosenkavalier* dirigiert hatte, leitete die Neuproduktion des Werkes am 7. September 1929. Es war dies die Eröffnungspremiere seiner Direktion, die mit Lehmann, Mayr, Schwarz, Kern sowie Wiedemann als Faninal und Pataky als Sänger allererste Kräfte aufbot. Gleichwertig rückte an Lotte Lehmanns Seite ab Anfang der Saison 1930/31 Viorica Ursuleac als Marschallin, Richard Mayr dominierte bis zu seinem Tode 1935 als Ochs, Eva Hadrabova war neben Achsel und Angerer der neue Octavian, Maria Gerhart neben Schumann und Kern die neue Sophie.

Mitte der 30er Jahre kam Bewegung in die Besetzungen: Die Konetzni-Schwestern wechselten sich als Marschallin ab, Persönlichkeiten wie Fritz Krenn, Emanuel List und Alexander Kipnis gastierten als Ochs, die junge Jarmila Novotna, Risé Stevens und Else Schulz stellten sich zwischen 1935 und 1938 als Octavian vor, Esther Réthy und Maria Cebotari verkörperten fallweise die Sophie. Anny oder Hilde Konetzni, Krenn oder Jerger, Schulz oder Rohs (mehrmals auch Elisabeth Höngen), Böttcher, Rutgers oder Réthy (einige Male auch Emmy Loose) – das waren die Standardbesetzungen der 40er Jahre. Wenige Wochen vor der Theatersperre, am 27. Mai 1944, erlebte das Werk noch eine Neueinstudierung mit nur drei Reprisen (Regie: Alfred Jerger, Dirigent: Rudolf Moralt).

Derselbe Dirigent und Regisseur wirkten auch bei der Transferierung der Produktion ins Theater an der Wien am 13. September 1946 zusammen – wohlgemerkt handelte es sich noch bis Ende der 60er Jahre um die von Alfred Roller entworfenen Bühnenbilder, in denen agiert wurde! Auch die Besetzung entsprach (abgesehen vom neuen Ochs Ludwig Weber) jenen der Kriegszeit. Bis zum 16. April 1955 (und zur 431. Vorstellung) beheimatete das Theater an der Wien den *Rosenkavalier;* in dieser Zeit stießen Maria Reining als Marschallin, Endre Koréh als Ochs, Sena Jurinac als Octavian, Hilde Güden, Lisa della Casa und Elisabeth Schwarzkopf sowie Wilma Lipp (Sophie) neu hinzu, Gastspiele in Brüssel, Amsterdam und Wiesbaden wurden erfolgreich absolviert. Die Della Casa erarbeitete 1954 mit dem Octavian ihre zweite Hauptrolle im *Rosenkavalier,* bevor sie im Jahr darauf dann zur Marschallin aufrückte – doch das war bereits im Opernhaus am Ring, wo Josef Gielen und Hans Knappertsbusch das Werk im Rahmen des „Opernfestes" im November 1955 herausbrachten. Maria Reining, Kurt Böhme, Sena Jurinac, Alfred Poell (Faninal), Hilde Güden, Karl Terkal (Sänger) lautete die Premierenbesetzung.

Die Fünfziger und Sechziger (im März 1960 erreichte unsere Oper die 500. Vorstellung) waren die Jahre der Hilde Zadek, die sich noch im Theater an der Wien als Marschallin präsentiert hatte, der Lisa della Casa und Sena Jurinac (beide auch in der Rolle des Octavian!), der Elisabeth Schwarzkopf und einer Wienerin, die bis zur Mitte der 80er Jahre den Nachkriegsrekord als Feldmarschallin (60 Auftritte) aufstellen sollte: Leonie Rysanek. Kurt Böhme, Oskar Czerwenka und Otto Edelmann gaben der Baßrolle ihr jeweils eigenes Gepräge, Christa Ludwig und Irmgard Seefried waren ideale Rosenkavaliere unter Leitung der Herren Böhm, Hollreiser oder Krips. Die Ludwig führte denn auch in neuer Rolle die Premierenbesetzung 1968 an: In Otto Schenks Inszenierung und mit Leonard Bernstein am Pult erlebte man einen *Rosenkavalier,* der neue Maßstäbe setzte. Rollen wir die Besetzungliste diesmal von hinten

Zweimal Rosenkavalier *an der Wiener Staatsoper: oben Patricia Wise (Sophie) und Kurt Rydl (Ochs), unten Angelika Kirchschlager als Octavian.*

auf: Karl Terkal sang den ersten seiner 221 Wirte, Murray Dickie und Margarita Lilowa gaben ein vollsaftiges Intrigantenpaar und die Sophie von einst, Emmy Loose, brillierte als Leitmetzerin. Dazu Reri Grist als Sophie, Gwyneth Jones als Octavian, Walter Berry als Ochs und eben die Ludwig als Marschallin.

Wen in der über 30jährigen Aufführungsgeschichte dieser Produktion aussparen, wen erwähnen? Unbedingt Lucia Popp, die von der Sophie zur Marschallin reifte, ihre Rollenkolleginnen Gundula Janowitz, Kiri te Kanawa und Anna Tomowa-Sintow; unbedingt auch die Bässe Manfred Jungwirth, Karl Ridderbusch, Hans Sotin und den Lokalmatador Kurt Rydl, der am 26. April 1999 im Anschluß an eine *Rosenkavalier*-Vorstellung zum Ehrenmitglied des Hauses ernannt wurde. U. a. Agnes Baltsa, Brigitte Fassbaender, Ann Murray, Trudeliese Schmidt und Irmgard Seefried (zwischen 1960 und 1970) als Octavian standen Helen Donath oder Edita Gruberova, Renate Holm oder Patricia Wise als Sophie gegenüber. In jüngster Zeit hat sich mit Juliane Banse und der Salzburgerin Angelika Kirchschlager ein neues Verliebtenpaar etabliert.

Eine Besetzungskombination wurde in der Aufzählung bewußt ausgespart: Felicity Lott, Kurt Moll, Anne Sofie von Otter und Barbara Bonney führten eine musikalische Neueinstudierung des *Rosenkavalier* am 18. März 1994 zum Erfolg. Am Pult stand der rare Unvergleichliche: Carlos Kleiber begleitete das Werk auch im Herbst desselben Jahres auf das vierte Japan-Gastspiel der Wiener Staatsoper.

Anfang 1914 stachelte Hofmannsthal den Komponisten wieder gegen einen amtierenden Hofoperndirektor auf: „Hier ist, unter der vertierten Wirtschaft des Herrn G[regor] – Schalk der einzige, der etwas für uns tut – pardon, daß ich ‚uns' sage, ich meine, für Ihre Arbeiten. G.'s Devise war schon im vorigen Jahr: der *Rosenkavalier* hat doch seine Schuldigkeit getan, was wollen Sie noch mit dem?? –" Laut Hofmannsthal kämpfte Schalk „gegen die gewissen ‚Schwierigkeiten', Mayrs Faulheit und Unlust an der anstrengenden Rolle u. s. f. Ich weiß das nicht von ihm, sondern auch mehrfach von anderen Seiten. Es mag Persönliches, Ambition etc. reichlich mitspielen, jedenfalls ist auch zu einem sehr großen Teile wirklich fundierte Einsicht in den Wert und Rang Ihrer Produktionen mit im Spiele. Sein Wunsch ist nun, wenigstens drei an der Hofoper existierende Werke: *Feuersnot, Elektra, Rosenkavalier* innerhalb 1914 zyklisch herauszubringen und zu halten, [...] einzige Bedingung (sine qua non) wäre eine briefliche Äußerung von Ihnen an die Direktion oder an ihn, worin Sie die Neu-Einstudierung *Elektra* (mit Frau Schoder) reklamieren und zwar als Neu-Einstudierung durch Schalk." Im Schlußteil dieses Briefes gab Hofmannsthal verschlüsselt kund, daß er es bedauerte, in Berlin von Strauss kein Stückchen aus *Josephs-Legende* vorgespielt bekommen zu haben – darauf sollte Strauss Bezug nehmen, ging aber zunächst auf den Rat seines Leibdichters ein (28. Januar): „[...] ich folge natürlich gerne Ihrem Rat und bin bereit, Reichenberger den Schmerz anzutun, ihm *Elektra* wegzunehmen [...]." Strauss verlangte aber von „Freund Schalk, dessen eifrige Teilnahme ich schon zu schätzen weiß und dessen Verdienste um den *Rosenkavalier* ich wohl würdige und dankend anerkenne, [...] feste Garantien", daß er *Feuersnot* und *Elektra* „gegen diesen herrlichen Direktor herauszubringen im Stande ist (*Elektra* vorerst mit Schoder, falls dieselbe versagen sollte, mit einer anderen, der Rolle stimmlich gewachsenen Künstlerin, Chrysothemis – Jeritza meine Bedingung!) [...] Einstweilen danken Sie ihm, bitte herzlichst in meinem Namen, ihm – unter Wienern der einzigen deutsch fühlenden Brust!" Diese letzte Formulierung, die offenbar halbherziges „Wienertum" gegen verläßliches „Deutschtum" ausspielt, entbehrt nicht einer gewissen Pikanterie, denn Schalk war Wiener, der arg gescholtene Direktor Gregor hingegen geborener Sachse! In demselben Schreiben bekam auch Hofmannsthal seine Maßregelung ab: „Im übrigen sind mir auch Sie ein rechter Wiener: statt mir einfach zu sagen: lieber Doktor, spielen Sie mir was aus *Joseph* vor, warten Sie auf eine Wendung im Gespräch, die sich nicht ergibt und schreiben mir nachträglich einen Brief. Geschieht Ihnen schon recht." Hofmannsthal wehrte sich postwendend gegen den „Vorwurf": „Sie schimpfen mich einen Wiener: das ist arg. Gar zu sehr muß ich's nicht sein, sonst würde mir die Atmosphäre nicht so gegen den Strich gehen."

Bezüglich der immer mehr gedeihenden *Frau ohne Schatten* flogen die Superlative auf dem Korrespondenzwege nur so hin und her. Hofmannsthal: „Sie werden nie ein schöneres Textbuch bekommen, weder von mir noch von einem anderen, es war eine Gunst des Schicksals, eine einmalige – und lassen Sie der Arbeit diese Freude zugute kommen." Strauss: „Jedenfalls haben Sie noch nichts Schöneres und Geschlosseneres in Ihrem Leben gedichtet und schmeichle ich mir es als mein Verdienst, Sie durch unsere gemeinsame Arbeit dazu gebracht zu haben." Hofmannsthal: „Ich glaube wie Sie, daß mir im Dramatischen noch nichts so gelungen ist wie diese Arbeit."[50]

Doch das erste Kriegsjahr unterbrach die Arbeit rüde; Hofmannsthal meldete sich freiwillig zum Dienst. In zwei Briefen an dessen Frau Gerty bewies sich Strauss nicht gerade als Meister der zartfühlenden Formulierung. Mag man sein Bonmot noch goutieren: „Dichter könnte man wirklich zu Hause lassen, wo sonst so reichlich Kanonenfutter vorhanden ist: Kritiker, Regisseure mit eigenen Ideen, Molièrespieler etc."[51], so heißt es einen knappen Monat später (28. August 1914): „Hugo hat die verdammte Pflicht, den Tod fürs Vaterland nicht zu sterben, bevor ich meinen III. Akt habe, der ihm, hoffe ich, noch mehr Ehre einbringen wird als eine schöne Todesanzeige in der ‚Neuen Freien Presse'. Aber Scherz bei Seite ..." – dem Komponisten wollte es bei aller Vaterlandsliebe nicht in den Kopf, daß sein Dichter (der übrigens nicht in die Nähe von Kampfhandlungen geriet) militärisches Pflichtgefühl der Arbeit am *Frau ohne Schatten*-Text vorziehen konnte.

„... das kleine Ding muß sehr gut studiert werden"
Die erste Wiener Uraufführung: *Ariadne auf Naxos*

Das Projekt, um das es neben „Fr. o. Sch" fortan ging, war *Ariadne auf Naxos, zu spielen nach dem Bürger als Edelmann des Molière*. Schon im Sommer 1912 überlegte Strauss eine Kreation des heiklen, Sprech- und Musiktheater verquickenden Werkes in Wien. Der Idee des Freundes Ludwig Karpath, die Uraufführung an das Volkstheater zu vergeben, konnte Strauss wenig abgewinnen, es sei denn, daß das Schauspielpersonal des Hauses durch die Musiker der Hofoper ergänzt würde. Direktor des Deutschen Volkstheaters war zu jener Zeit Adolf Weisse, der dem Haus auch schon zur Zeit des Breslauer *Salome*-Gastspiels vorgestanden war. „Wenn diese Combination möglich wäre, Weisse und Gregor gemeinschaftlich im Volkstheater, dann ja!"[52] erklärte Strauss am 17. Juli 1912 brieflich an Karpath und deponierte die hohen Ansprüche, welche die Ur-*Ariadne* stellte: „*Ariadne* als reines Kammermusikstück ist das heikelste und schwierigste meiner Werke u. mit einem zusammengewürfelten Opernensemble u. Orchester gerade in Wien unmöglich." Von Direktor Gregor

und Kapellmeister Reichenberger geförderte Uraufführungspläne realisierten sich wegen der heftigen Ablehnung durch den Komponisten nicht. Am 25. Oktober ging die Urfassung der *Ariadne auf Naxos* in Stuttgart in Anwesenheit des Wiener Hofoperndirektors Gregor über die Bühne. Trotz der Titelrollenbesetzung Mizzi Jeritza und der Regie Max Reinhardts war dem Werk insbesondere wegen seiner Überlänge kein echter Erfolg beschieden.
Im Dezember desselben Jahres schrieb der Komponist mit deutlicher Verbitterung an Karpath: „Was die von Ihnen projektierte *Ariadne*-Aufführung betrifft, so kann ich mir für Wien, wenn dieselbe nicht von seiten der Hofoper aus gemacht wird, wozu bis jetzt weder Herr Gregor noch ich Lust haben, eigentlich diese nur in ihrer genauen Wiederholung der Stuttgarter Aufführung denken, oder besser gesagt, kann ich mir diese *Ariadne* Sache in Wien überhaupt nicht denken. Was soll *Ariadne* auf dem heutigen Balkan!" Und drei Monate nach diesem harten Streich zeigt sich Strauss dem Journalisten gegenüber, der nicht aufgeben möchte, das Werk nach Wien zu bringen, „nach wie vor nicht damit einverstanden, daß *Ariadne* in's große Wiener Opernhaus kommt. Höchstens Burgtheater" (Brief an Karpath, 5. März 1913). In Wien ist die *Ariadne*-Urfassung bis dato überhaupt nicht gespielt worden, die österreichische Erstaufführung fand am 16. September 1976 in Graz statt.
Und doch sollte Wien „seine" *Ariadne*-Uraufführung erleben; Hofmannsthal mußte den Komponisten erst überzeugen, daß das Molière-Schauspiel mit nachgesandter Kurzoper nicht nur künstlerisch eine wenig homogene Paarung war, sondern auch der Rezeption große Schwierigkeiten entgegenstellte: Wo fanden sich schon ebenbürtige Schauspieler- und Sängerensembles mit einem erstklassigen Orchester zusammen? Das von Hofmannsthal neugetextete und in das „Haus des reichsten Mannes von Wien" verlegte Vorspiel, das Strauss kongenial vertonte, verhalf der *Ariadne auf Naxos* bekanntlich zu dauerhafter Lebensfähigkeit. Und es bedurfte des Pragmatikers Gregor und des glühenden Strauss-Propagandisten Schalk, damit diese Strauss-Premiere an ihrem „logischen" Uraufführungsort zustande kam. Im April 1916 zeichnete sich bereits die Uraufführung der neuen *Ariadne* in Wien für den darauffolgenden Oktober ab; Strauss zeigte sich ungewohnt entgegenkommend, freute sich

„mit Direktor Gregor über alles, was er wünscht, zu verhandeln". Als Strauss zehn Tage später Besetzungsvarianten erwog, setzte es wieder einen Seitenhieb auf das zeitgenössische Opernwesen im allgemeinen und auf Wien im besonderen: „Vergessen Sie doch nicht, daß die ersten Sänger doch nicht für die Opern lebender deutscher Komponisten vorhanden sind oder nur in Ausnahmefällen, sondern für Verdi, Meyerbeer und Flotow!"

Mit Hans Gregors Mitteilung an Strauss: „Hofmannsthal verläßt mich soeben ... Wir bringen hier in Wien *Ariadne* in der Neueinrichtung am 4. Oktober heraus"[53] vom 29. April war die Uraufführung besiegelt. Hofmannsthal wußte zu raten, wie Strauss beste Voraussetzungen in Wien schaffen konnte: „Bezüglich baldigen Beginnes des Studiums schreiben Sie, bitte, direkt an Schalk, das schmeichelt ihm, und er ist voll guten Willens" (8. Mai 1916). Strauss hat diesen Ratschlag – wenn auch erst einen knappen Monat später, kurz vor Fertigstellung der neuen Partiturteile – beherzigt. Am 7. Juni versicherte er Franz Schalk brieflich: „Sie können bestimmt darauf rechnen, die Klavierauszüge [für das neue Vorspiel] Anfang August in Wien zu haben. Denn das kleine Ding (Dauer 1/2 Stunde) muß <u>sehr gut studiert werden</u>. [...] Haben Sie mit dem Studium der Ariadne selbst schon begonnen? Bitte Fräulein Jeritza mit meinen schönsten Grüßen ordentlich ins Geschirr zu haben: denn so prachtvoll sie damals in Stuttgart schließlich mit Reinhardts Hilfe war (das Frauenzimmer hat leider eine zu schöne Stimme und zu viel Talent), ‚gekonnt' hat sie die Partie weder musikalisch, noch nach der Seite des Gesanglichen und der Phrasierung."

Schalk antwortete umgehend vom Stand der Vorbereitungen; von der Tenornot (der Kapellmeister versuchte erfolglos, Direktor Gregor den Ungarn Béla von Környey auszureden) und Primadonnenproblemen (Selma Kurz war anscheinend „auf's äusserste bestürzt" über den zu wenig virtuosen Schluß in der neugefaßten Zerbinetta-Arie). „Das Frauenzimmer mit dem unverschämten Talent" brauchte von Schalk nicht namentlich genannt zu werden – er versicherte dem Komponisten, die Jeritza „so fest als möglich an die Dressurleine zu nehmen". Als allein mögliche Besetzung für den Komponisten gab Schalk die Gutheil-Schoder an („die einzige Sängerin, die spirituellen Aufgaben gewachsen ist") oder aber: „Höchstens ein

Frl. Lehmann aus Hamburg. Kennen Sie sie?" Das noch unbekannte Fräulein hatte Direktor Gregor die Partie des Komponisten mitstudieren lassen, und in einem Vorsingen für Strauss, Schalk, Hofmannsthal und Gregor selbst kam es zur Entscheidung: Marie Gutheil-Schoder wurde ausgebootet („für mich hatte Frau Gutheil von Stunde an kein Wort mehr, keinen Gruß"[54], erinnerte sich der Hofoperndirektor). Lotte Lehmann aber sollte mit ihrem Erfolg als Komponist bei der Wiener *Ariadne*-Uraufführung den Grundstein ihrer Weltkarriere legen.

Hans Gregor mußte noch manchen „kleinen Strauß in Sachen Strauss" mit dem Verlagshaus Fürstner ausfechten; der geschickte Wiener Direktor konnte die Tantiemenfrage aber im Sinne einer weitgehenden Schonung des Hofopern-Budgets entscheiden.[55] Hofmannsthal indessen focht in Wien einen Kampf mit dem Regisseur Wilhelm von Wymetal: Dieser hatte an Gregor geschrieben, er wäre von dem Textdichter in einer Unterredung über die Gestaltung des *Ariadne*-Finales „konsterniert" worden. Hofmannsthal erbat sich Anfang August von Strauss mit heftigen Worten Schützenhilfe: „W.[ymetal] ist ein höllischer prinzipieller Schwierigkeitsmacher, und überdies ist von dieser Bande einer dem andern aufsässig, was das Werk will und soll, ist ihnen ganz schnuppe, jeder will nur den andern ärgern, sich in den Vordergrund schieben usf. Bitte bleiben sie nur fest dabei, daß ein dekorativer Effekt, der die beiden Hauptfiguren [Bacchus und Ariadne] zum Schluß des Duetts einhüllt (isoliert) unerläßlich ist und damit basta!" Knapp vor der Uraufführung bat der Literat den Musiker nochmals, seinen Einfluß bei szenischen Korrekturen geltend zu machen.

Die *Ariadne*-Uraufführung am 4. Oktober 1916 geriet zu einer Sternstunde, die frühere Enttäuschungen mit der Wiener Bühne scheinbar aus Richard Strauss' Erinnerung tilgte: „Das Wiener Operntheater zeigte sich der freundlichen Geste des Komponisten, der nun endgültig den ‚Fall *Salome*' vergessen zu haben schien, verständnisvoll und stattete das Werk mit ganz ausgesuchtem Geschmack einer vornehm prunkvollen Inszenierung aus. Das Spiel im Spiel wurde dadurch unterstrichen, daß sich die Bühne durch einen der Architektur des Theaterinterieurs angepaßten Vorbau und zierliches Treppenwerk in den Orchester- und Zuschauerraum fortsetzte, so daß dieser während der ganzen Vorstellung festlich erhellt blieb und Zuhörer und Spieler auf diese Weise zu einer Einheit wurden, wie es der Absicht der Autoren entspricht."[56] Von den Mitwirkenden feierte insbesonders die Damen-Trias Jeritza, Kurz, Lehmann rauschende Triumphe beim Publikum und bei der erstmals fast einhellig positiv gestimmten Kritik. Julius Korngold traf ein vornehm-zurückhaltendes Werk nach seinem Geschmack an: „Im *Rosenkavalier* breitet sich noch auf Strecken jene gestikulierende, mimende, realistisch nachahmende Symphonik aus, mit der Strauss in *Salome*, in *Elektra* zum Theater gegangen war. In *Ariadne* tritt sie zur Gänze zurück." Auch Regisseur Wymetal und Franz Schalk („Man merkte dem ausgezeichneten Dirigenten den Schumannschen ‚Enthusiasmus der Darstellung' an") empfingen höchste Anerkennung, bevor Korngold zu einem Gesamtlob ausholte: „Man hat zu loben und wieder zu loben; das Hofoperntheater hat sich auf der Höhe gezeigt. Und auch das Publikum blieb auf der Höhe des Werkes. Es hat diese eigenartige Opernmusik in ihrer süßen Reife verständnisvoll genossen, ihren Schöpfer stürmisch gefeiert."

Ariadne auf Naxos (Oper in einem Aufzuge nebst einem Vorspiel von Hugo von Hofmannsthal, Neue Bearbeitung)
Uraufführung am 4. Oktober 1916 an der Wiener Hofoper

„Zwei so glanzvolle Stimmen wie die der Kurz [Zerbinetta] und Lehmann [Komponist]" (Strauss), nicht zu vergessen die in den Worten des Uraufführungsdirigenten Schalk „unverschämt talentierte" Sängerin der Titelrolle, Maria Jeritza, führten das Ensemble der ersten in Wien uraufgeführten Strauss-Oper an. Innerhalb von 14 Monaten wurde die neubearbeitete *Ariadne* 25mal gegeben, wobei die erwähnten Damen sowie Hans Duhan als Musiklehrer und Béla von Környey als Bacchus dominierten. Lotte Lehmann übernahm, nach 38 Auftritten als Komponist, im Februar 1923 die Titelrolle, andere bedeutende Darsteller bis zur Mitte der 20er Jahre hießen Karl Aagard Oestvig (Bacchus) und Maria Rajdl (Komponist). Margit Angerer und Wanda Achsel übernahmen die Hosenrolle, Maria Gerhart und Adele Kern die Zerbinetta, Schalk war bis zu seinem Tode 1931 der meistbeschäftigte *Ariadne*-Dirigent. Am 10. Mai 1935 kam es zur ersten Neuinszenierung seit der Uraufführung: Josef Krips dirigierte die von Lothar Wallerstein inszenierte Premiere, neben den Herren Jerger (Musiklehrer), Kalenberg (Bacchus) und Duhan (Harlekin) wirkten Eva Hadrabova als Komponist, Adele Kern als Zerbinetta und der Gast Vera Schwarz als Ariadne. In derselben Saison stieß auch Anny Konetzni dazu, die bis 1949 die Titelpartie verkörperte, so

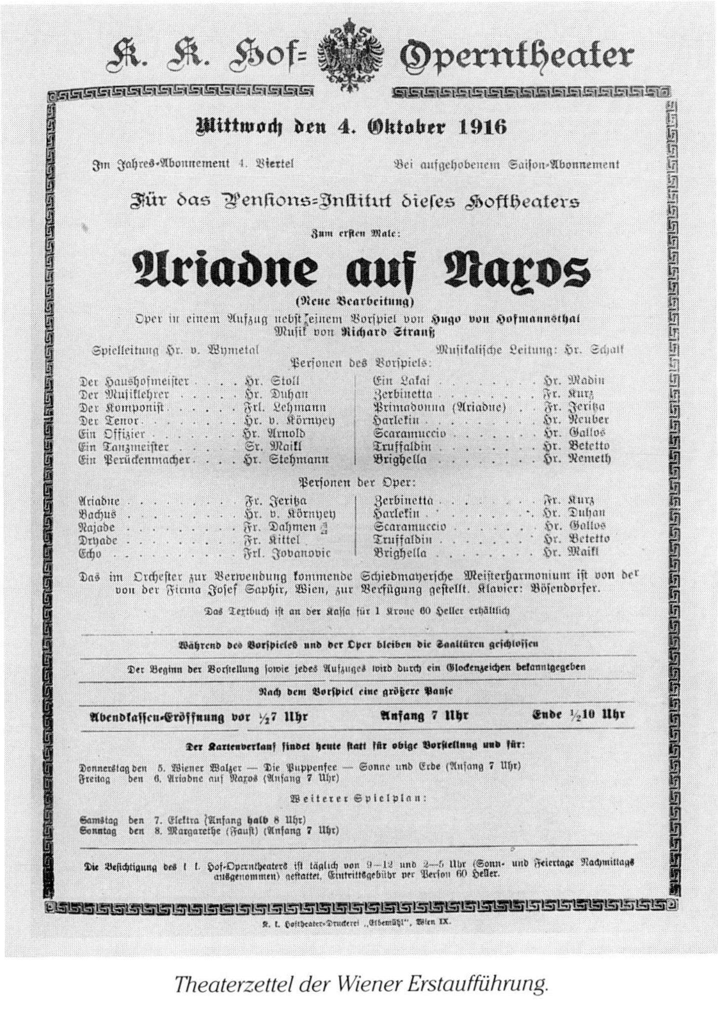

K. K. Hof-Operntheater

Mittwoch den 4. Oktober 1916

Im Jahres-Abonnement 4. Viertel — Bei aufgehobenem Saison-Abonnement

Für das Pensions-Institut dieses Hoftheaters

Zum ersten Male:

Ariadne auf Naxos

(Neue Bearbeitung)

Oper in einem Aufzug nebst einem Vorspiel von **Hugo von Hofmannsthal**
Musik von **Richard Strauß**

Spielleitung Hr. v. Wymetal — Musikalische Leitung: Hr. Schalk

Personen des Vorspiels:

Der Haushofmeister	Hr. Stoll	Ein Lakai	Hr. Madin
Der Musiklehrer	Hr. Duhan	Zerbinetta	Fr. Kurz
Der Komponist	Frl. Lehmann	Primadonna (Ariadne)	Fr. Jeritza
Der Tenor	Hr. v. Környey	Harlekin	Hr. Neuber
Ein Offizier	Hr. Arnold	Scaramuccio	Hr. Gallos
Ein Tanzmeister	Hr. Maikl	Truffaldin	Hr. Betetto
Ein Perückenmacher	Hr. Stehmann	Brighella	Hr. Nemeth

Personen der Oper:

Ariadne	Fr. Jeritza	Zerbinetta	Fr. Kurz
Bachus	Hr. v. Környey	Harlekin	Hr. Duhan
Najade	Fr. Dahmen	Scaramuccio	Hr. Gallos
Dryade	Fr. Kittel	Truffaldin	Hr. Betetto
Echo	Frl. Jovanovic	Brighella	Hr. Maikl

Das im Orchester zur Verwendung kommende Schiedmayersche Meisterharmonium ist von der von der Firma Josef Saphir, Wien, zur Verfügung gestellt. Klavier: Bösendorfer.

Das Textbuch ist an der Kassa für 1 Krone 60 Heller erhältlich

Während des Vorspieles und der Oper bleiben die Saaltüren geschlossen

Der Beginn der Vorstellung sowie jedes Aufzuges wird durch ein Glockenzeichen bekanntgegeben

Nach dem Vorspiel eine größere Pause

Abendkassen-Eröffnung vor ½7 Uhr — Anfang 7 Uhr — Ende ½10 Uhr

Der Kartenverkauf findet heute statt für obige Vorstellung und für:

Donnerstag den 5. Wiener Walzer — Die Puppenfee — Sonne und Erde (Anfang 7 Uhr)
Freitag den 6. Ariadne auf Naxos (Anfang 7 Uhr)

Weiterer Spielplan:

Samstag den 7. Elektra (Anfang halb 8 Uhr)
Sonntag den 8. Margarethe (Faust) (Anfang 7 Uhr)

Die Besichtigung des k. k. Hof-Operntheaters ist täglich von 9–12 und 2–5 Uhr (Sonn- und Feiertage Nachmittags ausgenommen) gestattet, Eintrittsgebühr per Person 60 Heller.

K. k. Hoftheater-Druckerei „Elbemühl", Wien IX.

Theaterzettel der Wiener Erstaufführung.

auch bei der Neueinstudierung unter Rudolf Moralt im Januar 1941. Max Lorenz und Set Svanholm, Kalenberg und Karl Friedrich waren die führenden Götterdarsteller der 30er und 40er Jahre, Else Schulz damals der Komponist und Lea Piltti oder Alda Noni die Zerbinetta. Letztere wirkte auch in der Neuinszenierung des Werkes (Böhm/Heinz Arnold/ Wilhelm Reinking) am 17. Dezember 1943 an der Seite von Irmgard Seefried, Paul Schöffler, Max Lorenz und Maria Reining. (Am 10. Juni 1943 wurde *Ariadne auf Naxos* übrigens auch an der Volksoper ins Pro-

gramm genommen, wobei Komponist und Geburtstagskind Richard Strauss selbst die Einstudierung überwachte. Karl Friedrich und Josef Gostic alternierten als Bacchus, Gertrude Grob und Rosel Schwaiger sangen Ariadne und Zerbinetta, den Komponisten verkörperte in einigen der 37 Aufführungen die junge Ljuba Welitsch.) Abermals Reining, Lorenz und Seefried waren die Protagonisten der ersten Nachkriegspremiere der Staatsoper im Theater an der Wien (Mai 1947). Krips dirigierte, aus der Sängerbesetzung stechen weiters Elisabeth Schwarzkopf (Zerbinetta), Erich Kunz (Harlekin) und Alfred Poell (Musiklehrer) hervor. Einige neue Namen bei der von Clemens Krauss dirigierten Neueinstudierung (und 151. Vorstellung des Werkes) am 26. Oktober 1951 in demselben Theater: Sena Jurinac sang den Komponisten, Torsten Ralf den Bacchus, Hilde Zadek war die Primadonna und Wilma Lipp ihr komödiantisches Vis-à-Vis.
Am 22. April 1956 wurde die Salzburger *Ariadne*-Produktion (Regie Josef Gielen, Ausstattung Stefan Hlawa) in die Wiener Staatsoper übernommen. Und wieder stoßen wir auf legendäre Namen, so neben dem Direktor-Dirigenten Karl Böhm die Damen Zadek, Köth und Ludwig (erstmals als Komponist) oder Josef Gostic als Bacchus. Der langjährige Musiklehrer Alfred Jerger schlüpfte ab nun in die Sprechrolle des Haushofmeisters. Elf Jahre und 85 Vorstellungen vergingen bis zur Neueinstudierung am 20. November 1967. Mit dem Dirigenten Böhm und Paul Schöffler als Musiklehrer war die alte Garde vertreten, mit Leonie Rysanek (Ariadne), Tatjana Troyanos (Komponist), Renate Holm (Zerbinetta) und James King (Bacchus) setzte sich die jüngere Generation durch. Der amerikanische Tenor bleibt übrigens mit 71 Auftritten zwischen 1963 und 1991 der Rekordhalter in seiner Partie, doch auch Jean Cox, Jess Thomas und Josef Hopferwieser verdienen Erwähnung. Ab dem Beginn der 70er Jahre brillierten Gundula Janowitz (Ariadne), Agnes Baltsa, Trudeliese Schmidt und Gertrude Jahn (Komponist) sowie Edita Gruberova; 1973 hatte sie bereits als Zerbinetta debütiert, doch erst mit der Neuproduktion drei Jahre darauf feierte die Koloratur-Primadonna des Jahrhunderts ihren endgültigen Durchbruch. Kunz und Berry, Baltsa und King, Janowitz und Barry McDaniel waren die legendären Partner der Premiere am 20. November 1976, Filippo Sanjust und abermals Böhm die Verantwortlichen. Ein paar Künstler seien genannt, die Sanjusts Produktion in ihr bald 25jähriges Bestandsjahr führten: Horst Stein am Pult, Helmut Lohner als Haushofmeister, Eberhard Waechter, Gottfried Hornik und Peter Weber als Musiklehrer, Ann Murray, Jeanne Piland, Waltraud Meier und Anne Sofie von Otter als Komponist, Thomas Moser und Ben Heppner als Bacchus, Natalie Dessay und Barbara Kilduff als Zerbinetta, Gabriela Benackova, Gwyneth Jones, Jessye Norman, Cheryl Studer und Anna Tomowa-Sintow als Ariadne.

Die Jahrhundert-Zerbinetta: Edita Gruberova.

Cheryl Studer als Primadonna im Vorspiel zu Ariadne auf Naxos.

Die Wiener Oper hatte also ihr neues wienerisches Meisterwerk erhalten – doch der Schaffenskreis um *Ariadne* war mit dieser „halben" Uraufführung noch lange nicht geschlossen. So kommt es, daß unter der Opuszahl 60 des Straussischen Werkverzeichnisses insgesamt vier Stücke vereinigt sind: neben den beiden *Ariadne*-Fassungen weiters *Der Bürger als Edelmann* (Komödie mit Tänzen von Molière, freie Bühnenbearbeitung in drei Aufzügen mit Musik von Richard Strauss, vollendet 1917, uraufgeführt 1918 in Berlin) und schließlich die Orchestersuite aus *Der Bürger als Edelmann*, die 1920 unter Strauss' persönlicher Leitung in Wien aus der Taufe gehoben wurde. Anlaß für die letztgenannte Uraufführung war übrigens eine Benefizveranstaltung für den „Verein Salzburger Festspielhaus-Gemeinde", der 1917 gegründet worden war. Im sogenannten „Kunstrat" des Vereins versammelten sich bald einige der bedeutendsten künstlerischen Persönlichkeiten der Zeit: Max Reinhardt, Hugo von Hofmannsthal, Alfred Roller, Franz Schalk und Richard Strauss.[57]

6. „Anziehungskräfte" anno 1918

Die erste Richard-Strauss-Woche

Andere europäische Städte wie Krefeld oder Amsterdam, München oder Frankfurt hatten derartige Ereignisse längst absolviert, die Wiener Hofopernkapellmeister Schalk und Hugo Reichenberger hatten bereits zum 50. Geburtstag des Meisters im Jahre 1914 eine seinen Werken gewidmete Festwoche angeregt, ohne sich zunächst bei ihrem Direktor durchzusetzen. Mit einem Brief vom 31. Dezember 1917 schlug Gregor dem Komponisten endlich die Abhaltung einer „Richard-Strauss-Woche" vor, „mit Festaufführungen der drei im Repertoire befindlichen Opern und einem Konzertabend in der Hofoper, dessen Programm Sie bestimmen würden".[58]

Im April 1918 war es soweit, und die geballte Anwesenheit von Richard Strauss als Dirigent eigener Werke ließ die Abwesenheit eines kalendermäßigen Anlasses vergessen. Den Auftakt machte ein Konzert im Wiener Musikverein am 19. April 1918 zugunsten der Kriegsfürsorge des Journalisten- und Schriftstellervereins „Concordia". Einen kulinarischen Genuß besonderer Art versprach die Programmfolge, mit der Richard Strauss sein eigenes Schaffen exquisiter wienerischer Musikantentradition eingliederte und so indirekt auf sein „Heimatrecht" in dieser Stadt pochte: mit dem Tonkünstlerorchester bestritt er einen „Richard Strauss–Johann Strauß-Abend". Auf eigene Schöpfungen (die zwei Militärmärsche op. 57, *Till Eulenspiegel* und die Walzerfolge aus *Rosenkavalier*) folgten Werke des Wiener Walzerkönigs (*Fledermaus*-Ouvertüre, *Frühlingsstimmenwalzer, An der schönen blauen Donau*) und zum Abschluß Johann Strauß Vaters *Radetzkymarsch*. Strauss hatte hier die Idee der späteren Neujahrskonzerte vorweggenommen und prägte sogar die Gestaltung des Finales! Das Wandeln beiderseits jener später willkürlich gezogenen Grenze zwischen E- und U-Musik und das Bedürfnis, auch niveauvoll-heitere Unterhaltung zu bieten, verband nicht nur den Dirigenten, sondern auch den Komponisten Richard Strauss mit dem Vorgänger: „[...] und bei den Walzern aus dem *Rosenkava-*

lier, wie sollte ich da nicht an den lachenden Genius Wiens gedacht haben?" Das Sextmotiv in Josef Strauß' *Dynamiden*-Walzer (op. 173) gilt als prägend für den Auftakt des *Rosenkavalier*-Walzers. „Geheime Anziehungskräfte" lautet der Untertitel des *Dynamiden*-Walzers; jene zwischen dem nachgeborenen, nichtverwandten Namensvetter und der Dynastie des Walzerkönigs aber waren alles andere als geheim, und es ist wohl nicht übertrieben zu behaupten, daß die Krone nach dem Tode des Österreichers (1899) in unserem Jahrhundert auf den Bayern übergegangen ist.[59]

Alfred Grünfeld wirkte bei dem Richard Strauss–Johann Strauß-Konzert als Pianist im *Frühlingsstimmenwalzer*, Grete Wiesenthal tanzte sowohl zu den Klängen des *Rosenkavalier*- als auch des *Donauwalzers*. Der Beitrag von Hofopernsängerin Selma Kurz, die Zerbinetta-Arie, mußte wegen einer Indisposition der Künstlerin entfallen, und auch eine Woche später, als Strauss *Ariadne auf Naxos* an der Oper dirigerte, konnte die Kurz nicht mitwirken. Diesem Abend (27. April) verliehen die Uraufführungssänger Jeritza, Lehmann, Környey und Duhan Glanz, Melitta Heim übernahm die Zerbinetta. Die *Reichspost* lobte Strauss' „ungemein leichte Hand für den fließenden Parlandostil und den prickelnden Konversationston des kleinen Kammerorchesters", er beherrsche „aber auch mit gleicher Vollendung die weitausholende Geste für den mitreißenden Schwung des lyrischen Schlusses". *Elektra* am 22. und *Der Rosenkavalier* am 25. April waren vorausgegangen, auch diese – zumindest in den Hauptrollen – erstklassig besetzt: Marie Gutheil-Schoder verkörperte Elektra und Octavian, Lucie Weidt Chrysothemis und die Marschallin, Richard Mayr war „natürlich" der Ochs. *Feuersnot* mußte in dem Reigen der Strauss-Opern fehlen, da die Dekorationen bereits zwei Jahre zuvor skartiert worden waren.

Gerade die Strauss-Freunde unter den Kritikern zeigten sich mit dem künstlerischen Erfolg der Strauss-Tage nicht vollständig zufrieden: „Von einer Vorbereitung war keine Rede; mit je einer Probe hat Strauss das Wunder geleistet, prachtvoll klar durchleuchtete, in Glut und Schwung hinrauschende Aufführungen hervorzuzaubern – aber daß er mit den orchestralen und gesanglichen Einzelheiten zufrieden war, wird keiner glauben"[60], rügte Richard Specht, und weiter: „Um das ganze nicht zu kümmerlich erscheinen zu lassen, hat man ein Konzert in der Hofoper angefügt." Im stimmungsvollen Rahmen der *Ariadne*-Dekoration wurde „zugunsten der Tuberkulosefürsorge" (man befand sich ja mitten im Kriege) am 29. April ausschließlich Strauss gespielt.[61] Nach *Don Juan, Tod und Verklärung* und der *Sinfonia domestica* dirigierte Strauss Lotte Lehmann mit drei seiner Orchesterlieder. Auch hier war der aufmerksame Strauss-Apologet Specht nicht ganz einverstanden: die Künstlerin sei „bedenklich unfrei, unsicher im Stil, befangen im Ausdruck" gewesen; „sie wird eben derart ungebührlich in Anspruch genommen, daß ihr zu endgültig ausgestaltendem Studium keine Zeit bleibt."

So unzufrieden war Strauss nicht, wie Spechts Ausfälle gegen das herrschende Opernregime glauben machen könnten. Doch verwechseln nur kleine Geister Zufriedenheit mit Bedürfnislosigkeit; wie aus dem Briefwechsel mit Hofmannsthal hervorgeht, weckte der Wiener Erfolg neue Ambitionen, zumindest Ideen in Richard Strauss. Hofmannsthals am 16. Mai 1918 geschriebene Zeilen bleiben noch recht undurchsichtig: „Daß Ihnen der Aufenthalt in Wien in der Erinnerung schön erscheint, ist mir lieb. Auch mir war er bedeutungsvoll, und sein Abschluß, die *Ariadne*-Vorstellung, hat ernste Gedanken in mir ausgelöst, die ich mir selbst und Ihnen nächstens einmal entwickeln werde." Und „ernste Gedanken" machte sich auch Richard Strauss, formulierte sie an Hofmannsthal erstmals deutlich am 23. Mai 1918: „Auch ich habe so manche Erinnerung an den schönen Wiener Aufenthalt in Gedanken ausgebaut, insbesondere auch mit meiner Frau darüber gesprochen, welche sympathisch zustimmte, daß ich im Falle von Gregors Abgang an einer eventuellen Direktion Schalk eventuell als Mitdirektor mich in der Weise beteiligte, daß ich zwei bis drei Monate des Winters für ein paar Jahre in Wien verbringe. Wie das zu realisieren wäre, entzieht sich vorläufig meiner genaueren Berechnung: vielleicht sprechen Sie die Sache in aller Stille mal mit Schalk durch. Ich würde gern ein persönliches Opfer bringen, um zu verhindern, daß eventuell ein Weingartner wieder seine zerstörende Hand an dem schönen Kunstinstitut versucht."[62]

Die erste Kontaktaufnahme mit dem Komponisten erfolgte im Frühsommer 1918 durch Leopold Freiherrn von Andrian zu Werburg, den von Kaiser Karl designierten Generalintendanten der Hoftheater. Andrian, ein persönlicher Freund Hugo von Hofmannsthals und Enkel Giacomo Meyerbeers, wurde am 18. Juli 1918 offiziell mit dem Amt betraut, das seit dem Abgang Plapparts von Leenheer (dem Widersacher Mahlers) im Jahre 1906 verwaist gewesen war. Nach frühen literarischen Versuchen – seinen Roman *Der Garten der Erkenntnis* bezeichnete Walter Perl als eines „der schönsten Bücher in deutscher Sprache aus österreichischem Erleben“[63] – widmete sich Andrian der Diplomatie und war ab 1917 im Außenministerium tätig gewesen.

Im Sommer 1918 hatte sich Straussens Amtsübernahme in Wien bereits zu einem konkreten Plan entwickelt, der allerdings auf einen überraschenden „Gegner“ stieß: Hugo von Hofmannsthal selbst. Es lohnt, Hofmannsthals skeptische Überlegungen und die Antwort des Betroffenen vollständig wiederzugeben, legen sie doch die „Sollbruchstellen“ einer heikel konstruierten Operndirektion offen, die bald beschlossen werden sollte. Am 1. August 1918 schrieb der Dichter: „Ich höre, Sie lehnen den Gedanken nicht ab, eventuell einer Berufung nach Wien zu folgen. [...] So muß ich denn sagen, daß dieser Plan einen Gegner hat, der zwar kein Musiker und auch sonst nicht kompetent ist, der aber infolge gewisser Zusammenhänge gerade in dieser Sache doch gehört werden würde – und besonders dann gehört, wenn er gegen Ihre Berufung, weniger, wenn er für diese spräche: Dieser Gegner bin ich.

[...] Ich glaube, Sie wären für eine so dringend nötige Wiedergeburt des Wiener Instituts der ideale Mensch gewesen vor etwa 15 Jahren, und ich kann nicht glauben, daß Sie es heute noch sind. Ich glaube – und dazu hat mich die Art gebracht, wie Sie selber mir Ihre Tätigkeit in Berlin gemalt haben –, daß Sie heute die Bequemlichkeit Ihrer Person und vor allem die Selbstsuche des schöpferischen Musikers über den höheren, schwer zu erkämpfenden Vorteil des Institutes setzen würden, daß Sie zu einer wahren Hingabe an den Aufbau des Repertoires, an einen Mozart- oder Wagner-Zyklus, an schwere strenge Proben heute wohl noch unendlich fähig – denn Ihre stets sich erneuernde Jugend ist das Schönste an Ihnen und die deutlichste Bürgschaft, daß Sie eine höhere Person sind – aber nicht mehr willig wären, daß Sie in bezug auf Engagements, Verfeinden und Be-

freunden etc. etc., kurz auf die ganze Politik des Theaters, das Interesse Ihrer Werke im Auge haben würden und nicht das des Instituts, kurz, daß Ihre Berufung dem Institut einen äußeren Glanz in der Gestalt eines bedeutenden und berühmten Dirigenten, aber keinen wahren entscheidenden inneren Nutzen bringen würde und daher letzterdings im Interesse des Instituts, wenn man dieses wohl und gewissenhaft erwägt, abzulehnen ist. [...] Ich wollte Sie könnten mich überzeugen, daß ich mit dem obigen unrecht habe, und daß Sie in Wien Gutes tun würden. Kein Mensch hätte dann so viel Vergnügen und Annehmlichkeit wie ich."[64]
Der Komponist erwiderte am 5. August, daß er den Posten des Hofoperndirektors „in der Art wie ihn Mahler erfüllte, nicht mehr übernehmen" könnte und wollte. Gustav Mahler war unter den enormen Belastungen, die ihm das Amt und seine sommerliche Kompositionstätigkeit aufgebürdet hatten, im Alter von nur 51 Jahren verstorben.[65] „Die wenigen Jahre, die ich noch vor mir habe", hielt Strauss fest, „muß ich hauptsächlich meiner produktiven Tätigkeit widmen. Immerhin habe ich mir vorgenommen, da ich nur im Sommer komponiere, für etwa zehn Jahre fünf Wintermonate der Dirigentenarbeit zu widmen, und da hiefür etwas mehr als zwei Monate auf Berlin entfallen, könnte ich mir wohl denken, daß ich die andere größere Hälfte und im Bedarfsfall noch einen Teil des Frühjahrs in Wien verbringe in einer Art von beratender Tätigkeit (*neben* einem amtierenden Direktor) beim Aufbau eines wirklich künstlerischen Spielplans, mitbeschließend über die Art seiner Ausführung, etwa die notwendigen Neuengagements von Sängern und jungen Kapellmeistern (an Stelle der Herren Reichwein und Tittel), über die Reorganisation und Verjüngung des herrlichen Orchesters und so weiter, und zugleich mit der Direktion von etwa zwanzig bis dreißig Opernabenden jährlich als ausübender Künstler dem Institut mich nützlich erweisend in der Weise, daß ich jeden Monat eine vollständige Neueinstudierung eines hervorragenden Meisterwerkes übernehme und nach eigener Wahl vollständig autoritativ, sei es mir wertvoll erscheinende Opern des laufenden Repertoires, sei es Erstaufführungen von der Förderung würdigen Werken des In- und Auslandes dirigiere. Da man mich im allgemeinen für einen sehr guten Mozart- und Wagner-Dirigenten hält, wären die Werke dieser Meister (neben

Gluck und Weber) die ersten, deren Wiederbelebung in Angriff zu nehmen wäre." Deutlich gab Strauss hier die Zielrichtung seines möglichen Reformstrebens an: das Fehlen eines „wirklich künstlerischen" Spielplans, die Überalterung des „herrlichen Orchesters" und eine schlechte Auswahl der Kapellmeister waren allesamt Übelstände, die dem amtierenden Hans Gregor zur Last gelegt wurden.

Lesen sich die Zeilen an den Freund nicht wie der Ideenkatalog in einem Bewerbungsschreiben? Natürlich konnte eine Persönlichkeit vom Range Richard Strauss' Derartiges nicht an Freiherrn von Andrian richten, an dessen und seinen engen Vertrauten Hofmannsthal hingegen sehr wohl. Doch worum bewarb sich dieser weltberühmte Musiker? Um eine „beratende Tätigkeit", wie er schrieb? Gleich formulierte er es anders: „So hören Sie denn, daß es seit dreißig Jahren mein innigster Wunsch war, die wirkliche künstlerische Leitung eines großen Hofoperntheaters zu bekommen" – wenige Zeilen später wird aus der „wirklichen Leitung" wieder „eine Art direktoraler Tätigkeit [...] von etwa 15. Dezember bis Anfang März, sowie von Ostern bis Mitte Mai jährlich, eine Form, die den Bedürfnissen des stark reformbedürftigen Instituts, den Wünschen des Publikums und der Presse gleich entsprechen würde".

Hofmannsthal, kein Kenner theaterinterner Organisationsmuster, gab sich mit den reizvollen Plänen zufrieden, ohne die Probleme der praktischen Realisierung zu erkennen. Und er handelte schnell: Sofort nach Erhalt des Briefes brachte er diesen seinem Freund Andrian zur Kenntnis mit dem Vermerk: „Strauss hat sehr große Fehler und Schwächen [!], aber er ist ein Mensch von Rang und lügt durchaus nicht. Ich entnehme nun aus diesem Brief, daß er gerne käme. Auf morgen."[66] Noch im August wurde ein Treffen zwischen Strauss und dem Hoftheater-Intendanten in Bad Ischl, ein weiteres im September in der Garmischer Villa des Künstlers arrangiert. „Andrian war damit einverstanden, daß ich jährlich nur 5 Monate in Wien amtiere", notierte Strauss in sein Tagebuch.

Hofmannsthals nächster Brief zeugt von seiner zähen Vermittlertätigkeit: „Andrian war zuerst sehr skeptisch gegen unsere Konstruktion: er war in Wien von verschiedenen Seiten so sehr gegen Schalk disponiert worden", schrieb er im Laufe des September in einem

nicht genauer datierbaren Brief an Strauss. Die gemeinsam ausgedachte „Konstruktion“ bezog also dezidiert bereits Franz Schalk als amtierenden Direktor ein. Auch Straussens Anwesenheitsdauer und Gage hatte der Dichter dem Intendanten unterbreitet: „Der Gedanke an Ihr Kommen (zuerst diese 3½ Monate, später vielleicht mehr) heiterte ihn auf. Die materielle Forderung wird, fühle ich, kein unübersteigliches Hindernis bieten. Er muß nur fühlen und glauben dürfen, daß Sie das Institut zu heben wünschen und wollen, daß Sie Ihre ganze Kraft ohne Engherzigkeit dafür einsetzen wollen. Die Pflege Ihrer Werke betrachtet er als eine selbstverständliche Pflicht, aber er sagt, Sie müssen ihn der Befürchtung entheben, daß Sie, wenn z. B. dann auch *Die Frau ohne Schatten* am Repertoire ist, überwiegend nur Ihre eigenen Sachen dirigieren und nicht die Klassiker. [...] Das Gespräch am 14. X. findet Andrian zu spät. Er hätte so gern Ihren Rat, wie er sich für den Rest der Zeit mit Gregor verhelfen, dessen verderbliche Tätigkeit er möglichst einengen soll!“
Diesem Schreiben folgte zwischen Hofmannsthal und Strauss eine fast zweimonatige Briefpause, in der die wichtigsten Entscheidungen getroffen wurden: die Absetzung Hans Gregors, die Betrauung Franz Schalks mit der interimistischen Leitung der Hofoper, die Wiedereinsetzung Alfred Rollers als Ausstattungsleiter und das Engagement von Richard Strauss. Am 11. Oktober 1918 unterzeichnete er seinen Vertrag mit der Generalintendanz, laut dem er „mit Beginn des Spieljahres 1919/20, und zwar für die Dauer von fünf Jahren mit der künstlerischen Oberleitung der k. k. Hofoper betraut“ wurde. Drei Tage nach diesem Vertragsabschluß kam es zu einer Bekanntschaft, die dem Hofopernpublikum seit einem Dutzend Jahren vorenthalten worden war.

... und endlich *Salome*

Bereits 1912 und 1915 hatte sich Hans Gregor für die längst überfällige Wiener Erstaufführung der *Salome* eingesetzt – doch vergeblich. Erst im Spätsommer 1918, als sich sowohl Gregors Imperium im Haus am Ring als auch jenes der Habsburger in Österreich dem Ende zuneigte, ließ die Zensur das Werk passieren. Am 31. August informierte Hans Gregor den Komponisten, daß „das Damoklesschwert, das über dem Haupte unseres Schmerzenskindes hing", nun endlich beiseite geschafft war. Ebenso mahnte der Direktor, Richard Strauss möge „Seine Eminenz ganz aus dem Spiel lassen"[67] – dies spielt auf eine ergebnislose Intervention beim Erzbischof Friedrich Gustav Piffl an. Der findige Direktor hingegen hatte zu einer genialen „Kriegslist" gegriffen, um das von kirchlichen Kreisen immer noch angefeindete Werk durchzuboxen: Als der amtierende Obersthofmeister Prinz Konrad von Hohenlohe ihm die Aufführung von Julius Zajczek-Blankenaus Schiller-Vertonung *Ferdinand und Luise* aufzwang, errang Gregor im Gegenzug die Aufführungserlaubnis für *Salome*.

Dem getreuen Franz Schalk vertraute Richard Strauss schon am 27. Juli 1918 an: „Ich freue mich furchtbar, daß *Salome* nun endlich in Wien an der richtigen Stelle herauskommt."[68] Noch Ende September stellte sich Strauss mit einigen bedeutsamen Hinweisen zur *Salome* ein, deren Einstudierung natürlich in die Hände Schalks gelegt wurde (während man Hugo Reichenberger Folgeaufführungen anvertraute): „[...] das Quintett der Juden mit genauester Bezeichnung der dynamischen Vortragszeichen mit den Sängern zu studieren, damit das übliche wilde Geschrei dieses Scherzos vermieden wird und der Eindruck eines lebhaften, erst allmählich ganz gegen Schluß zum Fanatismus sich steigernden Gesprächs (bei dem nicht auf den Kapellmeister geschaut werden darf) durchaus gewahrt bleibt." – Ein Ratschlag, der auch ins Notizbuch manches *Salome*-Dirigenten von heute paßt!

Schalk antwortete rasch, berichtete, daß die Jeritza „auf beinahe 4 Wochen entwichen" war; allein was tut's, sang sie doch nach Worten Schalks „so großartig, daß man manchmal kaum weiter kann". Den überraschenden Primadonnen-Urlaub in Franzensbad hatte Schalk durch eine geistesgegenwärtige Maßnahme entschärft. Er gab ihr den Korrepetitor Franz Moser mit, der Direktor Gregor am 19. September berichten konnte, daß Jeritza die Rolle „vollkommen beherrscht und schon [nur dreieinhalb Wochen vor der Premiere!] auswendig singt".

Die „k. k. *Salome*", wie aufgrund der auf dem Programmzettel vermerkten „allerhöchsten Anordnung" gewitzelt wurde, zog am 14. Oktober 1918 im Haus am Ring ein. Die Aufführung wurde von

K. K. Hof- Operntheater

Montag den 14. Oktober 1918

Im Jahres-Abonnement 4. Viertel — Bei aufgehobenem Saison-Abonnement

Auf Allerhöchste Anordnung

zu Gunsten des k. k. österreichischen Militär-Witwen- und Waisen-Hilfsfonds zu erhöhten Preisen

Zum ersten Male:

Salome

Drama in einem Aufzug

Nach Oskar Wildes gleichnamiger Dichtung in deutscher Übersetzung von Hedwig Lachmann

Musik von Richard Strauß

Inszenierung: Hr. v. Wymetal — Musikalische Leitung: Hr. Schalk

Herodes	Hr. Schmedes	Erster Nazarener	Hr. Zec
Herodias	Fr. Weidt	Zweiter Nazarener	Hr. Arnold
Salome	Fr. Jeritza	Erster Soldat	Hr. Markhoff
Jochanaan	Hr. Weidemann	Zweiter Soldat	Hr. Stehmann
Narraboth	Hr. Maikl	Ein Cappadocier	Hr. Marian
Ein Page der Herodias	Fr. Kittel	Ein Sklave	Frl. Ortner
Erster Jude	Hr. Gallos	Ein Henker	Hr. Schreiter
Zweiter Jude	Hr. Rittmann		
Dritter Jude	Hr. Breuer		
Vierter Jude	Hr. Stehmann		
Fünfter Jude	Hr. Madin		

Schauplatz der Handlung: Eine große Terrasse im Palast des Herodes

Das Textbuch ist an der Kassa für 2 Kronen erhältlich

Der Beginn der Vorstellung wird durch ein Glockenzeichen bekanntgegeben

Abendkassen-Eröffnung vor ½7 Uhr — Anfang 7 Uhr — Ende ½9 Uhr

Der Kartenverkauf findet heute statt für obige Vorstellung und für:

Dienstag den 15. Carmen (Anfang 6 Uhr)
Mittwoch den 16. Mignon (Anfang halb 7 Uhr)

Weiterer Spielplan:

Donnerstag den 17. Salome (Anfang 7 Uhr)
Freitag den 18. Die roten Schuhe — Faun und Nymphe — Die Puppenfee (Anfang 6 Uhr)
Samstag den 19. Salome (Anfang 7 Uhr)
Sonntag den 20. Nachmittags 2 Uhr. Wiener Walzer — Die Puppenfee — Sonne und Erde. Außer dem Jahres- und Saison-Abonnement und zu ermäßigten Preisen. Für das Pensions-Institut dieses Hoftheaters
Abends 7 Uhr. Die Entführung aus dem Serail
Montag den 21. Jenufa (Anfang halb 7 Uhr)

Die k. u. k. Hoftheaterkassa (Auskunftsstelle: I. Bräunerstraße 14) nimmt für die jeweilig zum Verkauf aufliegenden Vorstellungen telephonische Vormerkungen auf Logen und Sitze aller Kategorien aus Wien, sowie telephonische und telegraphische Vormerkungen von auswärts entgegen.

Diese Auskunftsstelle hat die Telephon-Nummern 202 und 475 (auch für den interurbanen Verkehr) und kann von 9 Uhr früh bis ½8 Uhr abends in Anspruch genommen werden.

Eine späte Erstaufführung an der Wiener Hofoper.

Wilhelm von Wymetal inszeniert und von Alfred Roller ausgestattet, der bereits die Volksopernproduktion acht Jahre zuvor betreut hatte; Jeritza brillierte in der Titelpartie – die sie laut ihrer ständigen Rivalin Lotte Lehmann nur übernommen hatte, weil sie danach lechzte, „sich ausziehen zu können“[69]; Weidemann und Schmedes sangen, wie dreizehn Jahre zuvor bereits von Mahler projektiert, Jochanaan und Herodes; Lucie Weidt, die bewährte

Chrysothemis und Marschallin, gab die Herodias, Franz Schalk dirigierte.
Julius Korngold fand Gelegenheit, die schroffe Kritik der Wiener Erstaufführung (1907) großteils zu revidieren: „Gern bekennen wir: das Urteil über das Werk muß sich zu Berichtigungen verstehen. [...] *Elektra* und fast noch mehr *Rosenkavalier* und *Ariadne* – gerade weil diese im Stil abweichen – haben erhellende Strahlen auf *Salome* zurückgeworfen." So erkannte und anerkannte Korngold die melodischen Werte, meinte „viel Jochanaan in Strauss" selbst auszunehmen und resümierte: „*Salome* ist ein geniales Werk, aber ein oft schmerzhaft geniales. Es erregt die Phantasie, reizt, überreizt die Nerven; die edleren Kräfte der Musik treten zu viel zurück. So erkennen und schätzen wir wohl die Werte von *Salome*, ziehen aber für unser Teil dem realistischen Strauss den der spielerischen Stilisierungen von *Ariadne* vor. Ob wir nach weiteren zehn Jahren unser richtiggestelltes Urteil über *Salome* abermals werden richtigstellen wollen? Wir lassen es gern darauf ankommen." Ein Lob, das nur zwischen den Zeilen anklingt: Hier war ein Werk geschaffen worden, das alle Zeitgenossen überleben sollte!
So endete die zu Unrecht vielgeschmähte Amtszeit Hans Gregors, wie sie begonnen hatte: mit der Hofopern-Erstaufführung eines unvergänglichen Strauss-Erfolges. Eine Woche nach der *Salome*-Premiere wurde die Hofoper geschlossen, und kaum drei weitere Wochen später wurde Gregor „beurlaubt". Sein Nachfolger als zunächst interimistischer Leiter der Wiener Oper wurde deren längstdienender und treuester Kapellmeister Franz Schalk. Wie nach dem Zweiten, so war die Oper in Wien auch unmittelbar nach dem Ersten Weltkrieg Fluchtpunkt und Überlebenshoffnung vieler. Der Krieg ging verloren, mit ihm ein großer Teil des Landes und dessen Herrschaftsform. Kriegsgewinnler, Schieber und Spekulanten drängten durch die Ritzen des brüchigen Systems. „Der kranke Mann Europas" und „der Staat, den keiner wollte" waren nacheinander die pessimistischen Leitmotive, die Österreich bedeuteten.
Stefan Zweig schilderte die Glücksgefühle, die aus dieser verzweifelte Lage zu entrücken vermochten: „Nie haben wir in Österreich mehr die Kunst geliebt als in jenen Jahren des Chaos, weil wir am Verrat des Geldes fühlten, daß nur das Ewige in uns das wirklich Be-

ständige war. Nie werde ich zum Beispiel eine Opernaufführung vergessen aus jenen Tagen der äußersten Not [...]. Niemand wußte, ob es möglich sein würde, nächste Woche die Oper noch fortzuführen, wenn der Schwund des Geldes weiter andauerte und die Kohlensendungen nur eine einzige Woche ausblieben; alles schien doppelt verzweifelt in diesem Haus des Luxus und des kaiserlichen Überschwangs. An den Pulten saßen die Musiker, graue Schatten auch sie, in ihren alten, abgetragenen Fräcken, ausgezehrt und von allen Entbehrungen erschöpft, und wie Gespenster wir selbst in dem gespenstisch gewordenen Haus. Aber dann hob der Dirigent den Taktstock, der Vorhang teilte sich, und es war herrlich wie nie. [...] Nie habe ich bei einem Volk und in mir selbst den Willen zum Leben so stark empfunden wie damals, als es um das Letzte ging: um die Existenz, um das Überdauern."[70]

In der Geschichte des Hauses war die kurze Periode von Franz Schalks „Alleinregierung" gewiß eine der schwierigsten. Deren Schilderung wird den ersten Teil des Buches beschließen; zunächst aber folgt ein Blick in die Wiener Konzertsäle, wo Schalk ein gerngesehener Routinier, Strauss mit Beginn des neuen Jahrhunderts bald ein umjubelter Gast war.

7. Richard Strauss im Konzertsaal

Die ersten Jahre mit den Wiener Philharmonikern

Die ersten Jahre des neuen Jahrhunderts standen für das bedeutende Wiener Orchester im Zeichen großer Erschütterungen und daraus resultierender Neuorientierungen. Hofoperndirektor Gustav Mahler trat im April 1901 als Abonnementdirigent zurück – aus gesundheitlichen Rücksichten, aber auch infolge krisenhafter Auseinandersetzungen mit dem Orchester, das ihm in der Oper unterstellt war, als Konzertorchester aber ein selbstbewußtes Eigenleben führte. Erstmals diskutierten die Philharmoniker eine Umstellung auf das – heute selbstverständliche – Gastdirigentensystem, entschieden sich zunächst aber doch mit der Wahl des Hofopernkapellmeisters Joseph Hellmesberger jun. zum künstlerischen Leiter für den „gefahrloseren“ Weg, der durch die Einspringbereitschaft von Hellmesbergers Kollegen Franz Schalk noch zusätzlich abgesichert wurde. Als Hellmesberger 1903 überraschend demissionierte, votierte das Orchester für die „mutigere“ Beantwortung der grundlegenden organisatorischen Frage, ob man auch die ökonomischen Risiken in Kauf nehmen sollte, welche die Arbeit mit wechselnden Gastdirigenten mit sich brachte. In die nun folgende Periode bis zur Bestellung Felix von Weingartners zum Abonnementdirigenten im Jahre 1908 fiel auch das philharmonische Debüt des Dirigenten Richard Strauss.

Das Jahresende 1904 brachte den Wienern zwei Strauss-Novitäten zu Gehör, beide Male mit dem aufstrebenden Konzertvereins-Orchester. Drei Wochen nach der *Domestica*-Erstaufführung unter Mahler wurde erstmals in Wien der *Don Quixote* gespielt (17. Dezember unter Ferdinand Löwe). Tags darauf nahmen die Philharmoniker *Ein Heldenleben* in ihr Repertoire auf, und Max Kalbeck klagte über die plötzliche Häufung Straussischer Musik im Konzertsaal: „Kaum hatten wir uns von den häuslichen Szenen der *Domestica* ein wenig erholt, so brachen die ‚Phantastischen Variationen‘ des *Don Quixote* über uns herein, und die Exequien des Ritters von der traurigen Gestalt wurden von den Triumphalien des *Heldenlebens* abgelöst. Eine solche bittersüße Medizin, die, auf kleinere Dosen und größere Zeitabschnitte verteilt, ein ästhetisches Purgiermittel von heilsamer Wirkung sein könnte, darf nicht eimerweise genossen werden. Sonst schlägt Richard Strauss nicht mehr an. Er ruiniert die Nerven der Zuhörer und verdirbt ihnen den Geschmack ...“[71] Das Philharmonische Konzert am 18. Dezember 1904 dirigierte der geborene Wiener Felix Mottl, zu dem die Philharmoniker seit Beginn der Saison engere Kontakte geknüpft hatten.

Derselbe Künstler wurde neben Carl Muck im Sommer 1906 als philharmonischer Konzertdirigent zu den Salzburger Mozartfesten geladen. Da diese dem 150. Geburtstag des Genies galten, war auch Direktor Gustav Mahler „über allerhöchste Anordnung Seiner Majestät des Kaisers Franz Josef I.“ (so der Programmzettel) verpflichtet worden, zwei Vorstellungen der brandneuen *Hochzeit des Figaro* beizusteuern (die Roller-Produktion stammte erst vom März desselben Jahres). Von dem Dreigestirn namhafter Dirigenten erkrankte einer, Carl Muck, kurzfristig. Eilends mußte der Veranstalter des Musikfestes, die Stiftung Mozarteum, Ersatz herbeiholen und fand ihn in Richard Strauss, der mit nur einer Probe das von Muck vorgesehene Programm übernahm, ohne daß es auf seine große Sympathie gestoßen sein dürfte. Denn abgesehen von Mozart (*Zauberflöten*-Ouvertüre und Konzertante Symphonie) enthielt es auch die neunte Symphonie Anton Bruckners, der nicht zu den Lieblingen unseres Komponisten-Dirigenten zählte. Doch war ihm die erste Zusammenarbeit mit den Wiener Philharmonikern wichtiger. Der Erfolg des Festkonzertes am 17. August 1906 in der Aula academica gab ihm recht – und zeigte Wirkung: Kaum eine Woche später lud der Philharmoniker-Vorstand „Seine Hochwohlgeboren zur Übernahme von zwei Konzerten in dieser Saison“. Strauss erfuhr nicht, daß er abermals als „Einspringer“ für Carl Muck diente, der einem Ruf nach Boston gefolgt war, „acceptirte“ noch am selben Tage die Einladung und schlug vier Termine zur Auswahl vor.

Die Kunde von Straussens bevorstehendem Debüt als philharmonischer Abonnementdirigent verbreitete sich rasch; am 31. August sandte ihm ein junger Musiker, mit dem er drei Jahre vorher zuletzt in Kontakt gestanden war, seine Ergebenheit – und einige Vorschlä-

ge zu Programmgestaltung: „Ich hätte an geeigneten Werken meine symphonische Dichtung *Pelleas und Melisande*, dann sechs Orchester-Lieder und schließlich eine Kammer-Symphonie für 15 Solo-Instrumente [...].“[72] Der Absender dieses Schreibens war Arnold Schönberg. Zwischen ihm und Strauss hatte sich noch nicht die spätere unüberwindliche Kluft aufgetan, und dennoch mußte der Ältere das Ansinnen, Schönberg auf das philharmonische Programm zu setzen, ablehnen: Er sei „in dem Jahre, wo ich mich so quasi recht einführe, überhaupt nicht in der Lage, Novitäten zu spielen“, erwidert Strauss am 11. September aus Mailand. Die Reserviertheit gegenüber der Aufnahme einer Schönberg-Komposition erscheint noch plausibler, wenn man bedenkt, daß Strauss nicht einmal ein eigenes Werk in diesem seinem ersten „Philharmonischen“ am 16. Dezember 1906 dirigierte; es standen vielmehr Webers *Oberon*-Ouvertüre, Mozarts g-moll-Symphonie und Beethovens *Eroica* auf dem Programm. Das zweite Konzert unter der Leitung von Richard Strauss am 3. März 1907 wies bereits eine erheblich „modernere“ Programmgestaltung auf: Liszts *Les Préludes* ertönte, danach die vierte Symphonie von Brahms (die keineswegs zu Straussens Favoriten zählte) und ein Werk des Komponisten-Dirigenten selbst, sein *Zarathustra*, zehn Jahre nach der Wiener Erstaufführung.
Von einer Entfremdung durch Mißverständnis, glücklicherweise ohne nachhaltige Folgen, zeugt des Komponisten Brief an das Wiener Orchester vom 19. Juni 1907: „Nachdem ich unlängst in allen Zeitungen gelesen hatte, daß die Philharmoniker einstimmig Herrn Mottl zu ihrem Dirigenten gewählt haben, wobei meiner Person gar keiner Erwähnung gethan wurde, muß ich annehmen, daß Sie auf meine Mitwirkung bei Ihren Concerten nicht weiter reflektierten.“[73] Dies entsprach keineswegs den Tatsachen; das philharmonische Komitee hatte zu Anfang des Jahres dem Plenum Mottl und Strauss als Dirigenten vorgeschlagen, wobei ersterer auch als aussichtsreichster Kandidat für die Mahler-Nachfolge an der Hofoper gehandelt wurde. Eine üble Pressekampagne brachte den Wiener nicht nur um diese Chance, sondern vergällte ihm auch die Mitwirkung an den Philharmonischen Konzerten, so daß die Wiener vorübergehend in arge Dispositionsnot gerieten. Strauss war rasch versöhnt und übernahm zwei Konzerte der Saison 1907/1908, weitere fünf

Richard Strauss, der Dirigent: lässig, aber konzentriert.

dirigierte der treue Franz Schalk und eines der neue Wiener Operndirektor: Niemand anderer als Straussens liebster Feind Felix von Weingartner war am 1. Januar 1908 in dieses Amt berufen worden, und ihm vertrauten die Wiener Philharmoniker auch die Leitung ihrer Abonnementkonzerte ab der Saison 1908/09 an. Bis zum Jahre 1927 sollte Weingartner dem nunmehr auf den „sicheren" Pfad zurückgekehrten Orchester vorstehen. Strauss reagierte auf diese Bestellung mit pragmatischer Freundlichkeit. In einem Brief vom 20. September 1907 erklärte er, daß er jederzeit bereit sei, zugunsten Weingartners die vereinbarten Konzerte abzugeben, denn er „halte es immer für den natürlichsten Zustand, wenn ein an Ort und Stelle befindlicher Kapellmeister die einheimischen Konzerte dirigiert, statt daß man Gäste kommen läßt. Sie brauchen dies seinerzeit mir nur bekannt zu geben, und ich trete sofort zurück."

Am 1. Dezember 1907 und am 8. März 1908 dirigierte Strauss also seine vorläufig letzten Philharmonischen Konzerte. Spohrs *Jesson-*

da-, Wagners *Faust*-Ouvertüre, Debussys *Nachmittag eines Fauns* standen auf dem Programm des ersten Konzerts, und den Abschluß machte wieder ein eigenes Werk, die *Sinfonia domestica*. Am 8. März 1908 folgte auf Mozarts Symphonie KV 297 ein Strauss gewidmetes Werk, Hermann Bischoffs (1868–1936) Symphonie in E-Dur, schließlich mit *Tod und Verklärung* wieder eine Strauss-Komposition. Die Wiener Kritikerzunft stand dem Künstler immer noch überwiegend reserviert gegenüber, während sich der Musikreferent des *Neuen Wiener Tagblattes*, Ludwig Karpath, zu einem immer treueren Weggefährten und damit – wie Strauss in einem Brief an den Journalisten vom 16. März 1908 schrieb – „zum weißen Raben von Wien" entwickelte.

Daß Strauss in der Wiener Oper mit Weingartner keinen verläßlichen Partner hatte, wurde bereits festgestellt; daß auch die Strauss-Pflege der Philharmoniker mit der Bestellung dieses Künstlers nicht gerade erblühte, ist ebenfalls verständlich. Immerhin zehnmal nahm sich Weingartner der Kompositionen seines „Intimfeindes" an – dreizehnmal dagegen erachtete er eigene Werke der Aufführung für würdig.[74] Erst 1915 sollte Strauss wieder den Weg an das Pult der Philharmoniker im Wiener Musikverein finden, die Verbindung riß jedoch auch in der Zwischenzeit keineswegs ab. Die erste Richard-Strauss-Woche in München im Juni 1910 war ein Zeichen dieser Verbundenheit und stiftete noch engere Bande.

Die Wiener Philharmoniker wurden nicht nur als einziges auswärtiges Orchester zu diesem Strauss-„Festival" geladen, sondern bestritten auch alle drei enorm umfangreichen Orchesterkonzerte in der Musik-Festhalle – und das innerhalb von nur vier Tagen, am 25., 27. und 28. Juni. Weiters wirkten philharmonische Musiker an zwei Morgenkonzerten mit Vokal- und Kammermusik des Meisters mit. Die Probenarbeit mit Strauss war in Wien absolviert worden (ein siebzehnjähriger Konservatoriumsstudent namens Clemens Krauss wohnte unbemerkt einer Probe im Musikverein bei), womit sich ein anderes Ereignis verband: das Dirigentendebüt von Richard Strauss mit seiner *Elektra* an der Hofoper. Clemens Hellsberg erkennt in diesem „Nebenprodukt" philharmonischer Konzerttätigkeit eine historische Trendwende: „War bisher (den Zeitraum von 1903 bis 1908 ausgenommen) die Hofoper der Lieferant für die philharmonischen Dirigenten gewesen, so brachte nun die Konzerttätigkeit des Orchesters dem Theater einen Pultstar – und diese Umkehrung früherer Prioritäten wurde zu einem Trend, der bis heute anhält und wesentlich zu jenem Ansehen beiträgt, welches die Philharmoniker innerhalb ihres Stammhauses genießen."[75]

Am Ende der intensiven Probenwoche dankte Richard Strauss den Musikern hochzufrieden: „Ich ergreife die Gelegenheit, um Ihnen [...] herzlichst Dank zu sagen für Ihre große Opferwilligkeit, mit der Sie trotz angestrengten Dienstes sich dem Studium meiner Werke widmeten. Ich kann nur sagen: Es freut mich nicht nur ungemein, mit Ihnen wieder vor die Öffentlichkeit treten zu können, sondern es erfüllt mich vielmehr mit Stolz, meiner Vaterstadt meine Werke in einer, wie es ja durch die künstlerische Höhe der Wiener Philharmoniker bedingt ist, unerreichbaren glänzenden Wiedergabe vorführen zu können!"[76] Tatsächlich gerieten die drei Auftritte zu rauschenden Erfolgen. Beim ersten Konzert mischte sich auch Gustav Mahler unter das jubelnde Publikum, und Strauss sollte wenige Monate später bei der Uraufführung von Mahlers achter Symphonie in derselben Festhalle Gelegenheit haben, den Reverenzbesuch zu erwidern.

Am 20. November 1913 dirigierte Strauss wieder im Wiener Musikvereinssaal, allerdings ein Außerordentliches Konzert des Wiener Tonkünstlerorchesters. Mit dem *Zarathustra*, einigen Klavier- und Orchesterliedern (es sang der angesehene Bariton Franz Steiner), dem *Festlichen Präludium*, der *Burleske* und *Tod und Verklärung* standen ausschließlich eigene Werke auf dem Programm. Im zweiten Abonnementkonzert der Saison 1915/16 wurde die *Alpensinfonie* – um deren Uraufführung die Philharmoniker erfolglos gekämpft hatten – zur Wiener Erstaufführung gebracht; Weingartner überließ, zwischen den von ihm geleiteten Werken Mendelssohns und Mozarts, Richard Strauss den Taktstock, der seine letzte große symphonische Dichtung den Wienern selbst vorstellte, wobei er, „mit Rücksicht auf die derzeit herrschenden, äusserst schwierigen Verhältnisse"[77] auf seine Gage verzichtete. 1916, das Jahr der Wiener *Ariadne*-Uraufführung, präsentierte Strauss endlich wieder als Dirigenten eines ganzen Abonnementkonzerts. Am 27. Februar erklangen die *Alpensymphonie, Also sprach Zarathustra* und *Salomes Tanz* im ehrwürdigen Musikverein.

Der zehrende Krieg steuerte seinem Höhepunkt entgegen, und erst in der neugegründeten Republik sollte Richard Strauss dauerhaft zurückkehren; als geschätzter Konzertdirigent und neuerdings als dem Orchester dienstvorgesetzter Direktor in der Staatsoper.

Die Gründung des Wiener Konzerthauses

Das bedeutendste Ereignis für den jungen Wiener Concert-Verein im Jahre 1903 war fraglos die Uraufführung von Anton Bruckners neunter Symphonie, „ein alle Erwartungen übersteigender Riesenerfolg“[78]. Am Pult stand Ferdinand Löwe (1865–1925), ehemaliger Dirigent des Münchner Kaim-Orchesters und Leiter der Wiener Singakademie. Er zählte 1901 zu den Mitbegründern des Concert-Vereins, aus dem später die Wiener Symphoniker hervorgehen sollten.

Genau einen Monat nach der seinem Lehrer und Idol gewidmeten Uraufführung dirigierte Löwe eine späte Erstaufführung: Richard Strauss' Tondichtung *Macbeth* wurde, zwölf Jahre nach ihrer Uraufführung in Weimar, am 11. März 1903 endlich auch in Wien vorgestellt. „Ermüdend und anstrengend durch den fortwährenden Lärm, weist die Fantasie doch eine Klarheit in der Aufeinanderfolge der Gedanken auf, die für all das entschädigt.“[79] 1904 folgten mit demselben Orchester die Novitäten *Sinfonia domestica* unter Gustav Mahler (siehe Seite 34) und am 17. Dezember *Don Quixote* (unnötig anzumerken, daß auch diese Komposition das Mißfallen Julius Korngolds erregte). Diese stand ebenso wie die beiden folgenden Strauss-Erstaufführungen mit dem Konzertvereins-Orchester unter Löwes Stabführung: 1908 die *Burleske* für Klavier und Orchester (5. Februar) mit Wilhelm Backhaus als Solisten sowie die Sinfonie in f-moll (9. Dezember). Tenschert resümiert das siebzehnte Jahr der Wiener Strauss-Pflege wie folgt: „Damit hatte die geschlossene Folge von Großwerken des Symphonikers Richard Strauss zum Teil sehr rasch, zum Teil nach einigem Zögern in Wien Eingang gefunden und auch bei heftiger Abwehr eines bedeutenden Kreises der Kritikerschaft Fuß fassen, ja in der Zuhörerschaft, speziell der aufgeschlossenen Jugend, begeisterten Widerhall auslösen können. Aber auch im Schoße des ursprünglich strikte ablehnenden, reaktionären Flügels der Presse machte sich bereits eine gewisse Wandlung zu loyaler Bereitschaft geltend, den Meister bedingt anzuerkennen."[80] Die Zeit war reif für den ersten Wiener Kompositionsauftrag an Richard Strauss.

Als 1910 unter tätiger Mithilfe Löwes die Wiener Konzerthausgesellschaft gegründet wurde, war auch schon der Baugrund ausersehen, wo sich nur zwei Jahre später das bekannte Gebäude an der heutigen Lothringerstraße erheben sollte. Dem *Festlichen Präludium*, das zur Konzerthaus-Eröffnung in Auftrag gegeben wurde, galt die nach dem Violinkonzert zweite Richard-Strauss-Uraufführung in Wien. Karpath hatte die Einladung an Strauss herangetragen, und ihm berichtete der Künstler mit mürrischer Selbstironie am 1. Dezember 1912: „[…] das Schreiben an die Konzerthaus-Gesellschaft ist abgegangen. Wollte Gott, es gingen aus meinem Hirnkasten auch schon einige gute musikalische Ideen ab. Aber der Winter ist eine schlechte Zeit zum Komponieren, besonders für Leute, die nicht komponieren können, wenn ihnen nichts einfällt." Wesentlich nobler drückte er den momentanen Einfallsnotstand in seinem Brief an die Konzerthausgesellschaft (Berlin, 25. November 1912) aus: „[…] dass es mein aufrichtigstes Bestreben sein wird, Ihnen zur weihevollen Eröffnung Ihres neuen Hauses eine, den geheiligten Traditionen der Feststadt und der Gelegenheit würdige Komposition zu schaffen. Da hierfür leider der gute Wille nicht ausreicht, sondern das bisschen Talent, was Mutter Natur mir verliehen hat, auch das ihrige dazu beitragen muss, kann ich natürlich diese Zusage noch nicht zu einer festen machen, sondern muss geduldig warten, ob mir auch etwas schönes einfällt […]."[81]

Am 11. Mai 1913 erging an Karpath aus Garmisch die sachliche Vollzugsmeldung: „Teile Ihnen mit, daß die Partitur des *Festlichen Präludiums* soeben fertig geworden ist. Es dauert 10 Minuten u. ist, glaube ich, zweckentsprechend. Das Comitee kann also jetzt ruhig schlafen." Im Herbst wurde die Komposition zur Konzerthaus-Eröffnung aus der Taufe gehoben; das „Erste Festkonzert" mit der Singakademie des Wiener Konzertvereins, dem Schubertbund und dem Orchester der Wiener Konzertvereins unter Ferdinand Löwe am 19. Oktober 1913 bot den Rahmen. Nach dem *Festlichen Präludium* für großes Orchester und Orgel erklangen Bachs Phantasie in g-moll und Beethovens Neunte, unter anderem mit Leo Slezak als Solist.

Julius Korngold stellte nicht als einziger fest, daß der Orgelklang etwas den Rahmen sprengte: „Klanggewaltig, allzu klanggewaltig war es gerade zur allerersten Bekanntschaft mit der Akustik nicht zum Besten geeignet, auch schon der Mitwirkung der neuen Orgel wegen, die in der Stimmung nicht völlig mit dem Orchester zu harmonisieren schien."[82] Auch der Komponist selbst war alles andere als zufrieden: „Im übrigen seid ihr Wiener denn doch riesige Patzer", schimpfte er an Karpath sechs Tage nach der Eröffnung. „So ein einfaches Stück wie dieses Präludium nicht so hinzustellen, wie es geschrieben ist, das ist wirklich ein Kunststück. Wenn man in diesen neuen Saal eine überlebensgroße Riesenorgel hineingebaut hat, diese Orgelbauer sind ja schon ganz wahnsinnig, so kann ich doch nichts dafür. Ich kann doch nur für eine normale Orgel schreiben ..." Das Angebot, „das Stück in meinem Novemberkonzert und zwar in dem alten Musikvereinssaal zu dirigieren" wurde wahrgemacht, und zwar im Rahmen eines Außerordentlichen Konzerts des Wiener Tonkünstlerorchesters am 20. November 1913; die Auftragskomposition wurde außerdem am 12. November unter Ferdinand Löwes Leitung im Großen Konzerthaussaal wiederholt. In der ersten Saison folgten noch zwei Strauss-Werke mit Löwe im neuen Gebäude, und zwar *Till Eulenspiegel* (20. Januar 1914) und *Also sprach Zarathustra* (1. April 1914).
Zweimal wirkte Strauss in Eigenveranstaltungen des Konzerthauses vor Ende des Ersten Weltkrieges mit: In einem Philharmoniker-Konzert am 25. März 1914 wurden Mozarts Jupiter-Symphonie, Beethovens dritte *Leonoren*-Ouvertüre und die *Sinfonia domestica* gespielt; und am 7. Dezember 1915 begleitete der Komponist am Klavier einen einzig seinen Werken gewidmeten Liederabend von Franz Steiner, dem angesehenen, 1876 in Ungarn geborenen Bariton, mit dem Strauss bereits seit Jahren erfolgreich konzertierte, im Mozart-Saal.

8. Der Statthalter an der Staatsoper: Franz Schalk

Zwischen Berlin und Wien

Am 11. Oktober 1918 hatte Strauss seinen Vertrag als Oberleiter der k. k. Hofoper unterfertigt; am 7. November wurde ihm von der k. u. k. Botschaft in Berlin folgendes Telegramm übermittelt: „Bitte Generalmusikdirektor Strauss gleich wissen lassen. Alles bleibt beim Alten, unser Vertrag in voller Giltigkeit, komme nächstens Berlin. Andrian."[83] Diese eilige Bestätigung war notwendig, da die Donaumonarchie seit dem Vertragsabschluß mit Strauss praktisch zusammengebrochen, der Krieg verloren war. Der Zusammentritt des neuen Staatsrates und der Verzicht Kaiser Karls auf jeden Anteil an den Staatsgeschäften folgten am 11. November. Die Republik Deutschösterreich war gegründet, Andrian wurde am 24. November abberufen, eine Generalintendanz der Hoftheater existierte nur mehr auf dem Papier. Konnte Richard Strauss es als Garantie ansehen, daß auf eben diesem Papier mit Datum 27. November 1918 mitgeteilt wurde, das österreichische Staatsnotariat hätte seinen Vertrag (als Oberleiter eines Hauses, dessen Schicksal ebenfalls in den Sternen stand) genehmigt? Es ist nur zu verständlich, daß er in der unsicheren Periode, die dieser Bestätigung vorausging, abzuwägen hatte: zwischen Wien, wo er seinen „Spätsommer" (Strauss) verbringen wollte, wohin es ihn nicht zuletzt wegen der treuen Freunde Schalk und Roller zog und wo sich auch seine Frau niederlassen wollte, und der Berliner Oper, wo man ihn nach dem Abgang des Grafen von Hülsen zum interimistischen Leiter ernannt, mit Vollmachten und einem soliden Budget ausgestattet hatte.

Strauss schob die Entscheidung lange hinaus, erwog sogar, Berlin und Wien gleichzeitig zu führen. Als er am 5. Dezember 1918 die Bestätigung seines Wiener Vertrages erhielt, versicherte er Schalk sofort brieflich, „nunmehr ganz der Ihrige" zu sein, „trotzdem man mir am gleichen Tage neben dem neu ernannten Direktor des [Berli-

ner] Opernhauses [Georg] Dröscher eine künstlerische Ehrenstellung eingeräumt hat, die mir auch die weitestgehende Verwirklichung meiner künstlerischen Ziele gewährleistet."[84] Noch Ende des Jahres 1919 erwiderte er einem pathetisch-optimistischen Schreiben Hofmannsthals über Straussens historische Mission in Wien mit kühlen Kalkulationen, die ausgehen von einer „Annahme der Wiener Oberleitung (wenn ich Schalks Hilfe bekomme), ohne Berlin (schon unserer Werke wegen) ganz fahren zu lassen. [...] Ich habe nun tatsächlich die Wahl! Hie Berlin mit einem wunderbaren Personal, festeingearbeitetem Beamtenstab, großen Einnahmen, großer zu erwartender Subention" und einem Gesamtverdienst von 65.000 Mark in vier Monaten, oder eben Wien, wo er nur 80.000 Kronen (55.000 Mark) zu erwarten hatte! Wien, mit seinem „sehr dezimierten Solistenpersonal, schlechtem Chor, verrottetem administrativen Apparat, unsicherer Suvbention, also sehr viel Arbeit, mit unsicheren Aussichten auf wirkliche künstlerische Erfolge – als plus ein famoses empfängliches Publikum, angenehme gesellschaftliche Verhältnisse, die Nähe meines Dichters und vieler sympathischer Freunde, die schöne alte Stadt und Roller und Schalk".[85]
Franz Schalk, Vorkämpfer der Strauss-Opern in Wien, war an seinem Stammhause fast ebenso lange tätig gewesen wie sein verehrter Meister in Berlin – wenn auch in weniger exponierter Stellung. Gustav Mahler hatte den 37jährigen mit 1. September 1900 als Nachfolger Hans Richters an die Hofoper verpflichtet. Mit seinem älteren Bruder Josef war Franz Schalk Student Bruckners gewesen, später Kapellmeister in Graz und Prag (in diese Zeit fiel der erste Kontakt mit Strauss) und hatte mit der Covent Garden Opera London, der Metropolitan Opera New York und der Königlichen Oper Berlin sogar internationale Erfahrungen aufzuweisen. Als erstklassiger Musiker und intimer Kenner des Hauses allgemein geschätzt, war Schalk der ideale Mann, die Wiener Oper durch die Stürme des Kriegsendes („wegen Kohlenmangels" entfielen allein zwischen Dezember 1918 und Februar 1919 insgesamt 40 Aufführungen!) hindurchzutragen; als Leitungspersönlichkeit, mit der man im wahrsten Sinne des Wortes auch „Staat machen", also in der neuen Republik auftrumpfen konnte, eignete er sich aber nicht. Man dürfe ihm „den Brotkorb nicht zu niedrig hängen", schrieb Hofmannsthal an Andrian; ohne

Strauss sei Schalk „ein schwankendes Rohr, das der kleinste Tenorist nach rechts und links zaust", informierte der Journalist Ludwig Karpath den Komponisten. Doch ließ Strauss sein Vertrauen und seine Wertschätzung für den „lieben Freund und Collegen", wie er ihn in Briefen ansprach, den „getreuesten Anhänger und Compagnon", wie dieser bisweilen unterzeichnete, zunächst nicht erschüttern.

Wie interessiert Strauss an der Wiener Position war, sie aber dennoch nicht ohne Wenn und Aber angetreten hätte, beweist ein Brief an Karpath am 17. November 1918, also knapp vor Einsetzung Schalks zum Leiter des Operntheaters. Erst die Bedingungen: „Bleibt das Niveau der Hofoper erhalten, wird die Subvention dermaßen erhöht, daß alle berechtigten socialen Forderungen erfüllt werden können, auch der notwendigen *starken* Erhöhung der Gehälter des Orchesters, Chors u. all der kleinen Leute im Theater mit ihren Hungerlöhnen, u. bekomme ich die volle künstlerische Freiheit, die mir zugesichert war u. als Mitarbeiter Schalk u. Roller, so komme ich zu Beginn nächster Saison sehr gerne als Leiter der Hofoper, wenn man mich haben will." (Es fällt auf, daß sich Strauss zuerst um die Gehälter seiner Schutzbefohlenen, dann erst um die eigenen Einkünfte sorgte!) Nun die erstaunliche Konzessionsbereitschaft: „[...] dann könnte meinetwegen sogar Gregor administrativer Leiter beider Theater bleiben [...]. Ich habe gar nichts gegen Gregor: ich kann nur künstlerisch nicht mit ihm arbeiten u. müßte hierin mit Roller und Schalk meine volle Freiheit haben." Karpath, eine der „markantesten und einflußreichsten Persönlichkeiten des Wiener Musiklebens"[86] im ersten Jahrhundertdrittel, setzte sich in diesen heißen Spätherbsttagen nachhaltig für die Ordnung der Dinge im Strauss'schen Sinne ein. Auch dank seines Einwirkens wurde Hans Gregor Mitte November beurlaubt und Franz Schalk am 20. November 1918 von der Generalintendanz angewiesen, „die Leitung des Hofoperntheaters unverzüglich zu übernehmen". Erst im Februar 1919 sollte das Provisorium beendet und Schalk offiziell mit dem Amtstitel Direktor ausgestattet werden. Die intensive Korrespondenz mit Richard Strauss über Engagements und Novitäten hatte schon im Oktober 1918 eingesetzt. Die wichtigsten Programmpunkte für das kommende Jahr wurden bald fixiert: die Erstaufführrung von Pfitzners *Palestrina* am 1. März 1919, der Festmonat zum 50jährigen Bestehen des Operntheaters unter Mitwirkung von Richard Strauss sowie die Uraufführung von dessen neuester Oper, *Die Frau ohne Schatten*, im Oktober.

Palestrina

Über Unverträglichkeiten, Animositäten und Spannungen zwischen Richard Strauss und dem fünf Jahre jüngeren, in Moskau geborenen österreichischen Komponisten Hans Pfitzner ist viel geschrieben und spekuliert worden. Dessen Hauptwerk *Palestrina* kam am 12. Juli 1917 unter Bruno Walter in München zur Uraufführung, und es mag überraschen, daß Strauss bereits in seinem „Ergebensten Programmvorschlag für die Saison 1915–1916" an der Berliner Oper das noch unvollendete Werk vorgesehen hatte.
In seinem Schreiben vom 30. November 1918 referierte Franz Schalk (neben dem endgültigen Abgang Gregors, einem letzten Vertrag mit Anna Bahr-Mildenburg, neuesten Gagenforderungen der Damen Jeritza und Lehmann) auch den Plan zur Erstaufführung des *Palestrina*: „Von *allen* Seiten bestürmt, die noch bis zu Ihrem Eintritt verstreichenden Monate nicht ohne ‚That' in's Land gehen zu lassen, habe ich mich entschlossen an die Idee des Pfitzner'schen *Palestrina* (für den jetzt alle Zensurbedenken wegfallen) näher heranzutreten und bin wohl Ihrer Zustimmung sicher." Als erfreuliche Nebenerscheinung vermeldete Schalk in demselben Brief, daß diese Novität den stark beanspruchten Damen Jeritza und Lehmann „einige Luft verschaffen" werde. Strauss war „natürlich einverstanden mit *Palestrina* im März in eigener Regie Pfitzners nach Einverständnis Professor Roller". Dasselbe Schreiben vom 7. Dezember 1918 trägt die euphorischen Schlußworte: „Ich gehe mit Begeisterung nach Wien und freue mich auf Ihre künstlerische Mitarbeit."
Am 1. März 1919 konnte Schalk dem Lagebericht ein höchst originelles und gewiß treffendes Komponistenporträt anfügen: „Die *Palestrina*-Proben sind ohne jede Reibung und den sehnlichst erwarteten Krawall vorüber gegangen, heute endlich ist die Première. Wie schade, daß Sie nicht da sein können. Pfitzner schwebte so himmelhoch jauchzend zu Tode betrübt durch die ganze Probenzeit, bis er endlich nach der vorgestrigen Generalprobe sich in eitel Wonne

auflöste." Die Antwort von Richard Strauss (7. März) verdient es, in extenso zitiert zu werden: „Ich freue mich herzlich, ganz besonders für Sie [also nicht für sich oder Pfitzner!], daß *Palestrina* so erfolgreich war. Wollen Sie mir aber einen Gefallen thuen, bringen Sie Pfitzner nicht nach Wien an die Akademie! Sein fortwährender Anblick könnte mir die ganze Freude an Wien verderben und er ist doch in München so gut aufgehoben inmitten seiner Gemeinde! Ich ziehe eigens von München weg – außerdem hat Pfitzner gar kein Interesse fürs Conservatorium und wir schaffen uns nur einen Nachfolger mehr! Weingartner und Gregor, links und rechts genügen doch vorläufig – Br Walter in der Ferne: ich danke. Und der gute Pfitzner ist so ungemütlich und so ‚ideal'! Wir wollen alles für ihn thuen, für seine Werke – aber ihn nicht in der Nähe haben! Karpath hat auch einen reichlich blöden Artikel geschrieben: warum denn immer Strauss *und* Pfitzner! Das verdammte süße Wörtchen! Meinetwegen Pfitzner Alles – größter Componist aller Zeiten – aber seit Beethoven! Aber das bischen, was ich bin, will ich nicht in Gesellschaft sein! Dies ewige Journalistengeschmiere: die Moderne: Schillings, Strauss, Pfitzner, Korngold etc. Meinetwegen will ich gar nicht zur Moderne gehören: man lasse mich nur ungeschoren – einsam und allein – und abseits der Heerde! Entschuldigen Sie diese unsachliche Abschweifung." Das Verhältnis Strauss–Pfitzner (und einiges mehr) bedarf nach dieser schwungvoll hingeworfenen Stil- und Temperamentprobe wohl keines weiteren Kommentars!

„Revolte" gegen Strauss

Schon im Januar berichtete Schalk seinem Garmischer Briefpartner von der „giftigen Tratschatmosphäre", die in Wien gegen die neue Direktion herrschte. Vielfältig waren die Sorgen, Befürchtungen und gezielten Intrigen, die im April 1919 schließlich zu einer beispiellosen Meuterei in der Staatsoper führten. Die unrühmlichen Vorfälle gingen in die Geschichte des Hauses unter dem Schlagwort „Die Revolte gegen Richard Strauss" ein, entlehnt vom Titel eines Vortrages, den Richard Specht wenig später in der Hofburg hielt. Für die Staatsoper war die Auflehnung des Personals gegen einen designierten Direktor eine Novität, für die „Kulturstadt" Wien jedoch nur die Fortsetzung einer liebgewonnenen Tradition,

wie Specht an den Beispielen Bruckner, Hugo Wolf oder Otto Wagner nachwies.
Was war geschehen? Die angesichts der prekären wirtschaftlichen Lage „astronomische", in Wahrheit aber angemessene Gage von Richard Strauss (80.000 Kronen), sein von einigen Wiener Zeitungen behauptetes „Versagen" als Berliner Hofkapellmeister, die Befürchtung, die Staatsoper würde unter seiner Führung zum „Richard-Strauss-Theater" (in Anspielung auf das in Wien existierende Johann-Strauß-Theater) mutieren – all das befeuerte eine Welle der Ablehnung, die zum gezielten Aufruhr organisiert wurde. Daß diese Organisation angeblich vor allem von einem hauseigenen Kapellmeister wie Leopold Reichwein ausging, überrascht nicht, mußte dieser doch nicht nur die nahende Konkurrenz eines der bedeutendsten Dirigenten seiner Zeit, sondern auch Neubesetzungen im dirigierenden Personal befürchten, die Strauss und Schalk bereits diskutierten. Daß auch das Opernorchester (also die Wiener Philharmoniker) die Resolution mitunterzeichnete, wird dem Einfluß Felix von Weingartners zugeschrieben. Man fürchtete – trotz ausdrücklicher Dementis von Schalk und Strauss –, daß Vormittagskonzerte in der Staatsoper als direkte Konkurrenz zu den „Philharmonischen" geplant wären.
Schalk erstattete in einem Brief an Strauss vom 8. April 1919 Bericht: „Hier tritt eine dramatische Wendung [ein], eine Deputation erscheint [...]. Das Personal hat am 7. d. M. in einer geheimen Beratung beschlossen, gegen die *Doppel*direktion und gegen deren Bezüge Stellung zu nehmen." Am 10. April überreichten die Vertrauensmänner der Oper die von zahlreichen Opern-Mitarbeitern unterzeichnete Resolution, die auf Annullierung des Vertrages von Richard Strauss drang. Nur Selma Kurz, Maria Jeritza und natürlich Franz Schalk verweigerten ihre Unterschriften, und Schalk äußerte in der *Neuen Freien Presse* (wo mit Julius Korngold ein erbitterter Strauss-Gegner sein Unwesen trieb): *„Ich bin für Strauss.* Ich bin es gewesen, lange bevor die Öffentlichkeit von seiner Berufung eine Ahnung hatte, ich werde es selbstverständlich auch bleiben bis alle Stürme vorüber sind. [...] Es kann nicht anders sein, als daß die Strömung in der Künstlerschaft des Opernhauses nur auf *Irrtümern, Mißverständnissen oder noch dunkleren Dingen* beruht, zumal im

Harmonisch vereint am Beginn der Doppeldirektion: Richard Strauss und Franz Schalk.

Orchester, bei den Philharmonikern. Wie sollte das beste Orchester einen Besten und Größten, wie es Strauss ist, anders als mit Jubel in seiner Mitte empfangen wollen?" Nach der Versicherung, daß die Philharmoniker auf das „*weiteste Entgegenkommen* der Direktion in bezug auf ihre Konzerte zu rechnen hätten", ergriff Schalk nochmals Partei für den verehrten Freund: „Gäbe es noch mehr Sträusse, sie müßten alle herbeigeschafft werden. Den einen, den es Gott sei Dank und zum Heile der deutschen Kunst gibt, den sollen wir uns nicht zerpflücken lassen."[87]

Auch zwei „Ehemalige" ergriffen die Chance, ihrem Widersacher Strauss zu Leibe zu rücken: Hans Gregor und Felix von Weingartner. Wenn ein kalligraphisches Dokument von der Unvereinbarkeit zweier Künstlernaturen Zeugnis ablegen kann, dann dieses: Mit einer Postkarte vom 13. April 1919 an den „Verehrtesten Kollegen" wehrte sich Felix von Weingartner gegen den „Blödsinn, daß ich hier was gegen Dich angestiftet". Neben die großspurig geschwungene Unterschrift Weingartners setzte Strauss in seinen charakteristischen kleinen Lettern: „qui s'excuse …"[88] Für ihn lag es auf der Hand, daß der Leiter der Philharmonischen Konzerte und permanente Mitbewerber um den Staatsoperndirektor nicht unbeteiligt gewesen sein konnte. „Dass ich nach Wien gehe um meine Werke noch mehr zu poussieren, kann doch höchstens Weingartner behaupten", telegraphierte Strauss am 12. April an Karpath, und „Berlin allgemein der Ansicht, dass Weingartner dahintersteckt" drei Tage später an Schalk. Dieser hatte am 8. April der gemeinsamen Abneigung Luft gemacht: „Viel gefährlicher [als Gregor] ist der ewig junge Felix, der immer noch herummanövriert und auch durchaus hier wieder eine grössere Position anstrebt. Bei jeder Gelegenheit redet und schmiert er – flaches, ungereimtes Zeug[89] und findet in den vielen Flächlingen und Dilettanten, so jetzt auf der Oberfläche der Weltverbesserer schwimmen, ungezählten Anhang." Immerhin sollte der Dirigent von September 1919 bis Ende April 1924 der Volksoper vorstehen – und konsequenterweise keine einzige Neuproduktion einer Strauss-Oper auf seinen Spielplan setzen.

Hans Gregor kämpfte immerhin mit offenem Visier – und mit einiger Verspätung. Aus Lugano sandte er dem *Neuen Wiener Journal* (1. Mai 1919) eine feindselige Stellungnahme. Richard Strauss, von dem man nach der unterbewerteten Gregor-Ära neuen Glanz für das Operntheater erwartete, mußte als Mensch, Direktor und Künstler diskreditiert werden. Dieser Versuch liest sich in Gregors Worten so: „Richard Strauss ist ein bedeutender Komponist. Es gibt zwar in Wien viele, die das nicht glauben, ich aber halte ihn dafür: zwar nicht für den König der Könige, aber doch für einen, dessen Werke wahrscheinlich ihren Urheber eine Weile überleben werden und auf jeden Fall als Entwicklungsetappen ihren dauernden Platz in der Geschichte der deutschen Oper behalten werden. Was aber, so frage ich, hat der Komponistenname von Richard Strauss mit dem Direktorsposten der ehemaligen Hofoper zu tun? Braucht diese einen Komponisten oder einen Direktor? [...] Will man das Haus am Kärntnerring zum ‚Richard Strauss-Theater' wandeln? Soll's da nur ‚Richard Strauss-Wochen' geben? Wenige haben aber auch rein menschlich so geringe Eignung zum Direktor, wie gerade der so heiß umstrittene. [...] Strauss hat für keinen Menschen ein Herz als nur für sich selbst [...]. Wohl und Wehe der ihm anvertrauten Existenzen wird ihn gerade nur so weit interessieren, als es sich dabei um sein eigen Wohl und Wehe handelt. [...] Ist Strauss der Organisator? Wir wissen in diesem Sinn nichts von ihm, als daß er ein hervorragender Kaufmann ist: Genügt das? Sucht man einen Kaufmann? [...] Was liegt näher als der Verdacht, daß Strauss auch in Wien weniger die Direktionssorgen als die Direktionseinkünfte sucht?"[90] Nach diesen großteils haltlosen Anwürfen gegen Strauss bringt Hans Gregor auch ein bedeutsames Thema auf den Plan: „Gedenkt er die Wiener Oper par distance und telegraphisch zu regieren? Dann kennt er sie schlecht."

Am 1. Mai 1919, dem Tage, an dem Gregors Pamphlet erschien, wurde Straussens Vertrag abermals offiziell bestätigt. Doch Publikum und Wiener Künstlerschaft, zu allen Zeiten die getreuesten Wiener Verbündeten von Richard Strauss, hatten ihr Machtwort schon – und fast gleichzeitig – gesprochen. Als Leopold Reichwein, einer der Drahtzieher der Anti-Strauss-Kampagne, am Abend des 11. April das Dirigentenpult der Staatsoper erklomm, um die weihevollen Dreiklänge des *Parsifal*-Vorspiels ertönen zu lassen, entlud sich von der Vierten Galerie eine Kanonade von „Wir wollen Strauss!"-Rufen. Es dauerte Minuten, bis die Vorstellung beginnen konnte. Ebenfalls am 11. April kam aus Berlin ein Wink mit dem Zaunpfahl: „[...] werde an Künstlertraum Wien–Salzburg festhalten und Vertrag erfüllen, wenn ich auch auf Sympathie und treue Unterstützung von Kunstgenossen und Freunden nicht ganz verzichten kann." Der Adressat Karpath handelte blitzartig. Noch am selben Tag erging von Wien aus ein Telegramm an Strauss, das zahlreiche illustre Unterschriften trug: „In der Überzeugung, daß die Frage Ihrer Berufung an die Direktion der Wiener Oper nicht nur eine interne Angelegenheit dieses Instituts, sondern ebensosehr Sache der Öffentlichkeit ist glauben wir uns berechtigt, uns an Sie zu wenden. Wir erklären, im Gegensatz zur Stellung des Opernpersonales, daß nichts uns schmerzlicher treffen könnte, als wenn Sie, verehrter Meister, sich abhalten ließen, Ihre Wiener Stellung anzutreten. Ein solcher Verzicht Ihrerseits würde uns der Hoffnung berauben, ein neues Aufblühen Wiens als Musikstadt zu erleben. Wir alle wünschen dringendst, daß Sie an die Spitze unserer Oper treten und glauben damit im Sinne aller derjenigen zu sprechen, denen die künstlerische Entwicklung Wiens am Herzen liegt. In aufrichtiger Verehrung und Bewunderung [...]." Nun folgten nicht weniger als 53 Namen, von Raoul Auernheimer bis Stefan Zweig, Persönlichkeiten aus Kultur,

Wirtschaft und Politik wie Julius Bittner, Anton Hanak, Josef Hoffmann, Adolf Loos, Joseph Marx, Karl Moll, Alfred Roller, Franz Steiner, Georg Szell, Felix Salten, Arthur Schnitzler und Egon Wellesz. Die Freunde Hofmannsthal und Karpath fehlten selbstverständlich nicht. Und an letzteren erging auch Straussens „tiefgerührtes" Antworttelegramm, das versichert: „Meine Kraft dem Kunstleben Wiens und seinem herrlichen Operninstitut zu widmen ich ungeirrt gesonnen bin."

Nun fielen auch die Bastionen innerhalb der Oper: Der „Vertrauensmänner-Ausschuß" reduzierte seine Kampagne auf die Sorge um „die Erhaltung materieller Sicherheit" beim Personal und zog in einem Brief an Strauss alle Einwände gegen ihn gänzlich zurück. Die hohe Politik schaffte die letzten Zweifel aus der Welt. Die deutschösterreichische Regierung beschloß am 30. April 1919, die ehemaligen Hoftheater in ihre Verwaltung zu übernehmen, „alle Verträge wurden wirksam, und die Vollzugsanweisung der Staatsregierung vom 21. Mai 1919 regelte die gesamte Verwaltung der Staatstheater"[91]. Zu diesem Zeitpunkt feierte Opern-Wien bereits: das fünfzigjährige Bestehen des Hauses und Richard Strauss als den namhaftesten Festdirigenten.

Der Festmonat

Am 25. Mai 1919 jährte sich zum 50. Male die Eröffnung des Hauses am Ring. Aus diesem Anlaß und als deutliches Zeichen der „Lebensfähigkeit" des Instituts – um einen damals vielbeschworenen Terminus zu gebrauchen – wurde eine mehrwöchige Leistungsschau des Operntheaters abgehalten. „Nun hat eine neue Epoche eingesetzt", proklamierte Direktor Schalk am 15. Mai 1919 in der Festbeilage des *Wiener Mittag*. An diesem Tage begann der Festmonat (der offizielle Titel lautete „Festaufführungen anläßlich des 50jährigen Bestandes des Wiener Operntheaters") mit Glucks *Alkeste*, setzte sich an den folgenden Tagen mit der *Entführung aus dem Serail* und *Salome* fort. Strauss übernahm den Dirigentenstab am 18. und 19. Mai; beachtenswert, daß er – der an der Wiener Oper bislang nur eigene Werke dirigiert hatte – der *Ariadne* den *Fidelio* „vorzog" und am 22. *Tristan und Isolde* sowie nach dem *Rosenkavalier* am 24. noch *Die Zauberflöte* (26. Mai) leitete. Diese bunte Mischung von Klassikern und Eigenem sollte signalisieren, daß der Komponist keineswegs unter dem Stern der Selbstvermarktung in Wien einziehen wollte. Auch Pfitzners *Palestrina* (am 25. Mai, dem Jubiläumstag – die eigentliche Eröffnungsoper des Jahres 1869, *Don Giovanni*, stand in jenen Wochen nicht auf dem Programm), Bittners *Musikant*, Werke von Korngold, Kienzl und Franz Schmidt ertönten, ja selbst der Rivale Weingartner (*Kain und Abel*, gefolgt von der zweiten Symphonie am 4. Juni) wurde nicht ausgespart. Den Abschluß des Festmonats machte eine Reverenz an den großen Amtsvorgänger Gustav Mahler mit dessen achter Symphonie am 12. Juni.

„Er muß fühlen, welch warmes Vertrauen ihm das Wiener Publikum entgegenbringt", gestand sogar Julius Korngold angesichts der Ovationen für Richard Strauss ein. Vom lauen Winde der Zuneigung weggeblasen – oder zumindest von der Oberfläche verschwunden – waren auch die Antipathien im Haus. Schalk wandte sich am Vormittag des 17. Mai mit einer Ansprache an das Personal, in der er Richard Strauss begrüßte („Wir danken ihm, daß er gekommen ist, er beweist uns durch sein Kommen, daß er uns glaubt, daß er uns vertraut") und ein letztes Mal latente Sorgen zu entschärfen suchte: „Wir wollen keine Direktion nach der alten Schablone sein. [...] Wir wollen nichts wissen von dem ewigen Krieg zwischen Direktion und Mitgliedern [...]. Wir wollen keinen ohne Stütze, ohne Ermutigung sein lassen, auf dem steilen und gefährlichen Weg zur Vollendung. Aber nicht nur Ihr künstlerisches Wohl und Wehe, meine verehrten Damen und Herren, auch Ihre soziale und wirtschaftliche Position wird Gegenstand unserer wärmsten Fürsorge sein. [...]" Und während Schalk in seiner Antrittsrede auch noch das „Heil der deutschen Kunst" beschwor, blieb der Bayer in seiner Replik knapp und sachlich, entschuldigte sich für seine wenig festliche Kleidung, „aber innerlich bin ich festlich gestimmt. Vor allem meinen Dank für das mir zum Ausdruck gebrachte Vertrauen. Ich glaube, es gibt kein Mißverständnis mehr zwischen uns. Ich persönlich erkläre Ihnen, daß in meinem Herzen kein Stachel und kein Rest von Verstimmung zurückgeblieben ist. [...] Und nun gehen wir an unsere gemeinsame Arbeit, trachten wir Ruhm und Blüte dieses Hauses zu bewahren und zu vermehren zur Ehre dieser Kunststätte."[92]

II. TEIL

DER KÜNSTLERISCHE OBERLEITER (1919–1924)

1. Vorarbeiten

„Im Einvernehmen“?

Leopold zu Andrian zu Werburg (1875–1951), der letzte Generalintendant der Wiener Hoftheater, war der Architekt der Doppeldirektion Strauss/Schalk. Entworfen, als die Monarchie ihrem sicheren Ende entgegenging, mußte der Bau unter Nachkriegsbedingungen umgesetzt und damit einigen Adaptationen unterworfen werden. Strauss' Plan, so Andrian in einem Artikel in der *Neuen Freien Presse* vom 8. November 1928, „der auf nichts weniger als auf eine Wiederbelebung der Meisterwerke aus der modernen Blütezeit der Musik, also etwa von Haydn und Gluck angefangen bis in die zweite Hälfte des neunzehnten Jahrhunderts ohne Unterschied der Nationalität hinauslief, hätte zur Verwirklichung einen riesigen Aufwand von Zeit, Arbeit und Geld verlangt. Sicher aber ist, daß dieses Wien mit drei Hofopernbühnen, das ihm vorschwebte, und einem Repertoire wie es keine andere Opernstadt der Welt aufzuweisen gehabt hätte, ein musikalisches Zentrum von beispielloser Anziehungskraft und eine den Traditionen der musikalischesten Dynastien Europas würdige Hauptstadt geworden wäre.“[1]

Es war nicht dem politischen Umsturz, nicht den nach der „Novemberkatastrophe“ 1918 veränderten Verhältnissen zuzuschreiben, daß die Doppeldirektion nur fünf Jahre hielt (eine Zeitspanne, die Andrian in dem zitierten Artikel übrigens großzügig auf „gegen acht Jahre“ aufrundet!): Schuld trug vielmehr die bis zuletzt unklare Kompetenzaufteilung zwischen den beiden Opernleitern. Konnte ein österreichischer Minister zur Mitte der 1990er Jahre kundtun, das Zusammenarbeitsmodell zwischen Staats- und Volksoper gründe darauf, daß sich die beiden Direktoren „gut verstehen“, so galt dies immerhin für die begrenzte Kooperation von zwei verschiedenen Theatern. Innerhalb ein- und desselben Betriebes jedoch ist das gute Einverständnis, zumal zwischen einem fast dauernd Anwesenden und einem oftmals Abwesenden, über längere Zeit kaum zu garantieren, es sei denn, einer der beiden ordnet sich von Fall zu Fall

Das „Wiener Operntheater".

willig unter; diese Bereitschaft konnte von Strauss überhaupt nicht und durfte von Schalk nicht auf Dauer erwartet werden.

Es scheint, daß der Titel „künstlerischer Oberleiter"[2], der Strauss im § 1 seines Kontraktes verliehen wurde, mehr auf Distanzierung von den Tagesgeschäften als auf eine tatsächliche Gesamtverantwortung abzielte – kein Wunder, denn schon der § 2 sah eine nur fünfmonatige Anwesenheit vor, während derer Strauss die Oper „persönlich leiten" würde. Und selbst dann hatte er „die ihm vorbehaltenen künstlerischen Angelegenheiten im Einvernehmen mit der mit der Führung der Direktionsgeschäfte betrauten Persönlichkeit wahrzunehmen". In „wichtigen künstlerischen Angelegenheiten" (wer sollte bestimmen, was unwichtig ist?) hatte Strauss „im Einvernehmen mit Kapellmeister Schalk" zu handeln. § 3 enthielt Konkretes, nämlich „mindestens 40" Dirigentenauftritte im Jahr, § 4 umgrenzte endlich – sehr undeutlich –, was unter „wichtigeren künstlerischen Fragen" zu verstehen war: „Annahme neuer sowie die Bestimmungen über die Neueinstudierungen älterer Werke, die Repertoirebildung, Engagements und Entlassung von Mitgliedern." Und wieder findet sich die Beschwörung des „Einvernehmen[s] mit Kapellmeister Schalk".

Franz Schalk jedoch wurde im Februar 1919 vom bloßen Kapellmeister und interimistischen Leiter offiziell zum Direktor befördert. Seine „Dienstes-Instruktion“ sicherte ihm direktoriales Entscheidungsrecht zu (§ 8) und forderte gleichzeitig das „Einvernehmen mit Dr. Richard Strauss“. War der Direktor dem „Oberleiter“ neben- oder untergeordnet? Herrschte also Koordination oder Subordination zwischen Schalk und Strauss? Diese Frage sollte spätestens 1922 heiß diskutiert werden, war aber bei Arbeitsbeginn noch nicht virulent. Die Zusammenarbeit – vor allem die Planung von Novitäten und Engagements sowie finanzielle Entscheidungen – begann bereits im Herbst 1918 auf brieflichem Wege.

„Alle anderen sind entbehrlich!“ – Die Künstler

Als erster Mitstreiter der neuen Direktion ist Alfred Roller zu nennen. Noch vom Generalintendanten Andrian wurde der Direktor der Kunstgewerbeschule – etwa gleichzeitig mit Schalk – nach neun Jahren Abwesenheit (wieder)bestellt und schließlich zum „Vorstand des Ausstattungswesens“ der Bundestheater ernannt. (Den „elenden und überarbeiteten“ Roller wünschte Strauss bereits im Sommer 1919 von der Burg loszueisen und ganz der Oper zuzuführen, was nicht gelang.) Richard Strauss widmete dem Bühnenkünstler eine beeindruckende Würdigung: „Alfred Roller war die Verkörperung des künstlerischen Gewissens. Seit unserer ersten Begegnung vor seinem großartigen Löwentor in meiner *Elektra* zu Wien hat dieses Gewissen bis zu *Arabella* auf meiner dramatischen Laufbahn mir zur Seite gestanden. [...] Als ich mich 1918 entschloß, dem Rufe nach Übernahme der Wiener Hofoper Folge zu leisten, leitete mich nicht zuletzt das Vertrauen in Rollers Hilfe und Mitarbeit.“[3] Roller gestaltete von 1909 bis zu seinem Tode 1935 mit Ausnahme von *Ariadne* (Hans Pühringer) und *Schlagobers* (Ada Nigrin) alle Strauss-Ur- und Erstaufführungen an der Staatsoper: auf *Elektra* und *Salome* folgten *Die Frau ohne Schatten, Josephs-Legende, Intermezzo, Die Ägyptische Helena* und *Arabella.*

„Die Kapellmeisterzustände sind kaum erträglich“[4], klagte Franz Schalk im November 1918 bedeutungsvoll an die Adresse des Oberleiters und schlug gleichzeitig Wilhelm Furtwängler als möglichen Ausweg vor. Mit der von Gregor ererbten Hausdirigenten-Trias Reichenberger–Reichwein–Tittel war man nicht zufrieden; Furtwängler aber hielt Strauss zu Recht für einen ersten Kapellmeister, „den wir eigentlich nicht brauchen; dafür sind Sie und ich da“. Der damalige Mannheimer Opernchef lehnte das an ihn ergangene Angebot im Januar 1919 denn auch höflich, aber bestimmt ab. Strauss und Schalk überlegten auch ein Engagement des erst 22jährigen Georg Szell, gegen den der Kritiker Julius Korngold heftig polemisierte. Schalk war zunächst begeistert von dem jungen Musiker, erwies sich aber als zu unschlüssig, um diesen ans Haus zu binden. Erst mit

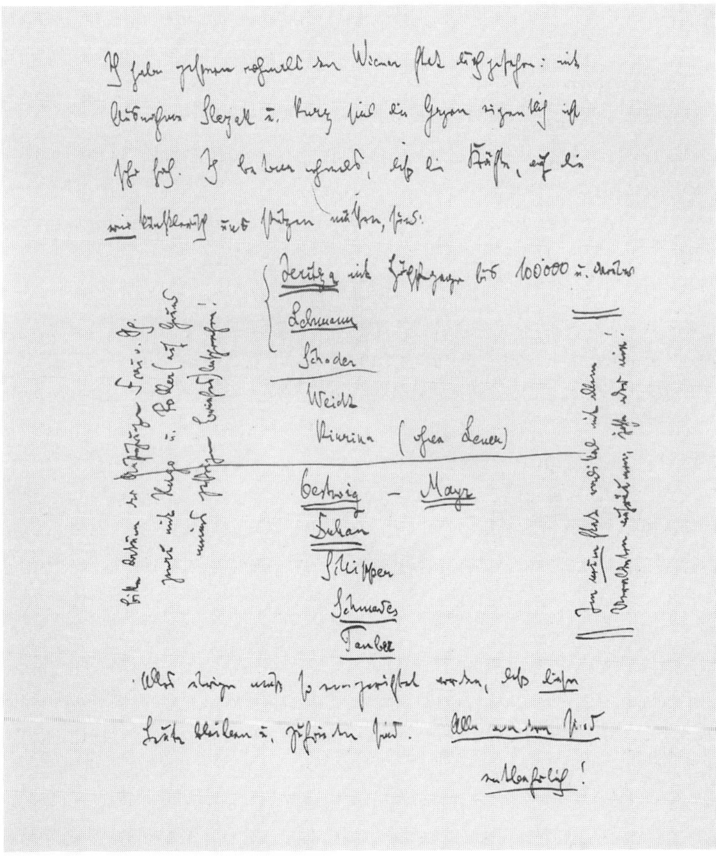

In einem Brief an Franz Schalk listete Strauss die wichtigsten Sänger der Staatsoper auf, „... alle anderen sind entbehrlich“.

dem Eintritt von Carl Alwin, dem Gatten Elisabeth Schumanns, im Jahre 1920 und von Clemens Krauss zwei Jahre später ergab sich die erwünschte Konsolidierung der „Kapellmeisterzustände".
Als „die Kräfte, auf die wir künstlerisch uns stützen müssen", vermerkte Strauss in einem Brief an Schalk (18. Dezember 1918) mit doppelten Unterstreichungen die Sängernamen Maria Jeritza, Karl Aagard Oestvig, Richard Mayr, Hans Duhan; mit einfachen Unterstreichungen Lotte Lehmann, Marie Gutheil-Schoder, Erik Schmedes und Richard Tauber; ohne Hervorhebung Lucie Weidt, Berta Kiurina und Emil Schipper. „Alle anderen sind entbehrlich! Es muß nicht jede Woche *Violetta* [= *Traviata*], *Maskenball, Mignon, Margarete* sein! Dafür komme ich eben nach Wien, um wieder Mal den schüchternen Versuch eines edlen, deutschen Spielplans zu machen." In einem späteren Brief reiht Strauss auch noch die neuentdeckte Elisabeth Schumann unter die Auserwählten sowie „in Abstand" (Strauss) die populären Tenöre Leo Slezak und Alfred Piccaver (die ihre Erfolge aber keineswegs nur „undeutschen" Werken zu verdanken hatten!). Das von Strauss bevorzugte Sänger-Dutzend sei hier mit knappen Angaben vorgestellt[5]:
„Ariadne die Oberbestie" – so unterschrieb Maria Jeritza auf einer an Strauss gerichteten Ansichtskarte von Franz Schalk. Sie war tatsächlich beides: Bühnengöttin und Bühnen-„Tier" im schmeichelhaftesten Sinne des Wortes, ebenso erhaben wie mitreißend. 1912 an die Wiener Hofoper engagiert und im selben Jahr zur Uraufführungs-Ariadne in Stuttgart auserkoren, sollte sie – von ihrem Biographen Robert Werba als „Primadonna des Verismo"[6] bezeichnet, von ihrem treuen Verehrer Marcel Prawy zur „Primadonna des Jahrhunderts"[7] aufgewertet – noch mehrere Strauss'sche Frauengestalten in Wien zu ungeahntem Bühnenleben erwecken: 1918 die *Salome*, im Jahre darauf die Kaiserin in der *Frau ohne Schatten*, später die Titelpartie in *Ägyptische Helena*. Bis 1935 war sie Mitglied der Wiener Oper; als sie fast 95jährig verstarb, fand sich in ihrem Nachlaß ein unpubliziertes Lied von Richard Strauss, *Malven*. Die Widmung des Komponisten lautet: „Für die geliebte Maria – die letzte Rose." Mit dem norwegischen Tenor Karl Aagard Oestvig führte Strauss die Verhandlungen großteils persönlich in Garmisch. Einen Vertreter der zu allen Zeiten dünn gesäten Spezies des gutaussehenden Helden-

Karl Aagard Oestvig im Kostüm des Kaisers (Die Frau ohne Schatten).

tenors mit schauspielerischen Fähigkeiten mußte der Oberleiter an sein Haus binden. Hier war Oestvig von 1919 bis 1926 sowohl im Wagner-Fach als auch bei Novitäten erfolgreich (als Kaiser in der *Frau ohne Schatten,* ebenfalls an der Seite der Jeritza als Paul in *Die tote Stadt* oder in der Titelpartie von Zemlinskys *Der Zwerg*). 1926 verließ Oestvig, der mit der Sopranistin Maria Rajdl verheiratet war, im Streit die Staatsoper, weil ihm Direktor Franz Schalk ein Operettengastspiel am Carltheater untersagen wollte. Richard Mayr war eines der bemerkenswertesten Originale, das die Staatsoper je hervorgebracht hat. Salzburger von Geburt, wurde der Baß 1902 von Gustav Mahler engagiert und blieb Hausmitglied bis zu seinem Tode 1935. Als Ochs der Wiener *Rosenkavalier*-Erstaufführung und Barak in der Uraufführung der *Frau ohne Schatten*, als König Marke, Sarastro oder Leporello gleichermaßen hochgeschätzt, verkörperte er den Typus des bodenständigen Ensemblesängers, der jedoch auch immer wieder auf Gastspielen glänzte: So kreierte er seine Paradepartie, den Ochs, bei der Londoner *Rosenkavalier*-Erstaufführung 1913, desgleichen trat er als Lerchenauer an der Metropolitan

Opera und bei den Salzburger Festspielen auf. Noch 1933 war er der Graf Waldner bei der Erstaufführung von *Arabella* in Wien. Der lyrische Bariton Hans Duhan war von 1914 bis zum Ende seiner Bühnenlaufbahn, 1940, Mitglied des Opernhauses seiner Heimatstadt, wo er ein weitgefächertes Repertoire sang; er wirkte unter anderem an der *Ariadne*-Uraufführung 1916 als Musiklehrer und Harlekin der Oper sowie an dem Amsterdam-Gastspiel desselben Werkes 1924 mit.

Lotte Lehmann galt als die vollendete Strauss-Sängerin ihrer Zeit, was sich in der beachtlichen Zahl der Uraufführungen widerspiegelt, an denen sie mitwirkte: Ihrem Durchbruch als Komponist in *Ariadne* (1916) folgten die Färberin in *Die Frau ohne Schatten* (1919), *Intermezzo* und *Arabella* (in beiden Werken verkörperte sie bei den Dresdner Uraufführungen sowie bei den Wiener Premieren 1927 bzw. 1933 die jeweilige Hauptrolle). Marschallin und Ariadne sang sie in Wien und auf zahlreichen Auslandsgastspielen (welche die Wiener Disposition nicht gerade erleichterten!). Im *Rosenkavalier* gab sie an der Metropolitan Opera New York auch ihren Bühnenabschied 1945 und inszenierte das Werk noch daselbst in der Saison 1962/63. Von Lotte Lehmann bei der Wiener *Ariadne*-Uraufführung aus dem Felde gestochen wurde eine der angesehensten Singschauspielerinnen ihrer Zeit: Marie Gutheil-Schoder, die von Mahler 1900 an die Wiener Oper geholt worden war. Sie schenkte ihre beeindruckenden dramatischen Fähigkeiten gleichermaßen den Antipoden Schönberg (im Verein für Musikalische Privataufführungen ab 1908 oder bei der Uraufführung der *Erwartung* 1924) und Strauss (als Octavian, Salome oder Elektra)[8]. 1925 gab sie ihre Abschiedsvorstellung in der Titelpartie einer Wiener *Elektra* und inszenierte dasselbe Werk zu Strauss' Rückkehr ans Dirigentenpult im Dezember des folgenden Jahres. Der Däne Erik Schmedes hatte noch vor der Jahrhundertwende an der Wiener Oper debütiert, und zwar 1898 als Siegfried. Bis zu seinem Abschied 1924 in Kienzls *Evangelimann* verkörperte er alle bedeutenden dramatischen Tenorpartien, im Strauss-Repertoire insbesondere Herodes und Aegisth. Den legendären Richard Tauber bezeichnete Strauss in einem Brief an Schalk (3. Januar 1919) als „keine erste Kanone", gestand ihm allerdings zu, „ein sehr geschmackvoller, äußerst musikalischer Sänger"

Richard Strauss, Marie Gutheil-Schoder und Leo Slezak auf Holland-Gastspiel (1917).

zu sein. Und doch gelang es der Volksoper, den geborenen Linzer zuerst zu verpflichten. Tauber gastierte im Juni 1920 im Opernhaus am Währinger Gürtel, als sich die Gelegenheit zu seinem Staatsoperndebüt ergab: Am 16. Juni sprang er für den erkrankten Alfred Piccaver in Puccinis *Bohème* ein. Auch an der Staatsoper war er im lyrischen Fach bald hochgeschätzt, sang aber hier keine Strauss-Partie. Für den Komponisten mußte Tauber sein Engagement für Operette und vollends seine 1924 anhebende Freundschaft mit Franz Lehár „disqualifizieren".[9]

Die Sopranistin Lucie Weidt war Chrysothemis und Marschallin bei den Wiener Erstaufführungen von *Elektra* und *Rosenkavalier* und kreierte 1919 auch die Amme (*Die Frau ohne Schatten*). 1926 verabschiedete sie sich von der Staatsoper, der sie seit 1902 angehört hatte. Ebenfalls ein Engagement der Mahler-Zeit war Berta Kiurina, mit der Strauss auch oft und gerne konzertierte. Als Octavian war sie beliebt, ohne aus dem Schatten von Lehmann und Jeritza vollends heraustreten zu können. Emil Schipper stammte aus Wien, war 1912 bis 1915 Mitglied der Volksoper, 1915/16 der Hofoper. 1921 kehrte er an das Haus am Ring zurück und verkörperte hier u. a. die großen Heldenbariton-Partien des Strauss-Faches. Den Jochanaan und den Orest sang er auch bei einem Gastspiel am Teatro Colón in Buenos Aires 1923 unter Leitung des Komponisten.

In den *Blättern des Operntheaters* vom Herbst 1919 wurde einigen neu engagierten Sängern Gelegenheit gegeben, sich in (mehr oder minder gelungenen) Selbstporträts vorzustellen. Die deutsche Sopranistin Elisabeth Schumann wies auf eine Lieblingspartie hin, mit der sie sich tatsächlich legendären Ruf erwerben sollte: „Im zeitgenössischen Repertoire wüßte ich keine Partie, die mir mehr ans Herz gewachsen wäre als die Sophie im *Rosenkavalier*: ich sang diese Rolle bei der Hamburger Première im ersten Jahr meiner Bühnenlaufbahn, und der Erfolg, den ich darin fand, machte mir den Weg zu allen anderen großen Aufgaben frei. Auch in New York debütierte ich auf meinen Wunsch als Sophie – und es war mir eine besondere Freude, daß ich den ersten Schritt auf die von mir seit langem ersehnte Bühne des Wiener Opernhauses gleichfalls im *Rosenkavalier* tun konnte."[10] Die Sophie blieb die einzige Strauss-Partie der Schumann, doch war sie auch als Interpretin seiner Lieder hochgeschätzt und konzertierte mehrmals mit dem Komponisten am Klavier im In- und Ausland. 1928 wurde sie Kammersängerin, 1937 Ehrenmitglied des Hauses – im März 1938 verließ sie Österreich.[11]

Daß Franz Schalk am 1. März 1919 schrieb: „[...] mir graut ein bischen vor diesem Überreichtum an Tenoristen. Dennoch wäre es mir ungeheuer schwierig, den Überflüssigsten herauszufinden", und dazu u. a. die Namen Schmedes, Slezak, Piccaver, Tauber und Oestvig setzen konnte, wirft ein bezeichnendes Licht auf das damalige Sängerangebot!

2. Die Saison 1919/20

Bereits im Februar 1919 hatte Richard Strauss mit Hilfe von Ludwig Karpath eine für ihn geeignete Wohnung am Mozartplatz 4 im vierten Wiener Gemeindebezirk gefunden. Auf dem Platz zwischen Favoritenstraße und Wiedner Hauptstraße, inmitten dessen der 1905 erbaute Mozart-Brunnen steht, erinnert heute nichts mehr an den prominenten Anwohner der Jahre 1919 bis 1924. Im Sommer 1919 wurde der Umzug durchgeführt (einem Briefdokument vom Juli entnehmen wir, daß der Komponist wegen der enormen Speditionsgebühren „in Ohnmacht" fiel und sich um eine öffentliche Unterstützung bemühte), am 20. August kam der Bahntransport an. Damit hatte Richard Strauss seine Zelte in der österreichischen Hauptstadt aufgeschlagen, während jene in der deutschen Hauptstadt in demselben Sommer weitgehend abgebrochen wurden.
Das Verhältnis zu Berlin erreichte im Sommer 1919 nämlich eine Lösung im doppelten Sinne. Gegenüber Hofmannsthal äußerte sich Strauss am 30. Juni noch sehr pessimistisch: „ [...] heute wählt es [das Personal der Berliner Staatsoper] auf Antrag der ersten Sängerin, Frau Kemp, deren Geliebten Schillings [zum Intendanten]. Schillings hat weder den Charakter, noch den Fleiß, noch das Können für diese Stellung. Gegen mich und meine Werke dürfte er sich wohl anständig benehmen [...]."[12] Doch Strauss einigte sich mit dem Kollegen aus alten Tagen rasch (am 18. Juli 1919), „in loyalster Weise" und „sehr befriedigend" über seine weitere Tätigkeit an der Spree, „so daß ich nun ganz Wiener bin und in Berlin nur mehr als Ehrengast und Ehrenkomponist funktioniere. Successeur de Meyerbeer!"

„Ein Akt der Liebe ..." – Die Frau ohne Schatten

Ab Mitte September 1919 wohnte Richard Strauss den Proben zu seiner zweiten Wiener Uraufführung bei. Fast neun Jahre zuvor hatte Hugo von Hofmannsthal seinen Komponisten informiert, daß er „seit dem Frühjahr den Stoff eines phantastischen Schauspiels“ in sich trug – das erste Lebenszeichen der *Frau ohne Schatten*.[13]

Gegen Wien als Uraufführungsort des im Briefwechsel zärtlich „*Fr. o. Sch.*“ genannten Werkes, laut Hofmannsthal „unser bestes“, kämpfte der Textdichter zunächst leidenschaftlich. „Immer mehr leuchtet mir ein“, so schrieb er an Strauss am 4. September 1917, „daß München allenfalls der Ort ist, wo man die verschiedenen Elemente des Publikums für eine Sache wie *Frau ohne Schatten*, die geistige, dem wienerisch-jüdischen Durchschnittshorizont unerreichbare Werte enthält, zu finden wenigstens hoffen kann, nicht so ekelhaft ‚Verstehen-Wollen‘ im Sinne 2 x 2 = 4, sondern ein Eingehen auf ein Höheres, wobei das Geheimnis in den ‚Brüchen‘ liegt – aber Wien keinesfalls, dagegen würde ich mich mit Händen und Füßen und noch mit den Zähnen wehren.“ Man einigte sich schließlich, das 1917 fertiggestellte Werk erst nach dem Kriege – und in Wien aus der Taufe zu heben. Strauss war im Frühjahr 1919, auf dem Höhepunkt der gegen ihn geführten Kampagne, bereit, auf den Uraufführungsort Wien zu verzichten, wirkte doch in manchen Gazetten der Vorwurf weiter, der Komponisten-Direktor wollte die Wiener Bühne in ein „Richard Strauss-Theater“ umfunktionieren. „Mit der *Frau o. Sch.* glaubte ich Wien vor dem eigentlichen Antritt ein Geschenk zu machen. Wenn dasselbe mißdeutet wird – will ich das Werk gerne zurückziehen.“ Der designierte musikalische Leiter der Uraufführung, an den dieses Schreiben gerichtet war, wollte von einem „Zurückziehen“ natürlich nichts wissen. Franz Schalk versicherte Strauss am 18. April, das Studium der Hauskräfte an diesem Werk hätte bereits begonnen. Schalk selbst hätte sich „mit einem wahren Heisshunger auf das Studium dieser in unerhörter Reinheit strahlenden Partitur gestürzt und erlebe beim blossen Lesen herrliche Klangfreuden. Das ist wie gemacht für unser Orchester“. Und am 22. August, mitten in einer Krankheitswelle der wichtigsten Hauptdarsteller: „Die einzige aber großartige Belebung meines Mutes bilden die Orchesterproben.“ Er sei „dabei nur so in Wonne geschwommen. Klingt unerhört!“ In einem Dankesbrief an die Wiener Philharmoniker vom 17. Oktober 1919 sollte Richard Strauss den Höreindruck des Uraufführungsdirigenten bestätigen: „Die Großtat, die das Opernorchester im erstmaligen Erklingen meiner so außerordentlich schwierigen Partitur vollbracht hat, wird eines der schönsten Ruhmesblätter in der Geschichte des Orchesters bilden."[14]

Im Sommer 1919 arbeitete Hofmannsthal mit dem Regisseur Hans Breuer und Alfred Roller. Der noch im Juli von Breuer „famos ausgearbeitete Regieauszug"[15] stellte Strauss überaus zufrieden. Bevor sich Lotte Lehmann – wie auch Lucie Weidt – zu Proben mit dem Meister in Garmisch einfand, hatte sie die Rolle der Färberin aus Sorge um ihre Stimme bereits vorübergehend zurückgelegt. Strauss beschwichtigte brieflich die „Studiumskrankheit" des „lieben Fräuleins", wobei zwei Jahrzehnte Theatererfahrung seinen Worten freundliches, aber bestimmtes Gewicht verliehen: „Welcher Ochse oder sagen wir, welcher Opernkomponierende College hat Ihnen eingeredet, daß diese Rolle anstrengend sei?"[16] Er warnte vor der „furchtbaren Blamage", daß womöglich Maria Jeritza die Rolle übernehmen müßte – das wirkte. Gegenüber Schalk äußerte sich Richard Strauss wesentlich unverblümter: „Was sagen Sie zu dieser Gans!" polterte er in einem Brief, als Lehmanns Schwanken ruchbar wurde, und Schalk replizierte aufseufzend: „Warum gibt es keine männlichen Soprane mehr? Der Teufel soll alle die Anfälle weiblicher Hysterie holen."

Die Generalprobe der *Frau ohne Schatten* – die Weingartner mit dem Ausruf „Scheußlich!" verlassen haben soll – ließ bereits eine geteilte Aufnahme des Werkes befürchten; die Uraufführung ging am 10. Oktober in Szene. Der treue Ludwig Karpath huldigte tags darauf immerhin dem „Angebinde des künftigen künstlerischen Generalissimus des Operntheaters", dem mehr als kulturpolitische, nämlich kulturhistorische Bedeutung beikäme: „Ein Akt der Liebe für diese hart getroffene, arg bedrängte Stadt äußert sich in dem Wunsch des Meisters, Wien gerade jetzt, da wir von allen guten Geistern verlassen sind, in die Sehweite der Kulturvölker zu rücken."[17] Auf die Produktion traf ähnliches zu wie auf die neue Doppeldirektion insgesamt: so stammten Alfred Rollers Entwürfe noch aus der Zeit vor dem Umbruch und wurden nun den geänderten, bescheideneren Verhältnissen angepaßt. Laut Julius Korngold (*Neue Freie Presse*, 11. Oktober) war „die ältere Technik des Zauberstückes verloren gegangen, und eine neue zu schaffen, mangelt es speziell dem Operntheater an moderner Maschinerie. […] Das Bühnenbild ist stilisiert, mitunter so asketisch stilisiert, daß man mehr die Not der Zeit zu erkennen glaubt, als das Wesen des Zauber- und Ausstattungsstückes." In diese Kerbe schlug auch der Textautor, als er Strauss am 10. März 1920 anvertraute, Roller [habe ihn] „mit den Zaubersachen ganz im Stich gelassen. Das Phantastische ist ihm halt nicht gegeben [...]."

Korngold lobte zwar über alle Maßen die Instrumentation („In diesem Orchester birgt sich das Märchen"), dekretierte aber auch: „*Die Frau ohne Schatten* hat ihre Schattenseite: ihr Buch", und dieser Meinung schlossen sich viele Rezensenten an. Paul Bekker *(Frankfurter Zeitung)* differenzierte das Urteil und vertrat den Standpunkt, daß sich Strauss überlebt hatte, ein Unzeitgemäßer geworden war: „Es wäre daher irrig, wollte man das Mißlingen des Werkes Hofmannsthal allein zur Last legen [...], vor allem deswegen, weil jeder, der die Entwicklung von Richard Strauss seit dem *Rosenkavalier* kritisch beobachtet, in der Musik der *Frau ohne Schatten* nur das finden wird, was die vorangehenden Werke erwarten ließen: das Werk eines der außerordentlichsten Talente, dem aber über das Talent hinaus das erlebnisfähige Menschentum, die Gabe der Wandlung fehlt, aus der erst das Kunstschaffen großen Stils erwächst. Es ist gewiß nicht leicht, einer blendenden Erscheinung wie Strauss gegenüber so zu sprechen. [...] hängen nicht unsere besten Hoffnungen und Erwartungen von einstmals, unsere Zukunftsträume aus früheren Jahren, die Begeisterung, der Aufschwung der eigenen Jugend an dem Namen Richard Strauss? [...] Und all dies soll ein Irrtum gewesen sein, eine Täuschung, die wir erst jetzt als solche erkennen?"[18] Die Gegenposition nahm Ludwig Karpath ein, für den die neue Oper „ein Kunstwerk" war, „geboren aus der kühnsten und reichstbewegten Phantasie, ein hochragendes Denkmal deutschen Geistes und Könnens".

Wer die Rezeptionsgeschichte der *Frau ohne Schatten* bis zum heutigen Tage verfolgt, stellt fest, daß die Meinungsverschiedenheiten nicht verstummt sind. Schalk würdigte noch drei Jahre nach der Uraufführung die Reize „dieses grössten und stärksten Werkes der nachwagnerischen, deutschen Opernliteratur". Daß es aber noch immer nicht vollständig durchgesetzt war, klingt ebenso durch: „Es wird nach wie vor ein aller Anstrengungen würdiges Ziel sein, die

Frau ohne Schatten in möglichster Vollendung aufzuführen. Ich hege nicht den geringsten Zweifel, dass auch das dazu gehörige Publikum immer zahlreicher werden wird."[19]

Die Frau ohne Schatten
(Oper in drei Akten von H. von Hofmannsthal)
Uraufführung am 10. Oktober 1919 an der Wiener Staatsoper

Enorme Vorauspropaganda und exorbitante Schwarzmarktpreise für Eintrittskarten begleiteten dieses erste gesellschaftliche Großereignis Opern-Wiens nach dem Ersten Weltkrieg. Das nach *Ariadne* zweite an der Wiener Oper uraufgeführte Strauss-Werk stellte und stellt größte Ansprüche an Orchester, Technik und nicht zuletzt an die Solisten. In zwei Generalproben wurden die beiden Besetzungen „ausprobiert", wenn auch von Anfang an kein Zweifel daran gelassen wurde, wem der Vortritt gebührte: Jeritza und Oestvig als Kaiserpaar, Mayr und Lehmann als Färberpaar sowie Weidt als Amme. In späteren Vorstellungen kamen in den entsprechenden Rollen auch Berta Kiurina und Hubert Leuer (oder Karl Ziegler), Leo Schützendorf und Marie Gutheil-Schoder sowie Bella Paalen an die Reihe. Auch Alfred Jerger und Nelly Pirchhoff als Barak und Färberin ab 1921 verdienen Erwähnung. *Die Frau ohne Schatten* eroberte sich sofort das verständige Publikum, ohne an den breiten Erfolg mancher früherer Strauss-Opern anzuknüpfen. Bis zu Strauss' Demission im Herbst 1924 fanden 31 Vorstellungen statt, in deren zwölf der Meister selbst anstelle des Uraufführungsdirigenten Franz Schalk ans Pult trat.
In weiteren acht Vorstellungen bis Saisonende 1927/28 dominierte Wanda Achsel als Kaiserin, bevor Direktor Clemens Krauss und Oberspielleiter Wallerstein mit größtenteils gewandelter Besetzung das Stück neueinstudierten: Josef Kalenberg und Viorica Ursuleac sangen Kaiser und Kaiserin, neben Lotte Lehmann war der Geisterbote der Uraufführung, Josef von Manowarda, der Färber und blieb – ebenso wie Gertrud Rünger als Amme – mit seiner Rolle bis 1934 verbunden. Abgesehen von zwei Vorstellungen mit Rudolf Moralt am Pult blieb die Oper bis zur Neueinstudierung unter Direktor Karl Böhm am 18. November 1943 dem Spielplan fern. Hilde Konetzni und Torsten Ralf verkörperten durchgängig das Kaiserpaar, bei der Geburtstagsaufführung für Richard Strauss am 13. Juni 1944 trat Julius Patzak an Ralfs Stelle, und auch die bedeutende Nachkriegs-Färberin Christel Goltz war zu hören.
Für die Zeit des Staatsopern-„Exils" mußten die Wiener *Die Frau ohne Schatten* entbehren; erst die Premiere am 9. November 1955 im Rahmen des Opernfestes brachte eine Wiederbegegnung in exquisiter Künstlerbesetzung: Böhm dirigierte, Hans Hopf und Leonie Rysanek, Ludwig Weber und Christel Goltz sowie Elisabeth Höngen hatten die Hauptpartien inne. Zwölf weitere Aufführungen brachten neben erwähnter Premierenbesetzung auch Walter Geisler (Kaiser), Maud Cunitz (Kaiserin),

Wiens Kaiserin: Leonie Rysanek.

Grace Hoffmann (Amme) und Paul Schöffler (Barak) auf die Bühne, während Christel Goltz ihre Partie nicht, Karl Böhm das Dirigat nur einmal (an Meinhard von Zallinger) abgab.
Herbert von Karajans einzige in Wien dirigierte Strauss-Premiere war die letzte seiner Ära überhaupt – und eine doppelte: Am 11. und 17. Juni 1964 (und vorläufig ohne Reprisen) wurde *Die Frau ohne Schatten* in Karajans eigener Inszenierung und Bühnenbildern von Günther Schnei-

der-Siemssen präsentiert. Es sangen Jess Thomas (Kaiser) und Grace Hoffmann (Amme) an beiden Abenden, Leonie Rysanek/Gundula Janowitz, Walter Berry/Otto Wiener und Christa Ludwig/Gladys Kuchta alternierten. Erst 1977 wurde die Inszenierung wiederaufgenommen. Karl Böhm stand am Pult, Matti Kastu war der Kaiser, Ruth Hesse die Amme, als Färberpaar glänzten Walter Berry und Birgit Nilsson ... und wer sonst als die nicht nur in Wien unangefochten führende Interpretin Leonie Rysanek sollte die Kaiserin sein? Die 39 Folgeaufführungen bis Februar 1992 standen zunächst unter der Leitung von Karl Böhm (der das Werk am 6. Juni 1978 zum letzten Mal in Wien dirigierte), später unter Christoph von Dohnányi, Christof Prick und Horst Stein. Der vokal wie zahlenmäßig bedeutendste Kaiser (20mal) war James King, Leonie Rysanek sang zumeist die Kaiserin, auf Berry folgten u. a. Theo Adam, Franz Grundheber und Bernd Weikl, auf Birgit Nilsson u. a. Gwyneth Jones, Janis Martin und Ute Vinzing.
Im Dezember 1999, also gleichsam zum Abschluß des Strauss-Jahres, findet die erste Neuinszenierung der *Frau ohne Schatten* im Haus am Ring seit 35 Jahren statt. Giuseppe Sinopoli wurde die musikalische Leitung, Robert Carsen und Michael Levine Inszenierung und Bühnenbild übertragen.

Am 26. Oktober 1919 berichtete Strauss von der „durchaus zweitklassigen" Dresdner Erstaufführung der *Frau ohne Schatten*: „Die Wiener Aufführung hat mir bewiesen, daß man zu einer guten Vor-

Bühnenbildentwurf von Michael Levine für die Neuproduktion der Frau ohne Schatten *an der Staatsoper im Dezember 1999.*

stellung gar keine moderne Bühneneinrichtung braucht, wenn die richtigen Leute an der Spitze stehen. Ich sehne mich wieder nach Wien zurück [...]." Am 3. November bekräftigte Strauss in einem Brief an Schalk abermals sein professionelles Heimweh: „Ich sehne mich sehr nach Wien zurück, deren *Fr.o.Sch.* turmhoch über Allem steht, was es jetzt in Deutschland zu sehen gibt. Gott erhalte uns das Operntheater auf seinem heutigen Niveau. Gott erhalte Sie, Jeritza, Lehmann, Mayr, Östwig." In der Euphorie des Neuanfangs wälzte Strauss auch weiterreichende Pläne: „M[ax] Reinhardt wäre nicht abgeneigt, in ähnlicher Stellung wie ich – mit einem Fr. Schalk zur Seite – das Burgtheater zu übernehmen und eventuell auch einige Neuinscenierungen in der Oper zu leiten. Das wäre fabelhaft, die einzige Rettung für die Burg. Wien wäre dann mit einem Schlage die erste Theaterstadt der Welt: welche Aussichten für die Zukunft, auch in materieller Hinsicht!"

„Wahre Erneuerung" – Als Direktor am Dirigentenpult

Anfang Dezember 1919 amtierte der künstlerische Oberleiter Richard Strauss erstmals persönlich in Wien, griff auch zum ersten Male in seiner neuen Funktion zum Dirigentenstab. Wieder ließ er mit *Fidelio* (8. Dezember) und *Zauberflöte* (12. Dezember) zwei Klassikern den Vortritt, bevor er am 15. Dezember seine *Elektra* leitete, angesichts derer Julius Korngold bekannte, daß sie „alles schlägt, was uns derzeit an neuer Musikdramatik angepriesen wird". Und am 1. Januar stand Strauss am Pult eines von ihm neueinstudierten *Lohengrin*. Die Zeitschrift *Der Merker* zeigte sich mit Straussens Antrittsvorstellungen fast wunschlos zufrieden: „Es ist kein neuer *Fidelio*, keine neue *Zauberflöte*, die wir bisher durch ihn gewonnen hätten; doch eine sehr schöne, künstlerisch neubelebte Wiedergabe. Auch *Lohengrin* ist trotz der Neustudierung nicht ‚neu'. Auch nicht im musikalischen Teil, abgesehen vom szenischen, der so ziemlich unberührt geblieben ist, so weit der Verlauf manchen Jahres seit der Mahlerschen Inszenierung sie unberührt ließ. [...] Glücklicherweise sind die Eigenheiten der neuen musikalischen Wiedergabe durch Strauss so, daß sie den Zusammenhang mit den alten Bildern nicht stören. Seine Freiheiten und Feinheiten beugen vor allem der Gefahr des unentwegten Viervierteltaktes vor." *Der Merker* schloß allerdings: „Erst die Erneuerung des Operntheaters kann die wahre Erneuerung der einzelnen Vorstellungen bringen."[20]

Als ein Zeichen des Neubeginns in Mahlerschem Geiste konnte die Öffnung der traditionellen Wiener Striche (darunter der „Luftsprung" nach Elsas Worten „O Luft, Luft der Unglückseligen" in der zweiten Szene des 3. Aktes, der in heutigen Staatsopernaufführungen des Werkes übrigens gepflogen wird!) verstanden werden. Jedoch: „Wahre Erneuerung" in einem Opernhaus von Wiener Dimensionen ist allemal eine mühevoll langsame Angelegenheit. Kleine Stolpersteine und enorme Felsen lagen auf diesem Wege, seien es alltägliche Dispositionsschwierigkeiten durch Sängererkrankungen, Urlaubsforderungen – die Künstler ergriffen in der Zeit der Devisenknappheit jede Möglichkeit, auswärts zu gastieren –, die von der tristen Wirtschaftslage diktierte allgemeine Budgetknappheit oder die Kohlennot, die allein das Januar-Angebot um eine volle Woche verkürzte. Für die Unmöglichkeit, Mensch und Material auf einen Schlag auszuwechseln, war der *Lohengrin* ein deutliches Beispiel: Nicht nur die Inszenierung, auch die Besetzung war zum Großteil aus vergangenen Direktionszeiten ererbt – und im wesentlichen mit jener der *Frau ohne Schatten* identisch: Jeritza (Elsa/Kaiserin), Oestvig (Lohengrin/Kaiser), Weidt (Ortrud/Amme) und Mayr (König Heinrich/Barak) waren nun einmal Sänger, die Strauss' Vertrauen genossen. Bis Mitte Januar stand der Meister noch sechsmal bei fünf verschiedenen Werken (*Lohengrin, Zauberflöte, Frau ohne Schatten, Tristan und Isolde, Ariadne auf Naxos*) am Dirigentenpult, am 12. Februar folgte die erste *Salome* unter des Komponisten Leitung an der Staatsoper – eine Frequenz und Vielfalt, die Richard Strauss als Kapellmeister alten Schlages auswiesen.

Eine „Novität" war am 27. Februar 1920 angesetzt: Franz Schrekers *Die Gezeichneten*. Am Tage danach berichtete der Erstaufführungs-Dirigent Schalk nach Garmisch: „Première nach langen schmerzvollen Wehen glücklich vollzogen. Erfolg der Aufführung sehr gross, Autor eitel Wonne", was nicht zuletzt mit der Besetzung der Hauptpartien mit Manowarda, Duhan und Jeritza zu tun haben mochte. Allerdings relativierte Schreker seine angebliche „Wonne" später in

einem Brief an die Universal Edition: „[…] leidliche Aufführung, großer Erfolg."[21]
Am 2. März verabschiedete sich Strauss als Leiter der Berliner Hofkapelle und traf wenig später an seinem neuen Arbeitsplatz ein. Als sich am 13. März der Vorhang über dem *Rheingold* hob, war Strauss der Dirigent, und er sollte den ganzen dritten *Ring*-Zyklus der Saison 1919/20 betreuen. Mit Helene Wildbrunn als Brünnhilde, Lotte Lehmann als Sieglinde und Gutrune, Josef Manowarda als Fafner und Hagen oder Michael Bohnen als Wotan standen ihm erstklassige Sänger zu Gebote. Korngold, dem Direktor Strauss gegenüber kritisch, lobte den „Wotan unter den Dirigenten"; er „wühlt schon die Tiefe des Rheins dramatisch auf, und sein Temperament, durch majestätische Ruhe gebändigt, gebietet allen Ereignissen auf der Szene wie im Orchester ein gewaltig antreibendes Vorwärts."[22] Bevor sich Straussens erster Wiener *Ring des Nibelungen* am 28. März schloß, leitete er auch einen akklamierten *Freischütz* (21. März) mit Lotte Lehmann, Elisabeth Schumann und abermals Michael Bohnen.
Als Uraufführung erklangen am 13. Mai zwei Einakter Felix von Weingartners, *Die Dorfschule* und *Meister Andrea*, erstgenannter unter Leopold Reichwein, letzterer unter Leitung des Komponisten. Zu derselben Zeit erarbeitete Strauss, im Mai wieder persönlich in Wien, alles andere als eine Novität: Am 18. des Monats brachte er Bizets *Carmen* mit der sensationellen „blonden Zigeunerin" Maria Jeritza heraus.

Von Mozart zu Schönberg

Eine besondere Herzenssache für Richard Strauss war die Pflege der lange Zeit geringgeschätzten *Così fan tutte*. Einen würdigen Rahmen für Mozarts Oper boten die vom Musikreferenten der Stadt Wien David Josef Bach mitprogrammierten „Meisteraufführungen Wiener Musik". Zu deren Eröffnung am 26. Mai 1920 legte Strauss eine von ihm szenisch wie musikalisch neueinstudierte *Così*-Produktion vor, deren Rezitative er – mit kreativen Extempores! – am Klavier begleitete. Auch Rollers szenische Lösung rückte *Così fan tutte* in die Nähe einer Strauss-Schöpfung: „Das Orchester erstrahlte in Mozartschem Goldklang, die Bühne war, wie die der *Ariadne*, ins Orchester vorgeschoben" (Korngold). Strauss hob in seinem Nachruf auf Alfred Rol-

ler dessen *Così*-Bühnenbild eigens hervor, „wo er mit einem Proszeniumsvorbau (für die Seccorezitative) einer einfachen Zimmerwand mit ein paar von Dienern jeweils hereingetragenen Stühlen und Tischen, dahinter (bei offener Verwandlung) ein Gartenprospekt mit 2 Bänken, eine musterhafte Stilbühne gestellt hatte, in der Mozarts musikalisches Kleinod ohne Pause in einer Reinheit zur Geltung kam, die glaube ich noch manchem Wiener Opernbesucher von dazumal in guter Erinnerung ist".[23] Als erstklassig erwies sich die Besetzung mit den Damen Kiurina, Mihacsek und Schumann sowie den Herren Maikl, Wiedemann und Manowarda.
Neben *Così* und eigenen Werken (im Rahmen eines „Richard Strauss-Zyklus") dirigierte Strauss auch, als Hommage für den verstorbenen Freund und Vorgänger, Gustav Mahlers vierte Symphonie, bevor ein von ihm weniger geschätzter Zeitgenosse den Dirigentenstab übernahm: Am 12. und 13. Juni 1920 wurden Arnold Schönbergs *Gurrelieder* unter persönlicher Leitung des Komponisten in der Wiener Oper aufgeführt. „Was macht der wahnsinnige Schönberg?" fragte Strauss im Vorfeld dieser beiden Monsteraufführungen brüsk nach, und Schalk konnte ihm am Tage nach dem zweiten Konzert aufatmend berichten: „Schönberg ist glücklich vom Stapel gegangen. Das Schlimmste hätten wir hinter uns. Defizit beträchtlich, Bach zahlt alles?" Tatsächlich hätte die Kostenfrage beinahe zur Krise geführt, da die Veranstalter nicht gewillt waren, die Philharmoniker zu bezahlen, die als Opernorchester an jenen Abenden ohnehin Dienst gehabt hätten.
In Seligkeit schwebte Arnold Schönberg selbst, der aus Anlaß dieser Aufführungen dem Orchester seinen berühmten „Stimmzettel-Brief" sandte: „Erwählte, Auserwählte der Kunst wie Sie, meine Herren, machen auch solche, die selbst gern gewählt werden, zu ihrem Wähler und so lassen Sie mich auf meinen Stimmzettel schreiben: Die Wiener Philharmoniker."[24] Von Schalk wurden zum Thema Schönberg noch nachträglich stark antisemitisch eingefärbte Wortmeldungen abgefaßt („in der großen j[üdischen]. Musikkirche sitzt er [Schönberg] jetzt auf der höchsten Stufe", „es wird sich zeigen, wie sie in ihrem Musik-Ghetto wirtschaften werden") – kein Einzelfall in seiner Korrespondenz mit Strauss, wie man leider bemerken muß.

Am Ende seiner ersten Saison war Strauss bereit, jede Budgetvorsicht in den Wind zu schlagen: „[...] wir dürfen mit erstklassigen Besetzungen der Hauptfächer *kein Geld* sparen. Denn darnach wird die Qualität des Theaters beurteilt und der Credit bringt auch die Einnahmen. Also nicht sparen bei Jeritza, Östwig, Mayr, Lehmann, Schubert, Wildbrunn, Bohnen." Das Ziel für den in Garmisch weilenden Wiener Leiter stand fest: „Unsere Oper muß *endlich erstklassig* werden: Engagieren Sie hiezu, lassen Sie hiezu malen und schneidern, was nötig ist. Das Defizit will ich schon verantworten!" schrieb er am 16. Juni an Schalk. Am selben Tage wurde Sektionschef Dr. Adolf Vetter zum Präsidenten der österreichischen Staatstheaterverwaltung ernannt. Diesen wollte Strauss gleich Max Reinhardt „auf den Hals schicken", um seine Bestellung zum Burgtheaterdirektor voranzutreiben. Vetter allerdings bestätigte den seit 1918 amtierenden Theaterchef Albert Heine im Amt und durchkreuzte so die Pläne der Operndirektoren, neben Alfred Roller eine weitere verwandte Künstlerseele an eine leitende Position der Staatstheater zu hieven. Zu Direktoren des Wiener Theaters wurden nach Heine der Schriftsteller Anton Wildgans (1921/22), Max Paulsen (1922/23) und Franz Herterich (1923–30) bestellt.

3. Die Saison 1920/21

Für Richard Strauss begann seine zweite Wiener Saison in ... Südamerika! Von August bis September 1920 dauerte die Reise, die ihn in Begleitung seines Sohnes Franz nach Rio de Janeiro und Buenos Aires führte. Während Schalk keine guten Nachrichten in die argentinische Hauptstadt senden konnte („Die Schwierigkeiten der Geschäftsführung haben sich seit dem Vorjahr noch ungefähr verdoppelt. Abgesehen von den täglichen Lohnmiseren hat uns das Versagen einer ganzen Reihe von Kräften in tiefe Verlegenheit gestürzt"), weilte im Oktober 1920 Giacomo Puccini zur Vorbereitung seines *Triptychon* in Wien. Die Erstaufführung *von Der Mantel/Schwester Angelika/Gianni Schicchi* am 20. Oktober schien manchem Rezensenten in eine überwunden geglaubte Ära zu weisen: „Wien hat wieder seinen Puccini-Rummel, mit dem einen Unterschied, daß ihn diesmal ein neues Opernpublikum mitmacht."[25]

Strauss setzte derweilen in Buenos Aires „Himmel und Hölle in Bewegung" für ein Staatsoperngastspiel, das aber schließlich am Finanziellen scheitern sollte. Straussens Tournee – in einigen Büchern irrtümlich als Gastspiel der Wiener Philharmoniker ausgegeben, die Strauss jedoch erst drei Jahre später nach Südamerika begleiten sollte – war ungemein arbeits- und erfolgreich: „Ich hatte hier seit vierzehn Tagen keinen freien Abend, wöchentlich 5 Conzerte und täglich 2 Proben, bin aber frisch und gesund. Im übrigen sehnen wir uns ernstlich nach Hunger, Kohlennot und Bolschewismus!" fügte er mit gewohnt trockener Ironie hinzu, um mit unverstellter Herzlichkeit zu schließen: „Was nützen einem alle Viehzüchter der Welt – es gibt nur ein Europa, es gibt nur ein Wien!" (26. Oktober 1920) Dorthin zurückgekehrt, eröffnete Strauss sein Arbeitsprogramm wieder mit *Fidelio* (12. Dezember), *Rosenkavalier, Freischütz* und *Salome* folgten. Am 26. Dezember widmete er sich „zugunsten der Pensionisten der Staatsoper" der Meister-Operette des Namensvetters: *Die Fledermaus* mit Jeritza (Rosalinde), Schumann (Adele) und Slezak (Alfred) sollte ein Einzelfall in Strauss' Wiener Repertoire bleiben.

Eine erfolgreiche Novität: *Die tote Stadt*

Am 10. Januar 1921 führte Schalk abermals eine Novität ein: Erich Wolfgang Korngolds *Die tote Stadt*. Korngold sorgte über die gesamte Zeit der Strauss-Direktion für Sprengstoff; nicht nur galt das ehemalige Wunderkind neben Giacomo Puccini als der womöglich einzige ernstzunehmende Konkurrent des amtierenden Oberleiters und Erfolgskomponisten um breite Publikumsgunst, auch war sein Vater Julius der gefürchtete Starkritiker der *Neuen Freien Presse*. In diesem „Zweifrontenkrieg" gegen Vater und Sohn verlor Strauss mehr als einmal die Contenance. War der Junior schon verbittert gewesen, daß sein *Ring des Polykrates* nicht im Repertoire der Doppeldirektion aufschien, vermeinte er auch festzustellen, daß die Aufführungstermine für seine *Violanta* und *Die tote Stadt* besonders ungünstig gelegt würden. Laut den Beschwerdeprotokollen der Staatsoper fühlte sich Korngold „von all dem unaufrichtigen und wortbrüchigen Verhalten ebenso wie Bittner, Schreker und Pfitzner angewidert" und sollte im März 1922 sogar drohen, seine Werke gänzlich vom Wiener Spielplan zurückzuziehen. Vorerst aber galt es den Erstaufführungserfolg der *Toten Stadt* zu feiern; die Inszenierung Wymetals und die musikalische Leitung Schalks wurden ein-

Siegfried Wagner, Max Reger, Arthur Nikisch, Richard Strauss und Eugen d'Albert betrachten sorgenvoll das Wunderkind Erich Wolfgang Korngold.

hellig bejubelt, desgleichen die Hauptrollenbesetzung mit Jeritza, Oestvig und Mayr. „Wieder und wieder mußten die Sänger sich vor dem Vorhang verbeugen. Bereits nach dem ersten Akt erschien Erich Korngold zwischen Maria Jeritza und Oestvig; Richard Strauss [...] hatte ihm einen Zettel in die Loge geschickt, er solle sich nicht ‚unartig' gegen das Publikum benehmen und jetzt schon für den Beifall danken".[26]

In der ersten März-Hälfte 1921 leitete Strauss in Wien die Geschäfte. Er berichtete seinem auf Konzerttournee befindlichen Kompagnon am 4. März 1921, daß Jeritza und Oestvig aufgrund der „[Julius] Korngold-Hetze" *Die tote Stadt* zurücklegen wollten – auch die Künstler setzten sich dem oben erwähnten „Zweifrontenkrieg" zwischen dem unerbittlichen Kritiker und dem komponierenden Sohn, der im März erstmals sein Erfolgswerk an der Staatsoper selbst dirigierte, nur ungern aus. Franz Schalk erklärte es als „ganz tief unter meiner Würde" (31. März), auf Zeitungshetzen einzugehen – ein vielleicht nobler, aber kein sehr kluger Standpunkt, denn ein Wiener Direktor hatte und hat sich auch (oder vor allem?) auf diesen „niedrigen Warten" (Schalk) zu behaupten. „Die häufige Bohnensuppe haben die Wiener sehr gerne gegessen", resümierte Strauss schließlich augenzwinkernd Gastspiele des „singfreudigen" Baßbaritons Michael Bohnen in *Rosenkavalier* und Gounods *Margarethe*.[27]

Differenzen um Dirigenten und Regisseure

Die nächste Uraufführung wurde von Franz Schalk aus der Taufe gehoben: Julius Bittners *Die Kohlhaymerin* (9. April 1921) war nicht von Erfolg gesegnet und erreichte nur drei Aufführungen. Im Mai studierte Richard Strauss wieder eine Mozart-Oper ein: Der *Don Juan* brachte aufgrund von geradezu „normalen" Dispositionsschwierigkeiten einige Gäste auf die Staatsopernbühne, darunter Alfred Jerger aus München (bald sollte er dem Wiener Ensemble angehören) und Helene Wildbrunn aus Berlin, aber auch die hauseigenen Lieblinge Mayr, Schumann und Piccaver. Abermals war Strauss auch szenisch verantwortlich: „Ein Augenaufschlag, ein Lächeln, eine charakteristische Geste gewannen durch einfachste Mittel am richtigen Platz Leben und überzeugende Wirkung", erinnerte sich der Zeitzeuge Roland Tenschert. „In den begeisterten Applaus der Zuhörer tönten immer wieder die Rufe nach Meister Strauss hinein, die den Dirigenten immer von neuem vor den Vorhang holten."[28]

Im Juni 1921 war der bejubelte Meister schon wieder in Garmisch eingetroffen. Von dort kündigte er für die kommende Saison eigene Gastspielreisen nach New York und Mexiko an, und daß mit ihm „bestimmt vorerst nur vom 15. Januar bis 15. April zu rechnen" sei. Seine „Arbeiten: *Holländer, Josef[slegende], Oberon, Iphigenie*" seien für diese Periode einzuplanen. Die schwachen Juni-Einnahmen ließen Strauss folgende Vorschläge formulieren: „Wenn unsere ersten Leute anderswo ‚festspielen', so müssen wir erste Gäste heranziehen, *jedenfalls müssen wir auch festspielen;* wenn wir beide gleichzeitig weg sind, muß Nikisch oder Toscanini (eventuell mit ein Paar ersten Italienern) ein Paar Wochen gastdirigieren." Jedenfalls zeigte Strauss keine Bereitschaft, seine internationale Tätigkeit einzuschränken, aber immerhin für die Dauer seiner Wiener Aufenthalte „den vollen Direktionsdienst incl. Dirigieren und Regie zu leisten".

Schalk ließ daraufhin erstmals eine gewisse Verstimmung merken (17. Juni): komponieren dürfte Strauss ja, wenn er schon nicht bereit wäre, in Wien „constitutive Kulturarbeit höherer Ordnung" zu leisten – aber „blos um den Amerikanern Musik vorzumachen", wollte er Wien vernachlässigen? „Es kommt mir gewiss nicht zu – dass ich an Ihren Entschlüssen und Plänen irgend wie Kritik übe – ich wäre aber doch ein sehr unehrlicher Kerl, wenn ich meiner Betrübnis, die ich gelegentlich empfinde, nicht Luft machen würde." Dem Plan, Nikisch und Toscanini, „die teuersten Herren der Welt", einzuladen, konnte Schalk ebenfalls nichts abgewinnen: „Sollen wir auch noch im Kapellmeistergewerbe den Gastierunfug einführen??" Schalk fürchtete wohl, ohne dies auszusprechen, daß sich Strauss' Präsenz selbst allmählich auf Gastspiele reduzieren könnte, fürchtete auch die Konkurrenz der beiden anderen Pultgrößen und pochte auf „unsere künstlerische, stilistische Eigenart". Strauss war zu wenig anwesend, und Schalk sah sich nicht im Stande, „durch 3/4 der Saison die ganze höhere künstlerische Last auf meine schwachen Schultern" zu nehmen. Die vorhandenen Alwin und Reichenberger entsprachen nur leidlich, so daß man lieber einen guten Hauskapellmeister zu suchen hätte. Furtwängler, zwischen 1919 und 1924 Leiter des Wiener Tonkünstler-Orchesters, war nach wie vor nicht Schalks Favorit: „ [...] ich glaube nicht an ihn, da ihn die Schmöcke so bejohlen und seine metaphysische Potenz so gepriesen wird.“ Furtwängler sollte schließlich erst 1928 an der Wiener Staatsoper debütieren.

Das Ensemble – eine Illusion?

Strauss beantwortete den „lieben Jammerbrief“ am 22. Juni nachsichtsvoll und freundlich. „Nicht zu meinem Vergnügen“, sondern zur Existenzsicherung[29] ginge er nach Amerika, und damit er sich „mehr als bisher den Luxus der Wiener Culturarbeit leisten“ könne. In der Dirigentenfrage war Strauss nicht zum Einlenken bereit: „Gesammttradition und Hausstyl leugne ich, jede Vorstellung hat den Styl des betr. Dirigenten, mit und ohne Proben – den Jammer über die Vorstellung mit ‚Gästen‘ verstehe ich nicht – wir haben doch nur Gäste, ob sie nun als solche auf dem Zettel vermerkt sind oder nicht – ich mache mir nicht gerne Illusionen vor, also warum hierbei?“ Strauss zeigte sich unempfindlich für eine Facette des Wiener Opern-Selbstbewußtseins, die bis heute Wirkung hat: die geliebte und gepflegte Illusion vom Ensemble. Es ist bemerkenswert, daß diese Gesamtheit der – mehr oder weniger seßhaften – „Stars“, denen man Heimatrecht an der Staatsoper zuerkennt, schon zu Beginn der 20er Jahre für den unvoreingenommenen Betrachter von außen (und ein solcher war Strauss in dieser Frage) keine eigentliche Einheit mehr bildete, für den aus dem Hause hervorgewachsenen Schalk aber gleichsam einen Glaubensartikel darstellte.
Gegen Ende der Saison schimmerte in Straussens Briefen sein Empfinden eines Informationsdefizits durch: „Ich bräuchte längst eine persönliche Privatsekretärin, die mich über alles auf dem laufenden hält“ und „Können Sie mir nicht mal Lion hierherschicken, um mich über die wesentlichsten Sachen zu informieren?“ Schalk sandte den Direktionsrat Karl Lion nach München, doch Straussens Wunsch nach einer Privatsekretärin alarmierte ihn. Strauss vermochte den Mitdirektor vorläufig zu beruhigen.
Die Suche nach einem Nachfolger für Oberregisseur Wilhelm von Wymetal, der die Staatsoper 1922 verlassen sollte, war eine der vor-

dringlichen Fragen jenes Sommers. Einen bitteren Nachgeschmack hinterläßt Schalks brieflicher Ausruf „Nur keinen J[uden]!" Dieser Vorbehalt, den sich auch Strauss zu eigen machte, zog sich wie ein roter Faden durch die brieflichen Diskussionen der Regisseurfrage, in der man sich pikanterweise mit dem keineswegs „arischen" Max Reinhardt beriet! Nicht unoriginell war auch Straussens Idee, Rainer Simons zu berufen: „Es heißt natürlich, den Wilddieb zum Förster zu machen, aber vielleicht wären wir mit diesem Geniestreich den ewig ante portas stehenden ‚Pächter' los." Schalk reagierte so vehement ablehnend („Der ‚Kerl' repräsentiert die Summe aller ordinären und niedrigsten Koulisseninstinkte" und andere Anwürfe mußte sich Simons gefallen lassen, der sich immerhin eineinhalb Jahrzehnte an der Volksoper auch um die Strauss-Pflege verdient gemacht hatte), daß der Plan fallengelassen wurde.
An dem Mann, der zunächst zu Wymetals Nachfolger ernannt wurde, dem ehemaligen Breslauer Intendanten Woldemar Runge, entzündete sich ein erster etwas heftigerer Streit: „Verzeihen Sie, daß ich schon wieder eine kleine Competenzfrage streifen muß [...]", merkte Richard Strauss an, „[...] was nützt Ihnen ‚mein vorläufiger Consens', wenn Sie bei Runge schon angefragt haben, ohne vorher in dieser wichtigen Frage wenigstens ein kurzes Telegramm an mich gewandt zu haben". Schalk wehrte allein die Denkmöglichkeit von Kompetenzstreitigkeiten ab. Lange sollte dieses Schönwetter-Spielen nicht mehr halten ... Strauss hatte auch sachliche Einwände gegen den von Reinhardt empfohlenen Kandidaten, die jedoch nicht zum Tragen kamen: Runge wurde vom 1. September 1922 an als Oberregisseur der Wiener Staatsoper engagiert.
Von den ersten Donaueschinger Musiktagen, zu deren Begründern Strauss zählte, berichtete der Komponist am 3. August an Schalk über einen „kolossalen Solobratscher", den er sofort in das Staatsopernorchester zu engagieren wünschte; aus der Anstellung dieses Herren namens Paul Hindemith wurde zwar nichts, dafür diente sein Bruder Rudolf von 1921 bis zum Ende der Doppeldirektion 1924 als hochgelobter Solocellist in dem Wiener Klangkörper.

4. Die Saison 1921/22

„Vom Publikum ehrfürchtig gemieden" – Die Novitätenfrage

Aus der sogenannten „Novitätenfrage" sollten sich im Jahre 1921 einige Reibungspunkte zwischen den Wiener Direktoren ergeben. Noch vor dem Sommer hatte Strauss über Zustände in Berlin berichtet: „Die reichlich ‚herausgebrachten' Novitäten werden nur von der Kritik rühmend registriert, vom Publikum ehrfürchtig gemieden. Ich wurde sogar vom hohen Ministerium um Rat gefragt, wie ‚wirs denn in Wien machten'?" Wie es zu machen war, wies der Oberleiter seinen geschäftsführenden Direktor am 22. Juni 1921 an (Unterstreichung und Anzahl der Rufzeichen sind original): „Bitte aber vorläufig keine Novitäten mehr annehmen!!!"

Vom 6. September 1921 datiert ein Bekenntnisbrief zu Straussens Direktionsstil, in dem auch die Novitätenfrage gestreift wird: „[...] Ich beschwöre Sie nochmals, lassen wir diesen altmodischen Theaterehrgeiz aus Neumanns und Pollinis Zeiten, daß an einem Theater recht viel ‚gebracht' und ‚gearbeitet' wird, sondern lassen wir uns mit Allem Zeit und sehen wir nur auf Qualität und Vollendung. Nur damit können wir unser Direktorentum rechtfertigen. [...] Nur *keinen Ehrgeiz nach außen hin* und recht viel künstlerisches Gewissen! Hab ich mir vorgenommen!"

Virulent wurden die Auffassungsunterschiede in Uraufführungssachen an Franz Schmidts Oper *Fredigundis*[30]. Ein drängender Brief Schalks vom 15. September 1921 wies Richard Strauss auf dieses Werk hin, um dessen Uraufführung sich der Berliner Intendant Schillings und Schalk gleichzeitig bemühten. Strauss war, trotz vorhandener Wertschätzung für Franz Schmidt, „wieder mal nicht Ihrer Ansicht". Von „Schuchschem Uraufführungsehrgeiz und Schillingscher Novitätenwut" mußte Schalk seiner Meinung nach geheilt werden. (Strauss bedurfte selbstverständlich nicht Schalks Erinnerung, daß der geborene Grazer Ernst von Schuch in Dresden immerhin vier seiner Opern uraufgeführt hatte; in einem etwas späteren Brief meinte er dazu, daß Schuch „unter vielem andern auch die *Salome*

und den *Rosencavalier* urentdeckt hat, war mehr Zufall"). „Ich bitte Sie also nochmals dringend, ebenso wenig wie bezügl. *Fredigundis*, so bezügl. jeder anderen Novität Verhandlungen einzuleiten, ohne mir vorher ein Wort gesagt zu haben. [...] Also lassen wir Schillings die Freude, uns zuvor gekommen zu sein (ich habe in diesem Punkte gar kein Schamgefühl) [...]!"
Tags darauf, am 22. September, sandte Strauss einen weiteren nicht unkritischen Brief: „Sehr betrübt bin ich, daß in dem ganzen Messemonat September nicht eine Oper von mir in Wien gegeben wurde [...]. Ich möchte hiezu nur prinzipiell bemerken, daß es wirklich nicht angeht, daß meine Opern in Wien nur während meiner Anwesenheit gegeben werden. Das sieht zu blöd aus und ist tatsächlich für mich compromittierend. Sie wissen, daß ich immer dafür plädiere – so lange ich in Wien noch so eine Art Scheindirektor bin – meine Opern dort wenig oder meinetwegen gar nicht mehr zu geben [...], aber wenn Sie sie noch weiter geben wollen, dann bitte auch mit einiger Regelmäßigkeit und nicht immer bloß in zweiter und dritter Besetzung [...]."
Diese doppelte Ladung an Unfreundlichkeiten von seinem verehrten Meister war dem armen Schalk denn doch zu viel: „[...] fast will mir scheinen, es wäre am besten, ich zöge mich von Geschäften zurück, die ich zu niemandes Befriedigung zu führen vermag", klagte er denn auch in seiner Antwort vom 25. September 1921 und gab Strauss einen Einblick in das erschöpfende Tagesgeschäft eines anwesenden Opernleiters: „Täglich 20mal habe ich mich vor den ekligsten Notwendigkeiten zu beugen und in einer meiner ganzen Natur auf das äußerste zuwideren Weise durch personalen und sachlichen – Dreck – (Sie entschuldigen das harte Wort) durchzuwinden. [...] Wenn Sie nun gar mein verehrtester sich über mich beklagen – was soll ich darauf erwidern?" Schalk fuhr fort, daß in der betreffenden Zeit drei Strauss-Opern mit zum Teil hervorragenden Besetzungen angeboten wurden und daß er dem Oberleiter den Titel „Scheindirektor" verweigerte.
Strauss glättete bald die Wogen, die seine ruppigen Briefe aufgewühlt hatten: „‚Im Deutschen lügt man, wenn man höflich ist' und es scheint mir wirklich, daß ich mich Ihnen gegenüber, wenn ich recht klar und präzise sein will, oft im Ton vergreife und Sie unnötig krän-

ke, was mir ferne liegt – denn ein für alle Mal: ich wünsche mir keinen besseren und lieberen Collegen als Sie, mit dem ich im Ganzen künstlerisch so harmonieren könnte." Nicht kompromißbereit zeigte sich Strauss jedoch in der Novitätenfrage: „[...] bringen Sie mir eine neue *Elektra* oder *Ariadne* und ich will sie ebenso gern uraufführen, wie ich s. Z. mit Begeisterung *Hänsel und Gretel* aus der Taufe gehoben habe – aber glauben Sie mir, diese ganze heutige Opernproduktion incl. [nun folgen einige bösartige Verballhornungen] *Die gezeichnete Stadt, die tote Fredigundis, Palestrina Blaubart*, sind es nicht wert, daß man ihretwegen (und man hat bei den heutigen Arbeits- und Urlaubsverhältnissen nur die Wahl aut – aut) die wichtige Hauptaufgabe der Staatstheater, wodurch sie einzig und allein existenz- und subventionsberechtigt – vernachlässigt, das was man aufführt und es sollte das ganze sog. klassische Repertoir umfassen, *möglichst vorbildlich aufzuführen* [...]". Bei allem Eigenlob, das da unverblümt zur Schau getragen wird, muß man konzedieren, daß Strauss weder den Wert seiner erwähnten Schöpfungen zu hoch veranschlagte, noch die Aufgabe der Staatstheater falsch beurteilte! Und leider gilt der abschließende Satz heute mehr denn je: „[...] wozu denn Novitäten, an denen, seien wir doch ehrlich, außer dem Componisten und seiner Clique Niemand rechte Freude hat."

„Boche-Blut" versus „unverwüstliches Wienertum"

Im Oktober 1921 schien Straussens „Motivation" (wie man es heute nennen würde) für eine Weiterarbeit in Wien nahe dem Nullpunkt angelangt zu sein. Er verbiß sich zunächst in einen von Schalk eingeführten Begriff: Dieser hatte am 30. September über „Boche-Blut" geschrieben, das in der Wiener Bevölkerung sehr schwer heimisch zu machen sei, denn „wir müssten uns auch Boche-Augen und Ohren anschaffen und erst dann wäre es möglich, das Wiener Operntheater nach den Prinzipien von Mannheim, Cassel und Schwerin zu führen". Der abschätzige Ausdruck „boche" für „Deutscher" stammt aus dem Französischen und ist wohl am ehesten mit „Piefke" wiederzugeben. Strauss, der sich als Bayer eigentlich nicht angesprochen fühlen mußte, geriet in Harnisch. Mit „Ihrem traditionsdurchtränkten Wienertum" könne er nichts anfangen, meinte Strauss und hielt fest, daß er „seit 2 Jahren mit Engelsgeduld darauf

Strauss mit zwei seiner Interpreten: Carl Alwin (links) und Hans Knappertsbusch.

warte, welcher künstlerische Fortschritt sich von innen heraus aus diesem alten Kulturboden entwickeln könnte". Sein Resümee kleidete er in niederschmetternde Worte: „Außer den beaux restes eines wundervollen Orchesters, einiger prachtvollen, aber selbst heute schon teilweise veralteten Inscenierungen des vortrefflichen Roller, Ihres eigenen künstlerischen Wertes und einiger Säulen aus früheren Zeiten nichts, was von lebendiger Erneuerung von österreichischer Seite her bezeugt."

Rechnete er den Orchesterleiter Schalk in dieser Bilanz „nationaler" Kunstbeiträge noch auf die Habenseite, war auf organisatorischem

Gebiete längst eine Entfremdung mit dem Ko-Direktor eingetreten: „Ich habe Ihnen oft genug meine künstlerischen Richtlinien dargetan, Ihnen auch in der Verzweiflung über absichtliches oder unabsichtliches Mißverstandensein von Ihrer Seite – bis zur Unhöflichkeit (die mir Ihnen gegenüber selbst immer schmerzlich ist) deutliche Briefe geschrieben und muß leider glauben, daß alle Mühe und aller redlicher Wille an Ihrem unverwüstlichen Wienertum abprallt. [...] Lassen Sie dies meinen letzten Brief vor Amerika an Sie sein. Sie haben den Kopf voll Tagessorgen, arbeiten über Ihre Kräfte – ich will Sie nicht auch noch aus der Ferne mit meinen anscheinend unerfüllbaren Idealen quälen [...] – Darum führen Sie in Gottes Namen einstweilen die Wiener Oper ohne jede Rücksicht auf mich ausschließlich nach Ihrem Gutdünken – komme ich glücklich von Amerika zurück, können wir ja weiter sehen."
Schalk rechtfertigte sich mit korrekten, überkorrekten Aktivitätsberichten und dem Hinweis auf den grausamen Theateralltag: „Wenn wir das Theater streng nach unseren Grundsätzen führen wollen, so ist seine finanzielle Basis in wenigen Wochen vernichtet. – Wer aber nur nach seinen Überzeugungen regieren will, muss von den Geschäften dieser Welt abtreten – und sich in die indischen Wälder zurückziehen." Bemerkenswerterweise schlug das Pendel von der Frontstellung Praktiker Strauss/Idealist Schalk nun in die andere Richtung aus, und der Komponist mußte sich den nicht ganz unbegründeten Vorwurf gefallen lassen: „Sie haben aus Ihrer Garmischer Vogelperspektive wol nur einen sehr ungerechten Anblick der Dinge und offenbar keine Vorstellung davon unter welchen unsäglichen Schwierigkeiten wir hier arbeiten." Das Schlußwort des Briefes könnte auch als Nachruf der gemeinsamen Direktionstätigkeit dienen (doch so weit war es ja noch drei volle Jahr nicht): „Und nun zum Ende – ja – was könnt ich noch sagen? Nichts! – Die schwere Verantwortung, die ich gegen mich selbst trage, will ich, so gut es geht, bestehen. – Reise und Wiederkehr finde unter den glücklichsten Sternen statt!! Wie Sie auch gegen den Direktor gestimmt sind, so hoffe ich doch, dass der Mensch Ihnen immer der Gleiche bleiben wird und das ist der, der Sie auf das innerlichste in Liebe und Groll zu schätzen weiss. Tausendmal der Ihrige, Schalk."
Strauss reiste also auf Amerika-Gastspiel ab. Elisabeth Schumann,

die gefeierte Interpretin seiner Lieder, begleitete ihn. „Frau Schumann macht ihre Sache ausgezeichnet", „Jeritza ist die große Sensation der Metropolitan" (12. Dezember 1921) und „Jeritza dürfte für uns definitiv verloren sein" (4. Januar 1922)[31] waren die teils für Strauss erfreulichen, teils für die Wiener Oper bedenklichen Nachrichten aus der Ferne. Die Jeritza war für Wien nicht verloren, das sollte sich bald herausstellen, aber des Oberleiters Lust auf Anwesenheit in Wien bedenklich geschrumpft; so fragte er bei Schalk an, ob „Sie uns für dieses Jahr [gemeint ist der Rest der Saison 1921/22] die Übersiedlung nach Wien noch anraten und ob Sie mir die Ausführung meiner künstlerischen Pläne:

Holländer circa 12. Februar
Feuersnot – *Josefslegende* Ende Februar
Oberon im März

in sichere Aussicht stellen oder wenn gegen ein oder das andere dieser Werke technische Hindernisse bestehen, welche Aufgaben sonst meiner harren könnten. Ein drittes Jahr müßig in Wien herumsitzen und mich bloß von der Presse beschimpfen lassen, möchte ich auf keinen Fall. Dies wissen Sie ja!" Von den erwähnten „künstlerischen Plänen" ließ sich allein der *Oberon* nicht verwirklichen – Richard Strauss hat dieses Werk, dessen Interpretation ihm ein solches Herzensbedürfnis war, nie in Wien dirigiert.

Ein neuer Saal und ein neuer Kapellmeister

In Straussens Abwesenheit erblickte, knapp vor der Jahreswende 1921 auf 1922, eines seiner Lieblingskinder endlich das Licht der Welt. Schalk berichtete: „Das erfreulichste ist die Eröffnung des Redoutensaals [am 27. Dezember] mit einer allgemein gerühmten Aufführung von *Figaros Hochzeit*. Bei dieser Aufführung haben sich von unseren Neulingen besonders ausgezeichnet Fräulein Rajdl als Susanne, und auch Fräulein [Claire] Born als Gräfin hat, namentlich gesanglich die in sie gesetzten Erwartungen mehr als gerechtfertigt. Mayr [als Figaro] und Duhan [als Graf] waren vorzüglich, der Raum hat sich als überaus reizvoll erwiesen, wogegen die Akustik, an der wir schon ziemlich herumgedoktert haben, noch immer kleine Mängel hat, deren Behebung jedoch sicher zu erhoffen ist."
Dieses knappe Referat beschreibt das Ergebnis eines jahrelangen

Kampfes. Bereits im Mai 1919 hatte Strauss wiederholt auf die Revitalisierung des Redoutensaals als „Filialbühne" der Staatsoper gedrängt. Der traditionreichste Theaterboden der ehemaligen Kaiserstadt sollte insbesondere der Pflege von Mozarts Opern geweiht werden. Schalk mußte seinem Oberleiter am 18. Juni 1919 noch hinhaltend antworten: „Die Frage des Redoutensaals ist noch immer nicht entschieden. Behördliche Kommissionen haben beträchtliche Adaptierungen gefordert, deren Durchführbarkeit nun auf der langen Beratungsbank liegt. Wie ich auch tauche und penze, ich komme nur ganz langsam vom Fleck." Im März 1920 wurden Alfred Rollers Pläne im Finanzministerium diskutiert. Die Beseitigung der baulichen und formalen Hindernisse dauerte bis Ende des folgenden Jahres. Im Sommer 1921 war sich Schalk sicher, daß die Redoutensaaleröffnung mit *Figaro* bevorstünde und plante auch ein jüngst vollendetes Strauss-Opus für diesen Raum: „Ich freue mich, dass Sie selbst mir den *Bourgeois gentilhomme*[32] anvertrauen; ich hätte nur nach äusserstem Kampf darauf verzichtet." Akustische Prüfungen im Oktober 1921 ergaben erhebliche Mängel, zu deren Behebung Strauss die Aufhängung von Gobelins empfahl. Trotz aller möglichen Maßnahmen litt die Eröffnung im Dezember 1921 unter den keineswegs idealen akustischen Verhältnissen – dasselbe Problem konnte übrigens noch im Oktober 1997 bei der Wiedereröffnung der Redoutensäle (nach der Brandkatastophe des Jahres 1992) festgestellt werden.
Als ebenso genial wie einfach erwies sich Alfred Rollers Raumlösung. Er hatte die Schmalseite des Raumes durch eine repräsentative Doppeltreppe, die zu dem ehemaligen Teesalon führte, „zu einer Art Bühne ausgestaltet, die jedoch der Soffiten, der Dekorationen, der eigenen Beleuchtung entraten kann und im wesentlichen durch die originäre Bauanlage als festliches Interieur wirkt. Die dominierenden Farben Rot und Elfenbein geben dem Raum einen festlichen Charakter. Die Wände wurden mit prächtigen Gobelins geschmückt, die hohen Fenster mit Spiegeln bekleidet. Außer den Parkettreihen bieten entlang der beiden Seitenwände laufende rotsamtene Sitzbänke Platz für die Zuschauer."[33]
Straussens Optimismus und Schaffensfreude waren angesichts der erfreulichen Nachrichten Schalks zurückgekehrt. Er stürzte sich zu

Jahresanfang 1922 auf neue Projekte: „Was könnte ich in der Redoute machen? Kleine Balletts mit Kröller? *Serva Padrona* mit Schumann – Mayr? *Schauspieldirektor* mit Kurz – Kiurina? *Johann von Paris* von Boieldieu? Oder was sonst?" Immerhin zwei der hier skizzierten Pläne – *Serva Padrona* und *Johann von Paris* – sollte Strauss in dem neueroberten Saal verwirklichen.[34]

In dem oben zitierten Brief, in dem Schalk von der Eröffnung des Redoutensaals berichtet, wird außerdem eine erfreuliche Entdeckung erwähnt: „Ich bin einmal in Graz gewesen und habe dort einer *Salome* Aufführung assistiert [= beigewohnt], bei der mir ein junger Kapellmeister namens Klemens Krauss [sic!] außerordentlich aufgefallen ist. Der Mann hat natürlich schon alle möglichen Anträge, ich habe ihn aber veranlaßt, Ihre Rückkunft abzuwarten, um eventuell dann mit uns in nähere Verhandlungen zu treten." Am 13. Februar wurde der noch nicht neunundzwanzigjährige Clemens Krauss von Richard Strauss eingeladen, an der Staatsoper probeweise Wagners *Rheingold* (24. Februar) und *Walküre* (26. Februar) zu dirigieren und anschließend mit Saisonbeginn 1922/23 engagiert.

Am 18. Februar 1922 stand *Der fliegende Holländer* unter der Leitung von Richard Strauss auf dem Programm. Die Neuinszenierung hatte (nach dem Abgang Wilhelm von Wymetals) Hans Breuer in Bühnenbildern von Alfred Roller vorgenommen, die Hauptpartien sangen Emil Schipper und die Wien-Debütantin Barbara Kemp. Die angesehene dramatische Sopranistin war als Senta auch schon in Bayreuth zu hören gewesen, vor allem aber ist ihr Name mit der 1915 uraufgeführten Oper *Mona Lisa* des Max von Schillings verbunden, den sie 1923 ehelichte. Noch im Uraufführungsjahr wurde dieses Spitzenwerk des „deutschen Verismo" erstmals an der Staatsoper gezeigt; nach elf weiteren Aufführungen verschwand es wieder aus dem Repertoire. Der Novitäten-Skeptiker Strauss hatte schon im Juni 1920 mit ungewohntem Nachdruck für die Wiederaufnahme von *Mona Lisa* in den Spielplan plädiert – und zwar nicht uneigennützig, sondern als Gegengeschäft für die an ihn ergangene Einladung des Berliner Intendanten Schillings, eine Strauss-Woche zu leiten. Als weitere Gründe führte Strauss an, daß jenes Werk eine weitere Paraderolle für die Jeritza böte und daß „seine [Schillings'] Opern immer noch besser als so – Manches andere" seien. Doch zog sich die

Realisierung des Projekts hin, so daß Schalk im Mai 1922 klagte: „Ich weiß nicht, wann Sie Schillings das Versprechen gegeben, die *Mona Lisa* in Wien zur Aufführung zu bringen. [...] Nichts könnte uns peinlicher sein, als wenn wir jetzt die *Mona Lisa* wieder ankündigen und sie abermals nicht herausbringen."

„... vergiß das Ballett nicht!"

Ein Neubeginn im Wiener Staatsopernballett war Richard Strauss aus pragmatischen und künstlerischen Gründen ein Anliegen, wie man einem Brief an Schalk vom 20. Dezember 1918 entnehmen kann: „Ich bin ja nicht der Meinung, dass wir die sogenannten Ballettabende ohne weiteres entbehren können, denn ihre Beseitigung würde die Notwendigkeit einer Vergrösserung des Opernpersonals, namentlich der Solisten, unbedingt nach sich ziehen. Andererseits schwebt mir vor, dass auch auf dem Gebiete des Balletts eine neue Aera, ein moderner und künstlerisch hoch bedeutsamer neuer Stil geschaffen werden könnte, der Musikern, Tänzern und Malern ein glänzendes Betätigungsfeld eröffnen würde." Strauss sind denn auch wesentliche Impulse für das Wiener Opernballett zu danken.
Die Suche nach einem Ballettmeister wurde zu Beginn des Jahres 1920 mit dem Engagement Georg Kjakschts vom Petersburger Ballett vorläufig abgeschlossen. Kjakscht stellte sich mit einer Neueinstudierung von Delibes' *Coppélia* am 5. Februar vor, in der Gusti Pichler glänzte. Mit dem neuberufenen Ballettmeister waren die Direktoren jedoch auf die Dauer nicht zufrieden; erstmals erwähnte Strauss in einem Brief aus Garmisch vom Juli 1920 den Münchner Ballettmeister Heinrich Kröller, dessen Gestaltung von *Josephs-Legende* in Berlin 1921 den Komponisten vollends überzeugen sollte. Am 12. März 1921 weihte Strauss den sowohl in Berlin als auch in München unter Vertrag stehenden Kröller in mehrere Projekte ein, die noch in demselben Herbst in Angriff genommen werden könnten, „wenn es uns gelänge Sie zu gewinnen". Tatsächlich trat Heinrich Kröller wegen des Widerstandes von Franz Schalk seinen Wiener Vertrag als Nachfolger von Kjakscht, Nicola Guerra und Carl Raimund jedoch erst im September 1923 an.
Nicht nur durch organisatorische Maßnahmen setzte sich der Oberleiter für die Förderung der Tanzkunst an seinem Hause ein (im Sep-

tember 1921 hatte Strauss den Wiener Kollegen brieflich gemahnt: „Und zuletzt: vergiß das Ballett nicht!"), er sollte auch dem Repertoire eine bedeutende eigene Schöpfung hinzufügen. Am 18. März 1922 brachte er sein 1914 in Paris uraufgeführtes Ballett *Josephs-Legende* zur Wiener Erstaufführung. Die choreographische Einstudierung wurde Kröller übertragen, die Ausstattung besorgte Alfred Roller, die Hauptrolle verkörperte Willy Fränzl (Joseph), bei der Generalprobe und in einigen späteren Vorstellungen der junge Toni Birkmeyer. Die auch als Mimin geschätzte Marie Gutheil-Schoder war Potiphars Weib. Hugo von Hofmannsthal, gemeinsam mit Harry Graf Keßler Schöpfer der Vorlage, zeigte sich am Tage nach der Premiere hingerissen[35]: „Ich habe gestern abend eine große, große Freude gehabt! [...] Das ist ja die schönste Ausstattung, die ich seit Jahren auf der Bühne gesehen. (Auch Rollers Anteil vorzüglich.) Frau Gutheil über jedes Erwarten gut (das Zuhören, das Schreiten, das Umhängen der Kette!) – und Birkmeyer einfach ideal – so sehr Jüngling und Unschuld als auch künftiger Held. Mit dieser Sache in dieser Besetzung müßte man ja um die Welt reisen! Kröllers Regieleistung sehr fühlbar und bedeutend, das eigentlich Ballettmäßige ja weit unter der russischen Aufführung, aber das Ganze weit über dieser, zum ersten Mal ein Ganzes wirklich realisiert! [...] auch die Musik hat hier ganz anders auf mich gewirkt – und die Erfindung des Ganzen [...] ist doch eine recht schöne wirksame Mischung von Ballett und Pantomime. Was wollen denn die Schreier in den Zeitungen, daß sie so auf das Buch schimpfen [...] ich frage: was gibt es denn in diesem Genre Besseres oder auch nur gleich Gutes?!" Was die opulente Ausstattung betraf, hatte *Josephs-Legende* keine Kritiker-Schelte einzustecken gehabt: sowohl Max Springer in der *Reichspost* als auch Korngold und Kralik lobten übereinstimmend die optischen Effekte. Sujet und Musik stießen auf geteilte Zustimmung. Beispielhaft sei Richard Spechts bissiger Nachsatz zum Bibelwort „Denn der Herr war mit Joseph": „[...] aber er war nicht mit *Josephs Legende*" angeführt.

Josephs-Legende (Ballett in einem Aufzug von Harry Graf Keßler und Hugo von Hofmannsthal)

Uraufführung am 14. Mai 1914 im Pariser Théâtre National

Wiener Erstaufführung am 18. März 1922

Richard Strauss hatte zu Jahresanfang einen Wunschkandidaten für die Stelle des Wiener Ballettleiters: Heinrich Kröller. Nicht zuletzt dessen Choreographie und Gestaltung der Titelrolle bei der deutschen Erstaufführung von *Josephs-Legende* im Februar 1921 und seine hochgelobte Mitarbeit an den folgenden Erstaufführungen in Berlin, München und Leipzig prädestinierten Kröller für diese Position, und am 18. März des Folgejahres sollte das Ballett durch ihn (allerdings „nur" als Choreographen) auch am Wiener Operntheater zum Erfolg geführt werden. Der Tonschöpfer dirigierte selbst die (mit seiner *Feuersnot* kombinierte) Erstaufführung, die Titelrolle verkörperte Willy Fränzl, nachdem Toni Birk-

Josephs-Legende *1922: Marie Buchinger, Marie Gutheil-Schoder und Toni Birkmeyer.*

meyer die Generalprobe getanzt hatte. Marie Gutheil-Schoder war als Potiphars Weib zu erleben und alternierte in der Folge mit Lilli Marberg, ebenso wie sich Birkmeyer und Fränzl als Joseph abwechselten. Bald waren auch Elsa von Strohlendorf, Tamara Karsawina und Hedy Pfundmayr in der Frauenrolle zu sehen. Wie auf vielen europäischen Bühnen (u. a. Hamburg, Prag, Basel, Graz und Frankfurt) gastierte auch Sascha Leontjew in der Rolle des Hirtenknaben. In Kröllers Choreographie erlebte *Josephs-Legende* nicht weniger als 98 Aufführungen an der Staatsoper bis Juni 1944; zweimal wurde die Version erneuert und wartete bei diesen Gelegenheiten auch mit neuen Protagonisten auf: Im Oktober 1936 überarbeitete Margarete Wallmann die Choreographie; Carl Raimund jr. verkörperte den „Tänzer und Träumer" (Keßler), Maria Eis war die Pharaonenfrau, „Generalmusikdirektor Hans Knappertsbusch a. G." stand am Pult. 1943 war es an Willy Fränzl, Kröllers Version mit Erwin Pokorny und Hedy Pfundmayr neu einzustudieren.
Am 17. September 1949 gestaltete Erika Hanka eine neue Choreographie des Erfolgsstückes im Theater an der Wien. Die Titelrolle tanzte wieder Raimund, Potiphars Weib gestaltete Julia Drapal. Am 27. März übersiedelte Hankas Version in das Haus am Ring, wieder mit der Drapal und Richard Adama als Joseph. In späteren Aufführungen (deren zehn bis Dezember 1958) waren Willy Dirtl und Lucia Bräuer in den Hauptrollen zu sehen.
1976 wurde der Plan bekanntgegeben, das Werk an der Staatsoper in sensationeller Besetzung herauszubringen: Roland Petit sollte choreographieren, Michail Baryschnikow und Maria Callas die Hauptrollen verkörpern – allein, der Plan blieb unausgeführt. Erst 1977 feierte *Josephs-Legende* ihre „Auferstehung" im Wiener Spielplan. Ernst Fuchs war der Ausstatter, Heinrich Hollreiser der Dirigent und der Hamburger Ballettchef John Neumeier der Choreograph der umjubelten Premiere am 11. Februar 1977: Kevin Haigen (Joseph), die schwarze Tänzerin Judith Jamison (Potiphars Weib) und Karl Musil (Engel) waren die Hauptdarsteller. In demselben Jahr verfilmt, nach Hamburg und München übernommen, trat Neumeiers Version von Wien aus ihren internationalen Siegeszug an. An der Staatsoper wurde die Choreographie bis März 1993 in 49 Aufführungen gegeben, bei denen u. a. Donna Wood und Marialuise Jaska, Ludwig Karl (Engel) und Harald Uwe Kern (Joseph) zu sehen waren. 184 Vorstellungen im Haus am Ring machen *Josephs-Legende* zum hierzulande meistgespielten Strauss-Ballett.

Dem *Joseph* wurde ein weiteres, nicht abendfüllendes Strauss-Opus vorangeschickt, die seit siebzehn Jahren im Haus am Ring nicht mehr gezeigte *Feuersnot*. Der Einakter mit Berta Kiurina und Emil Schipper in den Hauptrollen stieß, da sich sein kritisches Potential in den vergangenen Jahrzehnten verflüchtigt hatte, auf stärkere

Zustimmung als das nachfolgende Tanzwerk; so formulierte Julius Korngold etwa begütigend: „Im übrigen aber ist die Musik besser als der Ruf, der ihr seinerzeit" (nicht zuletzt durch Korngolds Vorgänger Hanslick!) „in Wien gemacht worden. Sie hat eine erfrischende Neigung zum Volkstümlichen [...]."[36] Kritische Reaktionen auf die Erstaufführung konnten allerdings nicht verhindern, daß *Josephs-Legende* zu einem der hierzulande meistgespielten Ballette überhaupt werden sollte, dessen Aufführungszahl weit vor *Arabella, Capriccio* und *Die Frau ohne Schatten* rangiert.

Skandal um Korngold

Die Auseinandersetzungen mit Erich Wolfgang Korngold erreichten im Frühjahr 1922 einen vorläufigen Höhepunkt, als der junge Komponist gleichsam ein Aufführungsverbot seiner Werke an der Staatsoper androhte: „Nachdem sich zu meinem tiefen Bedauern gelegentlich einer Rücksprache mit den Herren Directoren von neuem der Fall ergeben hat, daß [...] Beziehungen zwischen Aufführungen resp. Nichtaufführungen meiner Oper *Die tote Stadt* und den Kritiken der ‚Neuen Freien Presse' geäußert" werden, stellte er das „ernstliche Ersuchen, von der angesetzten sowie von jeder weiteren Aufführung meiner Oper *Die tote Stadt* und ebenso von weiteren Aufführungen meiner einaktigen Opern *Violanta* und *Der Ring des Polykrates* im Wiener Operntheater gütigst absehen zu wollen"[37]. Dieser Wunsch wurde sanft zurückgewiesen, was Erich Wolfgang Korngold einzig dem ihm wohlgesonnenen Schalk zuschrieb, während er Strauss zu seinem Widersacher stilisierte: „ [...] wenn Herr Dr. Strauss es mit ‚seiner Würde für unvereinbar' erklärt, mich als den Sohn eines ihm seiner Meinung nach feindlich gesinnten Kritikers ‚als Gast des Hauses weiter zu betrachten', so muß ich es mit meiner Würde für unvereinbar halten, mich als Gast dieses Hauses einzudrängen. (Die Premiere der *Josephs-Legende*, bei der ich anwesend war, bildete eine Ausnahme: ich bin ja Straussianer!)"

Der junge Komponist zog sich vom Dirigentenpult der Staatsoper zurück, blieb aber leider nicht bei seinem Vorsatz, das Haus überhaupt zu meiden: Und so spitzte sich der Konflikt wenig später zu. Am 3. Juni 1922 erschien Korngold auf einer Probe zur *Toten Stadt* in der Oper, rief zu einem regelrechten „Putsch" gegen Richard Strauss auf und drohte mit einer Pressekampagne. Luzi, die Witwe des Komponisten, referierte die Ereignisse so: Im Laufe jener unbefriedigenden Probe wurden Rufe laut, warum Korngold nicht selbst dirigierte. „‚Warum ich nicht selbst dirigiere? Weil mein Vater schlechte Kritiken über die Opernleitung schreibt.' Anstatt den jungen Hitzkopf zu beruhigen, gruppierten sich die Sänger und Orchestermitglieder um ihn und schlugen vor: ‚Machen wir Revolution! Der Korngold soll dirigieren!' [...] Daß die Geschichte doch noch ein Happyend hatte, mag darauf zurückzuführen sein, daß Strauss um Erichs unbedingte Integrität wußte. Erich war in die Operndirektion gegangen, um sich zu entschuldigen; er schilderte Meister Strauss, wie er unter der jämmerlichen Probe gelitten hatte und unter solchen Umständen sein Werk lieber gar nicht aufgeführt sehen wollte. ‚Lieber ins Feuer!' zitierte er Strauss' jungen Komponisten aus der *Ariadne* und zwang damit dem Meister, der verstand und verzieh, ein Lächeln ab."[38]

Die Situation aber war wesentlich weniger entspannt, wie aus Schalks etwas kleinlautem Bericht nach Garmisch hervorgeht: „Es war gewiß ein Fehler, dass nach den vorausgegangenen Konflikten Herrn K[orngold] der Zutritt zu dieser Probe, ohne meine Ermächtigung einzuholen, gestattet wurde. [...] Es bedarf keiner ausdrücklichen Feststellung, dass ich das unerhörte Vorgehen des jungen Autors im Hause rückhaltlos verurteile und es als einen empörenden Bruch des Hausfriedens und Gastrechtes betrachte. Eine gerichtliche Verfolgung dieser Affaire, für die eine gesetzliche Grundlage sicher vorhanden ist, scheint mir wegen der damit verbundenen öffentlichen Erörterung und auch sonst kaum empfehlenswert" (13. Juni). Strauss antwortete äußerlich ruhig: „Der Fall Korngold ist für mich erledigt. Der Öffentlichkeit und unserm Personal gegenüber ist der junge Autor gerichtet; ich selbst bedarf keiner privaten, noch öffentlichen Genugtuung, wünsche nur, mit der Korngold'schen Familie in keinerlei Berührung mehr zu kommen. Die Opern Korngolds können nach wie vor ab 1. September auf unserm Spielplan verbleiben, so oft sich eine gute Besetzung ergibt und solange der Kassabericht es einigermaßen gestattet" (16. Juni 1922). Innerlich aber kochte der sonst so souveräne Strauss weiter. Für die wenig später akute Direktionskrise bot die unklare Frage der Kompetenzaufteilung die Ursache, Ausläufer der „Korngold-Affäre" hingegen waren der Anlaß, der Richard Strauss „im Gespräch derart aufregt, [...] daß er fast – unhöflich wird", wie Ludwig Karpath berichtete. Und noch im Oktober desselben Jahres ließ sich Strauss zu einem für ihn keineswegs typischen antisemitischen Ausfall hinreißen, als es um Besetzungsfragen der *Toten Stadt* ging.[39] Und als Korngold im März 1924 erstmals wieder den Graben der Staatsoper betrat, um seine *Violanta* zu dirigieren, bereitete ihm das Stehparterre einen unerfreulichen Empfang: „Als Erich [...] am Dirigentenpult der dichtgefüllten Oper erschien, brach ein unbeschreiblicher Skandal los"[40], der erst durch ein schrilles „Kusch" aus einer der Parterrelogen in befreiendes Gelächter aufgelöst wurde, dem schließlich gespannte Stille folgte, in der Korngold beginnen konnte.

Im Sommer 1922 trat nach den Jeritzas und Slezaks noch ein Mitglied der Staatsoper dem Stande der reisenden Stars bei: das Orchester! Unter der Leitung ihres Abonnementdirigenten Felix von Weingartner gastierten die Philharmoniker im Juli und August in Südamerika. Der Erfolg der Reise sollte unmittelbare Konsequenzen für Richard Strauss haben, denn er wurde von dem argentinischen Impresario Walter Mocchi als Dirigent für die nächste Südamerika-Tournee des Orchesters 1923 ausersehen. Diese Wahl erhöhte nicht nur die Chance auf die Bewilligung einer so rasch nachfolgenden Reise, sondern versprach auch einigen künstlerischen Erfolg, da Orchester und Dirigent an der Wiener Oper mittlerweile blendend aufeinander eingespielt waren.

„Ein vernichtendes Urteil"

Von manchem Journalisten wurde Straussens Wiener Amtsführung schlichtweg als Pleite bewertet. Der Wiener Musikkritiker Theodor Haas etwa zog in der Stuttgarter *Neuen Musik-Zeitung* unter dem Titel „Die Wiener Staatsoper unter Richard Strauss"[41] eine scheinbar vernichtende Bilanz der Saison 1921/22: „Seit dem Abgange G. Mahlers sind die künstlerischen Leistungen der Wiener Oper in galoppierendem Tempo bergab gegangen. [...] Allein noch vor zwei Jahren hätte man trotz alledem für unmöglich gehalten, was sich in der abgelaufenen Spielzeit ereignet, oder besser gesagt: nicht ereignet hat. Es blieb der Direktion R. Strauss vorbehalten, uns eine Spielzeit

ohne eine einzige Opernneuheit zu bieten. Denn neu in den Spielplan aufgenommen wurde nur Kienzls *Kuhreigen*, also ein älteres, in Wien sattsam bekanntes Opernwerk. Die künstlerische Tätigkeit der Direktion beschränkte sich auf die Ballettnovität *Josephs-Legende*, welche in der kurzen Zeit zwischen 18. März und 30. Juni nicht weniger als 21 Aufführungen erlebte. Damit haben wir auch zugleich das am öftesten wiederholte Werk der ‚Saison' genannt. [...] Unter den Komponisten behauptet Wagner mit 59 Aufführungen – sagen wir vorsichtigerweise: derzeit noch das Feld als der am meisten gegebene Autor. Der Direktor R. Strauss steht ihm mit 56 Aufführungen wahrlich nicht nach. Dann, in weiterem Abstande erst, Verdi und Puccini mit je 34 und Mozart mit 22 Aufführungen. Was den Letztgenannten anlangt, so muß ergänzend und um ein wahrheitsgetreues Bild zu geben, erwähnt werden, daß *Figaros Hochzeit* an das mit der Staatsoper verbundene Redoutensaaltheater abgegeben wurde. Dieses stand in seiner heurigen, ersten Spielzeit im Zeichen der en-suite-Aufführungen und brachte im ganzen: 23mal *Figaros Hochzeit* und 20mal *Barbier von Sevilla*."
Der Rezensent schließt eine (für den heutigen Betrachter beeindrukkende!) Werkaufstellung bei: Stücke von über 30 Komponisten in 359 Aufführungen (davon 75 Ballettabende) hatte die Staatsoper geboten. Was war das Schändliche an der Repertoiregestaltung? In den Augen des Schreibers, daß Gluck, Lortzing, Götz, Humperdinck, Hugo Wolf, Tschaikowsky, Berlioz, Debussy, Charpentier sowie insbesondere die Zeit- und Nationsgenossen Bittner, Schreker, Zajczek, Zemlinsky, Braunfels, Gärtner und Pfitzner zu wenig gezeigt wurden. Für die heutige Zeit, die kaum eine handvoll dieser Namen als unabdingbar für ein (Staats-)Opernrepertoire hält, ist es ein schwer nachzuvollziehendes Verdikt, das Herr Haas schließlich kundgibt: „Ein Spieljahr, über das die obige Statistik ein vernichtendes Urteil fällt. Mögen deutsche Opernstädte durch diesen Wiener Bericht gewarnt sein und für die Zukunft ihre Lehre daraus ziehen!"

Die erste Direktionskrise

Presse-Attacken wie die obige gingen an Richard Strauss nicht spurlos vorüber. Im Juni 1922 führte er schriftliche „Wochenrapporte" ein, die ihn über Vorgänge und Entscheidungen an der Staatsoper dauernd auf dem laufenden halten sollten. Dem Vertrauten Karpath schrieb er am 10. Juli, es werde in der Oper „nächsten Winter vieles geändert werden". Die bislang schwerste Krise zwischen den beiden Direktoren war einen Monat zuvor ausgebrochen. Strauss war über die Teilnahme von Schalks Frau Lili an einer Geburtstagsfeier für Erich Wolfgang Korngold informiert worden.[42] Nach vielen Frustrationen war das vermeintliche Paktieren der Familie Schalk mit seinen Widersachern der Anlaß für eine überstürzte Wien-Reise, während derer Strauss den Leiter der Staatstheaterverwaltung Adolf Vetter aufsuchte und Schalks Pensionierung forderte. Die Behörde verhielt sich abwartend – in der Hoffnung auf eine friedliche Beilegung des Konflikts und um den bewährten Schalk nicht zu verlieren.

Scheinbar belanglos, in Wahrheit ein Zeichen der tiefen Vertrauenskrise war Straussens Anweisung an Franz Schalk vom 9. Juli: „Alles Geschäftliche an mich durch Lions Hand, damit keine Confusionen entstehen." Bereits 1915, also noch unter Hofoperndirektor Hans Gregor, war Karl Lion „Artistischer Sekretär" gewesen. Als sich Strauss im Herbst 1918, noch vor Gregors Abberufung, nach diesem Mitarbeiter erkundigte, machte Franz Schalk aus seiner Ablehnung gegen Lion kein Hehl: „Persönlich wüßte ich nichts gegen ihn vorzubringen, als daß er in seinem ganzen Gehaben ein bißchen norddeutsches Theaterbüro war. Erfahrung und Routine ordinärer Art hat er im Übermaß. Ich glaube nicht, daß wir so was brauchen, ja daß wir so was im Amt haben dürfen. [...] Im übrigen mit dem Mantel muß auch der Herzog fallen – in umgekehrter Reihenfolge."

Lion ist gefallen – und zwar die Treppe hinauf. Im März 1920 wurde er zum „Direktionsrat" befördert und galt schon ab diesem Zeitpunkt als enger Vertrauter des häufig abwesenden Richard Strauss. Als dieser mit oben zitiertem Schreiben Karl Lion dem amtierenden Direktor „vor die Nase" setzte, mußte Schalk dies als Affront verstehen. Er beschwerte sich zunächst nicht offen über die Einschaltung eines (noch dazu dieses!) Mittelsmannes, seine Verstimmung ist jedoch zwischen den Zeilen zu erkennen; der Brief vom 18. Juli 1922 etwa endet: „Da die Kanzlei jetzt vollständig verwaist ist, entschuldigen Sie wol, dass ich den direkten und übrigens auch viel schnelleren Weg gewählt [...]", gezeichnet: „In alter Treue, Schalk".

Doch auch alte Treue gerät mitunter ins Wanken: In einem ausführlichen Brief an die Staatstheaterverwaltung (3. August 1922) parierte Schalk den „letzthin bei der vorgesetzte Behörde unternommenen Angriff auf meine direktorialen Befugnisse“[43] und verlangte eine amtliche Klarstellung der Machtverteilung gemäß den Verträgen: „Für jeden, der in das Wesen eines Theaterorganismus Einblick hat, ist offenbar, daß der substantielle Inhalt des im Jahre 1918 von dem damaligen Generalintendanten mit Herrn Dr. Strauss abgeschlossenen Vertrages in der Verpflichtung besteht, während seiner alljährlich auf 5 Monate vorgesehenen Anwesenheit in Wien eine bestimmte Anzahl von Neueinstudierungen zu leiten und außerdem nach seiner Wahl sich als Dirigent an den Aufführungen des Operntheaters zu beteiligen.“ Schon aus der Amtsbezeichnung „Oberleiter“ gehe „unzweifelhaft hervor, daß damit nicht die eigentliche Führung der täglichen Geschäfte gemeint sein konnte“. Und weiter hieß es, mit unübersehbarem Fingerzeig auf die leidige Einschaltung Lions als Statthalter: „Nach dem ausdrücklichen Wortlaut seines Vertrages ist Herr Dr. Strauss gebunden, sich in diesen Fragen mit dem eigentlichen Direktor zu verständigen, resp. seine Anordnungen und Wünsche diesem mitzuteilen und durch ihn ausführen zu lassen. Es liegt sowohl im Sinne dieses Vertrages als auch in den Erfordernissen der Disziplin und Ordnung, daß die ‚künstlerische Oberleitung‘ Anordnungen über den Kopf des geschäftsführenden Direktors *nicht* treffen kann, da sie diesen seiner Verantwortungsfähigkeit berauben und seine Autorität kompromittieren würden. Die von Herrn Dr. Strauss neulich gestellte Forderung, die gesamten Direktionsgeschäfte alleine und unmittelbar zu führen, widerspricht nicht nur dem Sinne der Verträge, sie steht auch zu seiner früheren Auffassung über den beiderseitigen Wirkungskreis in vollem Gegensatz.“

„Der eigentliche Direktor“ – so sah sich Franz Schalk, und darum wollte er kämpfen. Um so mehr, als Richard Strauss am 19. August abermals, nun aber in dezidierterer Form verfügte, „daß sämtliche Akten ausnahmslos die Kanzlei des Herrn Direktionsrates Lion passieren müssen, weil Herr Rat Lion in meiner Abwesenheit die Entscheidung darüber zu treffen hat, was mir persönlich vorzulegen ist“. Vier Tage später kam es in Salzburg über Vermittlung Karpaths

zur ersten Aussprache zwischen den beiden Männern seit Ausbruch der Direktionskrise. Man traf einander in den Direktionsräumen des Stadttheaters (heute Landestheater), wo Strauss Aufführungen von *Don Juan* und *Così fan tutte*, Schalk *Die Hochzeit des Figaro* und *Die Entführung aus dem Serail* mit dem Wiener Opernorchester im Rahmen der Salzburger Festspiele dirigerten.
Das von Schalk angelegte Gedächtnisprotokoll dieses Treffens am 23. August 1922 kündet von einem Gespräch, in dem die entscheidenden Reibungspunkte zwar ausgesprochen, aber nicht aus dem Weg geräumt wurden. Es schließt mit den Stichworten: „Ich [Schalk] verlange von ihm absolutes Vertrauen – erbiete mich für jede Art von Aufklärung. – Er wird immer gleichgültiger und hat jeden Widerstand aufgegeben. – Ich betone die Schwierigkeit meiner Stellung, die er in erster Linie zu stützen aber nicht zu schwächen hat [...] – Es wird auf die bevorstehenden Geschäfte übergegangen – er sagt: ‚Also machen wir einen Strich unter das Vergangene' – ich stimme ihm zu, sag ihm, dass ich für jeden Preis die Wiederherstellung wünsche, nur nicht für den einer Gefahr der Recidive [= Rückfall]. – Er geht auch darüber hinweg und zeigt sich vollkommen vertrauensbereit. – Lion tritt ein – es werden einige Geschäfte besprochen. – Er ist dem bevorstehenden offenen (öffentlichen) Konflikt aus dem Wege gegangen – ich trenne mich mit einem instinktiven Gefühl der Unbefriedigung."[44]
Schalks Salzburger Gesprächspartner hingegen gab sich zweckoptimistisch: „Mit Schalk habe ich, hauptsächlich auf Ihr und Rollers Zureden hin, Frieden geschlossen", eröffnete er Hugo von Hofmannsthal am 29. August, „und von ihm Zusicherungen erhalten, die mich ein erfolgreiches Arbeiten mehr als bis heute erhoffen lassen." Hofmannsthal war erleichtert: „Schon bei einer Andeutung Karpaths fiel mir ein Stein vom Herzen. Nun, da Sie sich selber so schön und klug bezwungen, lassen Sie mich sagen: Sie hätten auf jeden Fall den Kürzeren gezogen und das schöne einzige Institut wäre das eigentliche Opfer gewesen und damit wiederum Sie – als Komponist – der Getroffene. Denn der Spießbürger (im Parkett und in der Amtsstube) liebt nicht das Geistige, Hohe, Vornehme – was in diesem Institut noch immer verkörpert ist – und kommts ins Wanken, so tut er alles, um es zu Fall zu bringen."

5. Die Saison 1922/23

An eine von Strauss einmal verwendete Briefeinleitung („Im Deutschen lügt man, wenn man höflich ist“) muß man bei der Schlußformel seines Schreibens an Schalk vom 9. September 1922 denken: „Ich bedaure herzlich, daß Sie solche Betriebsschwierigkeiten haben und sehe Ihren ausführlichen Nachrichten mit Vergnügen entgegen. Ich bitte um regelmäßige Zusendung des Spielplans und Mitteilung über den Verlauf der Novitätenproben und bin mit freundlichsten Grüßen [...].“ Mit korrekt-unpersönlicher Freundlichkeit ging Strauss also in seine vorletzte Saison als Oberleiter der Wiener Staatsoper. Er sorgte sich um den Umbau, der leider nicht bis zur „entsetzlichen Hühnerstiege und dem notwendigen Warteraum vorgedrungen ist“ – gemeint ist der Direktionseingang der Staatsoper – und bemerkte sachlich am 16. September: „Ich habe heute die Partitur des *Schlagobers* vollendet.“

Der Höhepunkt der Wirtschaftskrise

Die baulichen Umgestaltungen in der Staatsoper, die Strauss aus der Ferne (zum Teil stark mißbilligend: „Sehr unwürdig!“) kommentierte, die aber zum täglichen Brot des in Wien weilenden Schalk zählten, illustrieren beispielhaft die katastrophale Wirtschafts- und Währungssituation des Landes Österreich. So informierte der Direktor seinen Oberleiter am 17. September: „Der für die Arbeiten ausgesprochene Kredit von 150.000.000,– ist so spät bewilligt worden, dass die Arbeiten erst anfangs August begonnen werden konnten. Die Summe konnte damals schon als eine vollkommen unzulängliche bezeichnet werden und das Finanzministerium hat in Rücksicht auf die eingetretene Geldentwertung und Preissteigerung eine Kostenüberschreitung bis zum Höchstmasse von 400.000.000,– zugestanden. Auch diese 400.000.000,– sind nach den Mitteilungen des Leiters der Adaptierung des Herrn Oberbaurat Hauck heute bereits um einige hundert Millionen überschritten worden. Ich weiss nicht, wie die Bauleitung diese Überschreitungen vor dem strengen Ge-

richte des Finanzministeriums seinerzeit vertreten wird, darum wollen wir uns aber auch nicht weiter kümmern." Wie sollte auch „Budgetvorsicht" herrschen, sank doch die Kaufkraft der Krone im Inland von Mitte 1919 bis Ende 1922 um mehr als das 14.000fache!
Die Saison begann in „Tenornot" – Urlaube von Schubert und Slezak sowie der „unberechenbare Piccaver" schlugen empfindliche Lücken, die man mit den Herren Unkel, Kraus und Richard Tauber ausfüllte –, die sich bald zur „Primadonnennot" wandelte: Maria Jeritza, bereits auf dem Sprung nach New York, sagte zwei *Rosenkavalier*-Vorstellungen aus Furcht vor einer Pressekampagne und den sich daraus ergebenden negativen Folgen für ihr Image in Übersee ab. So belastend die hohen Gagen der Stars waren, man bedurfte ihrer Mitwirkung, um den Kartenverkauf, den die triste Wirtschaftslage drückte, einigermaßen aufrechtzuerhalten. „Sie dürften aus den Zeitungen wissen, dass hier im Augenblick eine ungeheure Depression herrscht, die in den letzten Tagen auch schon empfindlich auf unsere Einnahmen eingewirkt hat", so schrieb Schalk am 20. September, während Hofmannsthal das Bild von der „Wolke einer allgemeinen Theaterkrise" für diese Abwärtsschraube fand. Angesichts der ökonomischen „Hiobsposten" (Strauss am 26. September) zog der Komponist den Wiener Uraufführungsplan seines Balletts *Schlagobers* vorläufig zurück. Auch die Verschiebung der mit Hofmannsthal erdachten Beethoven-Bearbeitung *Ruinen von Athen* und ein drohender Proben-Streik des Chor- und Ballettpersonals um Erhöhung des Spielhonorars sind in diesem Zusammenhang zu sehen.
In einem Schreiben vom 22. Oktober 1922 bot Strauss sogar sein eigenes Fernbleiben an, um dem Staat Geld sparen zu helfen. Wohl kein allzu großes Opfer, da seine Dirigentengage „ja schon lange nicht mehr nach dem Index und nach den heutigen Einnahmen dem ursprünglichen Ansatz" entsprach! Schalk hingegen bat Strauss dringend zu kommen und freute sich über „die alte Offenheit und das alte Vertrauen", das er in dessen Briefen fühlte.
Sicherlich war auch die prekäre Lage des gemeinsam verwalteten Institutes einem neuerlichen Zusammenrücken der beiden Persönlichkeiten dienlich. Eine geradezu theaterfeindliche Gesetzgebung verschärfte die oben angesprochenen Probleme noch: So schrieb das 1922 verabschiedete Pensionsgesetz vor, „sämtliche Pensions-

Hugo Lederers Strauss-Büste im Schwindfoyer der Staatsoper.

kosten ehemaliger Operntheater-Mitglieder aus den Einnahmen der Staatstheater zu tragen", was zu „einer zwangsläufig defizitären Bilanz" führte.[45] Erfolglos liefen der Präsident der Bundestheaterverwaltung Adolf Vetter und Franz Schalk gegen diese Maßnahme Sturm; Vetter zog seine Konsequenzen und trat Ende 1922 zurück. Eine weitere staatliche (später kommunale) Maßnahme, welche die Theaterkrise schürte, war die hohe „Lustbarkeitsabgabe", die erst im Herbst 1924 ermäßigt wurde.

Mehrmals kam Strauss in jener Periode auf eine engere Angliederung der Volks- an die Staatsoper zu sprechen, ein Vorhaben, für das sich Franz Schalk nicht erwärmen konnte. In einem Brief vom 29. September etwa skizzierte der Komponist ein weitsichtiges Kooperationsprojekt mit der Volksoper, die nominell von Felix von Weingartner geleitet wurde; die Geschäfte für den oft abwesenden Dirigenten führte Hugo Gruder-Guntram. Zur Nutzung von Synergieeffekten sollten nach Straussens Idee die Ensembles beider Häuser teilweise zusammengelegt werden. „Eine Art Cartellaushilfsvertrag mit Gruder Guntram würde uns eine gewisse Oberaufsicht über die Volksoper geben, so daß wir jeweils wissen, was wir von dort zur Aushilfe brauchen und bekommen können." Durch die „Verschmelzung" hätte laut Strauss ein Aufführungsort für „Spieloper und

Novitäten" gewonnen und mit der Ausschaltung „unnötiger Concurrenz" noch ein zweiter angenehmer Effekt erzielt werden können. Schalk war pessimistisch, da eben Weingartner ein Wörtchen mitzureden hatte: „Er [Gruder-Guntram] ist jedoch nicht der alleinige Herr des Hauses, es steht ihm vielmehr bevor, daß sein mit Ruhm und Pesos beschwerter Kollege von den Ufern des La Plata demnächst zurückkehrt [Weingartner befand sich auf Südamerika-Gastspiel], welcher Art von Freundschaftsdiensten wir uns von ihm zu versehen haben, wissen wir zur genüge." Anfang 1923 wurden Verhandlungen zu einer Angliederung der Volksoper angebahnt, jedoch kein Ergebnis erzielt.

Novitäten und Reminiszenzen

Am 18. Oktober 1922 wurde die große Wiener Opernbühne um eine weitere Novität bereichert: Franz Schrekers *Der Schatzgräber* erklang unter der Leitung des Hausherrn Schalk in wirtschaftlich bedrängter Zeit: „Wie weit die Depression um sich gegriffen hat, bezeigt der Umstand, daß die morgige Premiere des *Schatzgräber*, nach der so viel geschrien wurde, alles eher sein wird als ausverkauft. Aber auch die Vorstellungen mit Kurz, Piccaver und allem Tod und Teufel sind nicht mehr ausverkauft." Mehrfach verschoben, hatte diese Novität in der Vorbereitungszeit auch noch den Verlust von Lotte Lehmann zu erdulden, welche die Rolle der Els im Dezember 1921 zurücklegte. Schalk konnte nach der Erstaufführung immerhin berichten: „Der Erfolg wurde von der relativ zahlreichen Anhängerschaft Schreker's entschieden. Die Aufführung hat nicht nur den vom Publikum und Kritik gestellten Anforderungen entsprochen, sondern auch vor meinem viel strengeren Urteil stand gehalten." Strauss, dessen – durchaus nachvollziehbarer – künstlerischer Egoismus niemals schwieg, drückte seine Freude über den Erfolg des Stückes und insbesondere von Gertrud Kappel aus, „die ich nunmehr bitte, nachdem *Schatzgräber* vorbei, allmählich mit meinen Rollen (Salome, Elektra, Ariadne, Kaiserin) zu betrauen [...]." Am 31. Oktober erkundigte sich der Oberleiter immerhin nach dem Verbleib der Novität: „Wir haben in Wien jetzt immer ein sehr schönes, vornehmes Repertoir! Wohin aber ist der *Schatzgräber* verschwunden?" Er hatte sich in leeren Häusern verflüchtigt!

Wasser auf Straussens novitätenfeindliche Mühlen goß Schalks nächstes Schreiben: „Bei der grossen Abneigung des Wiener Publikums gegen die sogenannten modernen Produktionen (Sie haben ganz recht, dass der selige Giacomo aus diesen Gesichtswinkeln betrachtet zu einer unheimlich reinen Grösse wird) die sich beim *Schatzgräber* wieder erschreckend bemerkbar gemacht hat, müssten wir mit Sicherheit auch bei der *Mona Lisa* auf schlechte Einnahmen gefasst sein“, warnte er am 31. Oktober 1922, dem Tag der *Don Pasquale*-Premiere im Redoutensaal.
Ansonsten ging es mit dem Publikumszuspruch leicht aufwärts: „Die Frequenz der Theater zeigt eine schwache Tendenz zum besseren. Wenn auch der Geschmack der Masse überall und allwärts sich an das dezidiert schlechte und gemeine hängt, so kann man doch hier wahrnehmen, dass die wertvolleren Werke seit dem der ausländische Schieber-Mob weg ist, wieder eine relativ höhere Zugkraft gewonnen haben.“ Ohne Klage, aber um nichts weniger deutlich, hob Schalk auch den grundsätzlichen und unveränderlichen Unterschied zwischen dem an- und dem abwesenden Direktor hervor: „Ich mache Ihnen ein Geständnis: was Impetus und ‚Projektenbetrieb‘ betrifft, so geht mir's wenn ich irgendwo am Lande oder auf einer Reise bin – sehr ähnlich wie Ihnen; alles mögliche regt sich und man denkt immer mit einer solchen Riesenmaschine wie die Oper müsste eigentlich noch mehr zu leisten sein. Kommt man dem Getriebe aber dann in die Nähe – so sieht man wie gefährlich zu rasche und plötzliche Umschaltungen sind und wie tausende von widerlichen Hemmungen immer wieder das Tempo verlangsamen. Eine Zimmerprobe, die irgend ein blöder Tenor absagt, wirft oft einen ganzen Wochenplan über den Haufen – und auch die Urlaube!“
Ab Dezember wirkte Strauss wieder in Wien, und es folgten Monate emsigster Arbeit: *Der fliegende Holländer* (1. Dezember), *Così fan tutte* und *Elektra* erklangen unter seiner Leitung, bevor er sich dem Ballett zuwandte: Er kombinierte seine *Josephs-Legende* mit Schumanns *Carnaval* und Rimski-Korsakows *Scheherezade* (13. Dezember), *Fidelio* folgte am 17. Dezember. *Hänsel und Gretel* unter dem weiland Uraufführungsdirigenten Richard Strauss komplettierte am 23. und 27. Dezember das Weihnachtsprogramm der Oper. Und noch eine Reminiszenz an die Jugend, an seinen ersten Opern-

besuch überhaupt gönnte sich Richard Strauss. Als Sechsjähriger hatte er eine Aufführung des *Johann von Paris* gesehen, als 22jähriger hatte er sein erstes Engagement an der Münchner Oper mit diesem Werk angetreten; und als beinahe Sechzigjähriger, im September 1922, komponierte Strauss die Arie des Koloratursoprans für Selma Kurz in François-Adrien Boieldieus *opera buffa* um. Am 13. und 14. Januar 1923 dirigierte er das Werk im Redoutensaal, bevor in drei weiteren Aufführungen Clemens Krauss den Dirigentenstab übernahm.

Für das erste Ballettprogramm im Redoutensaal bearbeitete Strauss acht Tänze von François Couperin (*Gesellschafts- und Theatertänze im Stile Ludwigs XV.*), die gemeinsam mit Stücken von Rameau, Ravel und Johann Strauß einem reizvollen choreographischen Experiment von Heinrich Kröller die Grundlage boten. War es ihm sonst darum zu tun, klassische Technik mit der Ausdruckskraft des modernen Tanzes zu kombinieren, wurden hier die barocken Schreittänze durch Spitzentanz ergänzt. Bei der Uraufführung am 18. Februar 1923 glänzten unter anderem Gusti Pichler und Willy Fränzl.[46]

Wenige Tage nach der Ballettpremiere im Redoutensaal leitete Richard Strauss eine Wagner-Neueinstudierung im Stammhaus, den *Tannhäuser* am 21. Februar 1923, über den das *Neue Wiener Tagblatt* berichtete: „[...] unsere *Tannhäuser*-Aufführung lag schon sehr im argen; war die Beute jener ominösen Tradition, die nach Mahlers Wort identisch ist mit Schlamperei. Kann's eine schönere Wagnerfeier geben, als wenn da ein Richard Strauss die Herkulesarbeit des Reinemachens auf sich nimmt und das Werk möglichst genau nach den Vorschriften restituiert, ‚recht wie der Meister sie gestellt'? [...] Er dirigiert nach Bayreuther Muster, nach der Überlieferung der unmittelbaren Wagnerschule." Die „schneeweiße Reinheit" der Lotte Lehmann (Elisabeth) wurde ebenso gelobt wie der Titelheld Leo Slezak (ein „grandioser, dramatischer Gestalter und meisterhafter Sänger"), die „schöne, warme Venusstimme der Gertrud Kappel" und der Wolfram Emil Schippers. „Es erübrigt sich, vom Orchester zu sprechen, denn das Opernorchester hat jedenfalls seinen [= Straussens] künstlerischen Wünschen am vollkommensten entsprochen. Man verliert sich ins Schwärmen, wenn man an den berückenden Klangzauber denkt, an die feine Ziselierung des Melodischen, an die instrumentalen Stimmen, die man wie zum erstenmal hörte […].“[47]

Doch wie dauerhaft war Straussens Einsatz für die großen Klassiker und einige wenige Novitäten? Die nächste *Tannhäuser*-Vorstellung leitete wieder Franz Schalk, am 14. März stand Strauss am Pult einer *Mona Lisa*-Neueinstudierung, auf die in der Staatsoper (bis auf den heutigen Tag) nur eine Reprise am 28. März 1923 folgte. Immerhin war Max von Schillings am Premierentag anwesend und hochzufrieden mit Alfred Jerger und Gertrud Kappel, die ja schon an Lehmanns Stelle erfolgreich die Els in Schrekers *Schatzgräber* verkörpert hatte. Bis Mitte April widmete sich Strauss noch der Pflege eigener Werke; den Schlußpunkt der arbeitsreichen Periode setzte eine Aufführung der *Frau ohne Schatten* am 12. April 1923.

Ein neuer Oberregisseur

Die Regisseursuche war Anfang 1923 nicht ausgestanden; dem Karlsruher Generalmusikdirektor Fritz Cortolezis hatte Richard Strauss nach eigenen Worten einen „glücklichen Fund“ zu danken: Cortolezis' Empfehlungen und eine persönliche Begegnung mit dem Regisseur Josef Turnau beeindruckten Richard Strauss nachhaltig. In einem Brief vom 18. Januar 1923 an Schalk nannte er den Regisseur noch mit unkorrektem Namen und vergaß nicht, darauf hinzuweisen: „Turnauer ist Wiener und kein Jude.“ Ab dem 1. September 1923 wurde Josef Turnau als Oberregisseur an die Staatsoper engagiert, noch vor dem Sommer widmete er sich in Zusammenarbeit mit Alfred Roller der Vorbereitung einer Neuproduktion von Meyerbeers *Afrikanerin*. Mit dem Engagement Turnaus war die Wymetals-Nachfolge im Sinne eines längst notwendigen Neuanfangs endlich vollzogen, war es doch „in der Regie zu Beginn der zwanziger Jahre zu Wandlungen [gekommen], die man als Entwicklung von einer geschmackvollen Spielleitung zu einer modernen Opernregie bezeichnen und mit den Namen Wilhelm von Wymetal einerseits, Josef Turnau und Lothar Wallerstein andererseits verknüpfen konnte“.[48] Der legendäre Wallerstein sollte erst unter der Alleindirektion Schalks an der Staatsoper einziehen und namentlich in der Strauss-Pflege bedeutsame Akzente setzen.

Reiselust

Zu Ende dieser vierten Saison der Ära Strauss/Schalk griff die mit dem Völkerbund akkordierte Währungsreform. Allein von Ende Juni bis Ende August 1922 waren die Lebenshaltungskosten um mehr als das Vierfache gestiegen. Im Oktober hatte der österreichische Bundeskanzler Seipel die Genfer Protokolle unterzeichnet, die Österreich eine Anleihe von 650 Millionen Goldkronen im Gegenzug für weitreichende innere Reformen gewährten. Ende Mai 1923 wurden die Emissionsbedingungen der sogenannten „Völkerbundanleihe" fixiert. Franz Grasberger skizziert die Situation jener Wochen so: „Der Staat mußte energische Schritte zu einer Sanierung der Verhältnisse bei den Bundestheatern unternehmen, denn die Maßnahmen des Generalkommissärs des Völkerbundes hätten auch zu einer Sperrung oder Verpachtung der Bundestheater führen können. Auf Grund eines Ministerratsbeschlusses vom 29. Mai 1923 wurde eine Dienstvorschrift für die Verwaltung der Bundestheater erlassen. Sie bestimmte einen besonders bevollmächtigten, dem Unterrichtsminister unterstehenden Bundestheater-Kommissär [namens Georg Zimmermann]. Einerseits sollten durch eine streng einheitliche Wirtschaftsführung Einsparungen durchgeführt werden, andererseits hoffte man, besonders bei der Staatsoper, durch Ensemblegastspiele im Ausland und durch Sonderveranstaltungen in Wien mehr Einnahmen zu erzielen."[49]

Getreu dieser Marschrichtung war ein Großteil des Ensembles, an der Spitze beide Direktoren, von Juni bis August mit Konzert- und Opernaufführungen auf Südamerika-Tournee. Ein an Strauss gerichtetes und mit 17. Juni 1923 datiertes Schreiben von Alfred Roller[50], der in Wien zusammen mit Karl Lion die Geschäfte führte, berichtete von der schwierigen Lage der Daheimgebliebenen: „Der Bericht über die Oper, den Sie wünschen, kann heuer nur schmal ausfallen, so wie die Leistungen des Institutes. Daß wir *Manon* [*Lescaut*] nicht herausbrachten, erst durch die Absage der Lehmann, dann durch Zögern der Jeritza, hat uns geradezu lächerlich gemacht. *Fredegundis* [sic!] – *Oberon* – *Iphigenia* – *Manon* – alles angepackt und stehen gelassen – da machen sich die Leute Gedanken und sehen ein, daß das Institut irgendwo falsch getakelt ist. Es erweckte förmlich Staunen, dass noch *Fra Diavolo* [am 15. Juni, neueinstudiert unter Hugo

Reichenberger] herauskam. Dieses Werk war sorgfältig geprobt, besonders von Breuer als Regisseur. Ein starker Erfolg war [Paul August von Klenaus Ballett] *Klein Idas Blumen*. Die neue Choreografie von Kröller famos; einfallsreich und treffsicher." Der Ausstattungschef der Staatstheater lobte hingegen Max Paulsens Arbeit am Burgtheater, als deren Erfolge „wiederkehrende Disziplin im Künstlerpersonal und gute finanzielle Lage des Institutes" festzustellen seien. Giacomo Puccini war persönlich nach Wien gekommen, um die Dekorationen für seine *Manon Lescaut* zu begutachten und als „bellissime" zu loben. Rollers Fazit allerdings war rabenschwarz: „[...] mit den Staatstheatern wird, fürchte ich nicht mehr viel zu machen sein. Beamtenwirtschaft und Theater vertragen sich nicht und die Beamten sind dz. die Stärkeren und fleißigeren. Auch ist meine Gagenfrage bis heute nicht bereinigt worden, so dass ich mir den Luxus für die Staatstheater zu arbeiten wol auf die Dauer nicht werde leisten können."
Strauss sandte den Roller-Brief an Franz Schalk weiter, nicht ohne einige kritische Anmerkungen daraufzusetzen: „Ich kann Sie von dem Vorwurf des allzu kritischen Zauderns nicht ganz freisprechen. Bitte Sie dringend, überlegen Sie es sich dreimal, bevor Sie etwas projektieren – aber *wenn beschlossen*, dann heraus damit, ohne nach links und nach rechts zu schauen. Meine bisherige Erfahrung ist, verzeihen Sie, daß Sie gerne zu viel wollen, Endresultat wie im vorigen und auch im letzten Frühjahr, daß gar nichts kam und das ist natürlich blamabel." Ein genaues Programm sei „sofort nach Rückkehr mit Lion genauestens" zu besprechen. Die abschließende Grußformel zitiert in heiterem Tone den *Fidelio*: „Verzeiht diesen kleinen Vorwurf" – daß es sich um einen großen handelte, war Strauss nicht bewußt, wohl aber dem in Buenos Aires weilenden Adressaten: „Bis jetzt war nicht ich es, der opulente, dickbäuchige Programme baute, die dann durch ihre Unausführbarkeit das Institut in ein schiefes Licht setzten. Mein Fehler war bis jetzt immer, und ich gestehe das nicht ohne Reue ein, dass ich von vornherein zu viele Hindernisse sah, dass ich eher an einem Übermass von Hemmungen, als an einer frisch-fromm-fröhlichen Projektenmacherei litt. [...] Gegen R.'s Brief und seine paradoxe Schwärmerei für Paulsen's Fabriksactivität will ich keine längere Polemik führen. Er hat noch

immer nicht begriffen, dass die ganze Arbeitstechnik der Oper eine grundverschiedene von der des Schauspiels ist.“ Schalk war auch um einen dreifachen Verbesserungsvorschlag nicht verlegen: „Wenn es uns gelänge 1. die Urlaube einzuschränken, 2. die Probendisciplin der Stars zu heben, 3. den technischen Apparat (sammt Roller) schlagfertiger zu machen, so würde die Arbeitsbilanz mit einem Schlage anders aussehen.“ Trotzdem sei die vergangene Saison mit Neuproduktionen oder Neueinstudierungen von *Schatzgräber, Don Pasquale, Hänsel und Gretel, Tannhäuser, Johann von Paris* sowie der *Ballettsoiree* und *Fra Diavolo* zum Abschluß nicht ganz ereignislos verlaufen, „daneben ein viel besseres allgemeines Repertoire und Besetzungen als in allen Gregor- und Weingartnerjahren zusammen“ (Schalk am 24. Juli 1924).

6. Strauss und das Wiener Konzertleben

Die zweite Südamerika-Reise der Wiener Philharmoniker unter der Leitung von Richard Strauss im Sommer 1923 mag uns daran erinnern, daß er in dem Jahrfünft von 1919 bis 1924 nicht „nur" Oberleiter der Staatsoper, sondern auch ein höchst tätiger Konzertdirigent gewesen ist. Bevor wir seine letzte Direktionssaison anbrechen lassen, wollen wir uns diesem Teil seiner Aktivitäten widmen.

1920

Das erste Konzert, welches der Operndirektor Richard Strauss leitete, fand am 31. Januar 1920 in den „Prunkräumen des Staatsamtes für Finanzen" in der Himmelpfortgasse statt. Dem Baufonds der Salzburger Festspielhausgemeinde gewidmet, bot das exklusive „Cercle-Konzert" ein Programm mit Werken Mozarts (unter anderem sangen Lotte Lehmann und Hans Duhan ein Duett aus *Figaro*) und Strauss'. Georg Szell, damals Anwärter auf eine Kapellmeisterstelle an der Staatsoper, trug eine Klavierfassung des *Till Eulenspiegel* auswendig vor[51], und den Höhepunkt des Programmes bildete die von

Vier Mitglieder des „Kunstrates" der Salzburger Festspiele: Max Reinhardt, Hugo von Hofmannsthal, Alfred Roller und Richard Strauss (neben ihm der Dresdner Intendant Seebach).

Strauss geleitete Uraufführung der *Bürger als Edelmann*-Suite, dargebracht von einem Kammerorchester der Wiener Philharmoniker mit Arnold Rosé an der Spitze. Der bereits zu Lebzeiten legendäre Konzertmeister gehörte – ob im Orchestergraben der Oper oder auf dem Konzertpodium – zu Straussens erklärten Lieblingen.
Nicht minder schätzte der Komponist den Bariton Franz Steiner als Interpreten seiner Lieder. Eine vierteilige „Zyklische Aufführung aus den Liedern von Richard Strauss“ im Mozartsaal des Wiener Konzerthauses wurde von Steiner mit dem Komponisten am Klavier zwischen 25. Januar und 9. Februar 1920 bestritten. Fünf Tage später wechselte Richard Strauss als Dirigent in den Großen Saal, wo er das Wiener Sinfonie-Orchester mit eigenen Werken leitete. Auf die *Alpensinfonie* folgten in diesem „Orchester-Konzert zu Gunsten der Freiwilligen Rettungs-Gesellschaft“ die Szene der Freihild aus *Guntram* und drei Orchesterlieder (allesamt interpretiert von Berta Kiurina) und schließlich das „konzerthauseigene“ *Festliche Präludium*. Ebenfalls eine Benefizveranstaltung „zugunsten der Heilanstalt Alland und der Kriegswaisen“ mit Strauss am Pult (und nicht mehr feststellbarem Orchester) fand am 26. April im Großen Konzerthaussaal statt. Selma Kurz glänzte mit einer Händel-Arie sowie drei vom Komponisten am Klavier begleiteten Strauss-Liedern. Die *Burleske* für Klavier und Orchester (mit Hedy Budischowsky am Flügel) sowie die Tondichtungen *Don Juan* und *Tod und Verklärung* umrahmten den vokalen Teil. Am 30. Mai 1920 traf Strauss wieder mit den Wiener Philharmonikern zusammen. Er leitete ein Konzert im Musikverein, dessen Motto „Operndirektoren gestern und heute“ hätte lauten können, wurden doch Mahlers vierte Symphonie und der *Zarathustra* aufgeführt.

1921

Erst im neuen Jahr nahm Richard Strauss seine Wiener Konzerttätigkeit wieder auf, und zwar mit einem überaus kuriosen „Event“: Das Wiener Konzerthaus beherbergte am 8. Januar 1921 eine Wohltätigkeitsveranstaltung „Zu Gunsten des Johann Strauß-Denkmal-Fondes“, deren erster Teil unter der Leitung des zeitgenössischen Namensvetters stand. Die Ouvertüre und der zweite Akt der *Fledermaus* eröffneten das sogenannte „Ballfest beim Prinzen Orlofsky“.

Mit Richard Strauss war ein teilweise illustres Ensemble angetreten, darunter Größen aus dem Theater an der Wien – so Hubert Marischka als Eisenstein und Betty Fischer als Rosalinde – und aus der Staatsoper: Niemand geringerer als die gefeierte Elektra Marie Gutheil-Schoder verkörperte die Adele! Als Gäste traten die Schwestern Wiesenthal und der Pianist Alfred Grünfeld auf. Mitglieder des Staatsopernorchesters und -chores ergänzten die Strauß/Strauss-Darbietung (Regie: Emil Guttmann). Anschließend wurde zum „Souper im Mittleren und Berliner Saale sowie in den Foyers" und schließlich zum „Ball im Großen Saal" gebeten.
Es ist zu vermuten, daß an den folgenden beiden Konzerten Strauss mehr von Programm und Orchester erbaut war als vom äußeren Anlaß: Im Rahmen des Internationalen Sozialistischen Kongresses in Wien dirigierte er am 20. und 22. Februar die Wiener Philharmoniker im Musikverein. Eigene Orchesterlieder, dargebracht von der Staatsopernsängerin Kiurina, wurden umrahmt von Symphonien Beethovens und Mozarts. Die folgenden Wochen bestimmte ein besonders intensiver Konzertplan. Nach den oben erwähnten Arbeiter-Sinfoniekonzerten dirigierte Strauss drei Philharmonische Abonnementkonzerte (26., 27. Februar, 2. März 1921) mit Berlioz' *König-Lear*-Ouvertüre, der *Jupitersymphonie* sowie der *Sinfonia domestica*, über die ein Journalist schrieb, es scheine „immer mehr, daß das Werk auch ohne ein Programm bestehen kann: einfach als ‚Symphonie mit der Schlußfuge'".[52] Eines der damals populären „Monsterkonzerte" im Wiener Konzerthaus schloß diese spätwinterliche Serie am 13. März ab. Ferdinand Löwe eröffnete mit Goldmarks *Sakuntala*-Ouvertüre, Strauss dirigierte seine *Alpensinfonie*, es spielte ein aus Philharmonikern, Wiener Sinfonie- und Volksopernorchester zusammengesetzter Klangkörper. Und wieder galt es einem wohltätigen Anlaß, nämlich der „Vereinigung Wiener Musiker".
An die Spitze einer ambitionierten Amateurgruppe, des Akademischen Orchestervereins, stellte sich Richard Strauss am 7. Mai 1921 im Wiener Musikverein, als Karl Stiegler des neunzehnjährigen Strauss' Konzert für Waldhorn in Es-Dur (op. 11) „nach allen Regeln seiner Kunst glänzend exerzierte"[53].

1922

Am 9. März 1922 dirigierte der Oberleiter der Staatsoper wieder ein Konzert auf Wiener Boden, nämlich einen ungemein vielfältigen „Universitätsabend" unter Mitwirkung der Wiener Philharmoniker im Konzerthaus. Zum Auftakt (um 22 Uhr!) trug Else Wohlgemuth Schillers *Das eleusische Fest* vor, es folgten die Tondichtung *Don Juan*, die Arie des Hüon aus *Oberon* mit dem Tenor Fritz Kraus und Klavierstücke von Mozart und Schubert, dargebracht von Alfred Grünfeld. Michael Bohnen gab den „Wahnmonolog" aus den *Meistersingern*, deren Vorspiel diesen Wagner-Block abrundete. Von Strauss (seinen Liedern *Zueignung* und *Cäcilie*) über Schubert, Hugo Wolf, Carl Loewe bis Johann Strauß (Sohn) spannte sich der weitere Bogen des Konzertes, das mit dem Walzer *Geschichten aus dem Wienerwald* schloß. „Eine Stunde nach Beendigung des Konzertes Ball im Großen Saale", gibt der Programmzettel bekannt.

Noch im März folgten ebenda ein Strauss-Liederabend von Elisabeth Schumann, vom Komponisten am Klavier begleitet (22. März), und ein Beethoven-Konzert des Wiener Sinfonie-Orchesters unter Richard Strauss, bei dem Adolf Busch zwischen *Egmont*-Ouvertüre und der VI. Symphonie das Violinkonzert spielte (28. März).

Der Wiener Staatsopernchor (fünf Jahre vor Konstituierung der Konzertvereinigung) setzte sich nicht nur in seinem Stammhaus für das Schaffen unseres Komponisten ein: Am 4. Mai 1922 war so die Wiener Erstaufführung der *Deutschen Motette* (op. 62) zustandegekommen – allerdings nicht unter Straussens persönlicher Leitung, sondern mit Franz Schalk. Roland Tenschert rühmt die Ausführung dieses heiklen Werkes so: „Franz Schalk durfte freilich dem in jeder Hinsicht sattelfesten Sängerensemble des Opernchores mit dem hinzutretenden Soloquartett Mihacsek, Anday, Maikl und Manowarda mit Recht die Überwindung aller Schwierigkeiten zutrauen, die Strauss' virtuose Meisterpartitur an geforderter Klangfülle und Treffsicherheit, an ungewöhnlicher Weitung des Stimmumfanges den Ausführenden stellt." Eine weitere Erstaufführung, diesmal mit dem Komponisten am Pult, bot ein Außerordentliches Philharmonikerkonzert zugunsten der Wohlfahrtseinrichtungen des Orchesters: Am 14. Mai 1922 inmitten eines Strauss-Programms (mit *Zarathustra* und

Heldenleben) erklangen die *Zwei Gesänge für Baß und Orchester* op. 51, interpretiert von dem vortrefflichen Richard Mayr.
Zwar nicht auf Wiener Boden, aber aus diesem gewissermaßen hervorgewachsen war ein Konzertauftritt Straussens mit den Wiener Philharmonikern im Sommer 1922: Im Zuge der ersten offiziellen Teilnahme des Orchesters bei den Salzburger Festspielen erklangen unter der Leitung von Richard Strauss und Franz Schalk Werke Mozarts (15. und 20. August). Der Großteil der Philharmoniker befand sich im Sommer 1922 mit Felix von Weingartner auf Gastspielreise in Südamerika, weshalb nur ein Kammerensemble antreten konnte.
Ein Festabend des Wiener Schubertbundes am 9. Dezember im Wiener Konzerthaus beendete Strauss' Jahrespensum. Im ersten Teil intonierte Franz Schütz Bachs Fantasie und Fuge in g-moll, sang der Chor Werke von Schubert, Friedrich Hegar, Friedrich Silcher, August von Othegraven und Vicktor Keldorfer, der auch die musikalische Leitung innehatte, im zweiten Teil stand Richard Strauss an der Spitze des Wiener Sinfonie-Orchesters für seine *Alpensinfonie*.

1923

Am 3. März fand die „dritte Veranstaltung des Bundes der Stammsitzabonnenten der Bundestheater, zugunsten der notleidenden Altpensionisten beider Bundestheater" statt. Mit dem *Bajazzo*-Prolog in der Interpretation Alfred Jergers begann der bunte Benefiz-Abend, mit Lesungen Rose Albach-Rettys und Hans Thimigs schloß er, und Richard Strauss trat als Begleiter dreier seiner Lieder auf das Konzerthauspodium: Elisabeth Schumann sang *Mit deinen blauen Augen*, *Freundliche Vision* und ihr Paradestück *Schlechtes Wetter*.
Im vorletzten Jahr seiner Operndirektion verzeichnet die Chronik nur zwei Wiener Konzertdirigate des Richard Strauss, und zwar bei Außerordentlichen Philharmonikerkonzerten im Wiener Musikverein. Im Aufbau ähnelten sich die beiden Strauss-Abende am 16. März und 10. April: einer symphonischen Dichtung (*Don Quixote* bzw. *Zarathustra*) folgten vokale Darbietungen (Alfred Jerger bzw. Elisabeth Schumann mit Orchesterliedern), den Abschluß machte wieder Symphonisches (*Sinfonia domestica* bzw. *Heldenleben*).
Einen Höhepunkt, der durchaus Straussens Wiener Tätigkeit zugerechnet werden kann, bildete die zu Anfang erwähnte Übersee-

Tournee mit den Philharmonikern im Sommer 1923. Im Vorfeld der Südamerika-Reise war es innerhalb des Orchesters zu nachhaltigen Auseinandersetzungen gekommen. Mit dem Vorschlag Impresario Mocchis, daß Richard Strauss die Tournee leiten sollte, war ein großer Teil des Orchesters einverstanden, die „Weingartner-Fraktion" mit dem Vorstand Alois Markl an der Spitze opponierte jedoch heftig. Das Verhalten des dauernden Konkurrenten steigerte noch die Krise: „Den Protokollen zufolge drohte nämlich Weingartner nach der Entscheidung zugunsten von Strauss mit ‚Consequenzen', sprich: mit einem Rücktritt als Abonnementdirigent."[54] Markl trat unmittelbar vor der Abfahrt nach Südamerika zurück, was einem bedeutsamen Sieg für die „Strauss-Fraktion" im Orchester gleichkam. Mit großer Mehrheit wurde Alexander Wunderer zum neuen Philharmoniker-Vorstand gewählt, auf den Strauss große Stücke hielt. Darum zögerte er auch nicht, mit Wunderer sofort eines der heißesten Eisen, die Überalterung des Orchesters, anzusprechen. Im Einvernehmen mit dem neuen Vorstand führte die Direktion in den folgenden drei Jahren ohne Eile eine Reihe von Pensionierungen durch. Insgesamt 17 Neuaufnahmen führten zu einer Verjüngung und dadurch Steigerung der Leistungsfähigkeit des Orchesters. Die künstlerische Bilanz der von menschlichen Tragödien heimgesuchten Tournee[55] war (mehr als ihre finanzielle) recht beeindruckend: allein Richard Strauss dirigierte 35 Konzerte sowie Aufführungen seiner *Elektra* und *Salome*. Nach den Angaben Otto Strassers[56] hörte der Komponist in Südamerika zum ersten Male die „Philharmoniker-Fassung" seiner *Sinfonia domestica* (während Tenschert vermutet, dies sei erst bei einer Aufführung im Zuge der Strauss-Feiern im Mai 1924 der Fall gewesen): „Wir hatten damals einen grandiosen Pauker, Hans Schnellar mit Namen, der neben seiner außerordentlichen Musikalität und seinem technischen Können, den Paukenbau reformierte. Er schuf eine auf neuen Gedanken fußende Konstruktion dieses Instruments, die ihm erlaubte, fast thematisch darauf zu spielen. Nun hat Strauss in jungen Jahren die *Burleske* komponiert, welche gerade wegen der thematischen Anwendung der Pauke oft sein ‚Paukenkonzert' genannt wird, und das dürfte Schnellar veranlaßt haben, in der *Domestica* ähnliches zu versuchen. Er schlug an jener Stelle vor der Coda des letzten Satzes, in welcher das Hauptthema unisono in allen Baßstimmen erklingt, dieses Thema nicht wie Strauss es notiert hatte unvollständig und mit nur drei, sondern mit sieben Tönen weiter, was die Wirkung dieser Stelle gewaltig steigert. Strauss, der sich mit Schnellar besonders gut verstand, […] war einverstanden damit und seither wird nicht nur bei uns sondern allerorten die ‚Fassung' Schnellar gespielt."

1924

Dieses Konzertjahr wollen wir vor den Feiern zu Strauss' 60. Geburtstag, also im April, enden lassen, denen eine Darstellung im nächsten Kapitel gewidmet ist. Bis dahin wurden (am 21. Februar) ein Richard-Strauss-Abend der Philharmoniker unter des Meisters Leitung sowie zwei der beliebten „Monsterkonzerte" im Konzerthaus veranstaltet (1. und 2. März). Strauss dirigierte dabei seine *Alpensinfonie*, den Rest des Programmes, die *Oberon*-Ouvertüre und Siegfrieds Trauermarsch aus *Götterdämmerung*, bestritten seine besten Wiener Kollegen: der bewährte Schalk und der aufstrebende Krauss (der zu jener Zeit bereits seine Fühler nach Frankfurt ausstreckte). Wie schon im März 1921 fanden sich Sinfonie-Orchester, Volksopernorchester und Philharmoniker zusammen.
Letzterem nach seinen Worten „lieben herrlichen" Orchester widmete Strauss ein besonderes Präsent. Seine *Ballfanfare* für Blechbläser und Pauken, die noch heute jeden Philharmonikerball einleitet und den Einzug des Bundespräsidenten sowie der anderen Ehrengäste untermalt, eröffnete auch deren ersten am 4. März 1924 (sehr zum Mißfallen Weingartners). In das Jahr 1924 datiert übrigens auch die erste nachweisbare Tonaufnahme der Philharmoniker. Sie galt einer Schöpfung von Strauss, nämlich Salomes Tanz, den man unter dem Dirigenten Dirk Foch für die Firma Polydor einspielte.[57]

7. Die Saison 1923/24

Die Affäre Lion

Während sich die beiden Direktoren im Sommer 1923 in Südamerika aufhielten, ruhte wohl der Spielbetrieb an der Staatsoper, doch entstand in Wien eine Personalkrise, die von Strauss oder Schalk in Anwesenheit vielleicht hätte begrenzt werden können. Direktionsrat Karl Lion geriet im Sommer 1923 plötzlich ins Schußfeld öffentlicher Kritik. Zunächst wurde ihm Ämterkumulation vorgeworfen (neben seiner Stellung in der Staatsoper war er auch noch Aufsichtsrat in der Volksoper und in einer Aktiengesellschaft tätig), gegen Ende des Jahres 1923 verdichteten sich dann die Gerüchte über einen handfesten Amtsmißbrauch Lions: Er wurde vom Deutsch-österreichischen Bühnenverein verdächtigt, bei Sängerengagements heimlich Provisionen kassiert zu haben – Untersuchungen wurden eingeleitet, Lion blieb vorläufig vom Dienst suspendiert.

Im September 1923 leitete Franz Schalk ein Operngastspiel in Genf, wo man sich für die Gewährung der Völkerbundanleihe mit Vorstellungen der *Hochzeit des Figaro* und des *Don Giovanni* bedankte. Nach Wien zurückgekehrt, wurde Schalk rasch wieder vom grauen Alltag überwältigt. Zwar „haben wir ganz anständig mit einer *Meistersinger*vorstellung begonnen. Jeritza im *Lohengrin* hervorragend; fast ebenso gut Kappel als Ortrud. Die Einnahmen in Anbetracht des hervorragenden Wetters zufriedenstellend [...]. *Rosenkavalier* sehr gut besucht [...]. Proben- und Dienstdisziplin bis jetzt ganz gut." Doch zogen auch wieder dunkle Wolken auf: „Die Finanzlage der Staatstheater ist für die nächste Zeit bis zum 1. Januar 24 jedenfalls eine sehr beklemmende, noch verschärft durch von der Organisation (santo Mussolini!) erhobene Forderungen nach einer etwa 20% Lohnerhöhung."

Angesichts eines Briefes von Schalk an Strauss (11. Oktober 1923) gerät man ins Staunen: „Es muss nach meiner Meinung vorgebeugt werden, daß das Institut wenn auch nur 24 Stunden ohne Herrn bleibt. [...] Ich habe nun folgendes ausgedacht: Wir setzen ein Regie-Kollegium ein, bestehend aus den drei Regisseuren: Runge, Turnau, Breuer und den drei Kapellmeistern Alwin, Krauss und Reichenberger. Dieses Kollegium hätte in allen Fällen, wo die beiden Direktoren aus irgend welchem Grunde die täglichen Amtsgeschäfte des Hauses nicht erledigen können, dieses Geschäft zu übernehmen [...]." Vier Jahre nach Amtsantritt stellte man erstmals die Frage nach einer Vertretungsregelung! Strauss stimmte dem „Regiekollegium" zu, aber nur „im Falle Ihrer absoluten Dienstunfähigkeit".

Betagte „Novitäten", „neue" Klassiker

Am 20. Oktober 1923 durfte Franz Schalk aus Garmisch Gratulationen zu der „wohlgelungenen *Manon*" entgegennehmen. Der Wiener Erstaufführung von Puccinis Oper am 15. Oktober war tatsächlich ein glänzender Erfolg beschieden gewesen, wie Schalk bestätigte: „Piccaver hat seinen grossen Abend gehabt und auch die Lehmann hat namentlich stimmlich Orgien des Wohlklanges veranstaltet. Der künstlerische Erfolg und auch der Erfolg in der Presse war über Erwarten gross. Der materielle, der in diesem Falle mindestens von der gleichen Wichtigkeit ist, drückt sich in phantastischen Einnahmeziffern aus." Die Affäre um den Direktionsrat schwelte immer noch: „Ich hoffe, daß Sie sich in Ihrem ruhigen und überaus behaglichen Garmischer Landhause nicht so grün und gelb darüber ärgern werden, wie ich", grollte Schalk, den einige Zeitungsschreiber als Mitwisser und -täter in die Affäre Lion hineinzuziehen versuchten. Es regte sich bei dem Wiener auch Galgenhumor: „Ich finde in meiner Situation etwas ungeheuer groteskes, phantastisches, komisches. Wäre mir an meiner Wiege gesagt worden, dass ich in späten Jahren auf die Empfindlichkeiten von Tenoristen und Ballettmädchen und dergleichen vorsichtigst Bedacht zu nehmen habe, ich glaube, ich hätte mich auf die andere Seite gelegt und gesagt, danke schön, dann lieber nicht."

Strauss las aus diesem langen Brief, „daß Ihre von mir gefürchtete Überanstrengung bereits auf dem schlimmsten Wege ist. Ich rate deßhalb dringend sich Hilfe zu schaffen und weiß dafür nur einen Mann: Turnau." Gleichzeitig bezog Strauss in der Sache des Direktionsrats Stellung: „Die Behandlung der Lionangelegenheit ist eine große Schweinerei. Bühnenverein und Betriebsräte mögen endlich klipp und klar ihr Anklagematerial auf den Tisch legen und Lion möge Gelegenheit gegeben werden, sich Aug in Aug mit seinen Gegnern zu verteidigen! Das wäre reinlich!" (29. Oktober 1923)

Manon Lescaut, eine deutlich angejahrte „Neuigkeit" (die Uraufführung hatte am 1. Februar 1893 stattgefunden!), hatte den Novitätenreigen der Spielzeit 1923/24 eröffnet, am 24. November folgte Alexander von Zemlinskys *Der Zwerg* mit Carl Alwin am Pult und Oestvig in der Titelpartie. Zemlinsky, der sich noch an der Volksoper als Strauss-Dirigent profiliert hatte, war von Anfang an überzeugt gewesen, daß sich der Kollege an der Staatsoper das Werk sichern würde, um ihm „gefällig zu sein!!" (so schrieb er wörtlich in einem Brief an die Universal Edition[58]). Allerdings mußte auch diese Novität (wie Schrekers *Schatzgräber*) häufige Verschiebungen des Premierentermins und, einmal herausgebracht, ein Minimum an Reprisen hinnehmen: Nach zwei Folgeaufführungen „scheiterten alle weiteren auf die übliche Weise, indem sie, wie Zemlinsky Schönberg gegenüber bitterlich beklagte, zu Terminen angesetzt wurden, an denen das Fehlen einzelner Sänger vorab bekannt war". Im Dezember 1923 führte Strauss „seine" *Così* in den Redoutensaal, am 12. Januar 1924 hatte dort ein Abend mit „klassischen Singspielen" Premiere: Die reizvolle Kombination von *Bastien und Bastienne*, Pergolesis *La serva padrona* und Webers *Abu Hassan* mit Sängerpersönlichkeiten wie Mayr, Schumann und Maria Gerhart[59], dirigierte Strauss fünfmal.

In Wien verankert

Im Jahre 1907 hatte sich das Ehepaar Strauss anläßlich der Prager Erstaufführung von *Salome* mit der jüdischen Industriellenfamilie Grab angefreundet. Emanuel von Grab besaß nicht nur Webereien bei Prag und Györ, sondern auch eine attraktive Tochter namens Alice. Bei Direktionsantritt wurden die Beziehungen zur Familie Grab, die einen Sommersitz an der Rax bewohnte, enger, Strauss' Sohn Franz und Alice freundeten sich an. 1923, während seines Gastspiels in Rio, wurde Richard Strauss mit einem Brief des Sohnes von der Verlobung in Kenntnis gesetzt. Franz konnte annehmen, „daß Du Dein neues Töchterl auch ein bisserl lieb gewinnen wirst, sie ist ein so goldener Charakter [...]"[60]. Tatsächlich sollte Schwiegertochter „Alicerl" dem Komponisten als Mensch bald ans Herz wachsen und

als Sekretärin unentbehrlich werden. Am 15. Januar 1924 wurde Hochzeit gehalten. In der Schottenkirche erklang ein von Richard Strauss aus Zitaten eigener Werke kompiliertes *Hochzeitspräludium* für zwei Harmoniuminstrumente (deren eines Carl Alwin spielte); Motive aus der *Sinfonia domestica, Guntram* und schließlich das *Rosenkavalier*-Terzett wurden darin verarbeitet.[61]
Zu Jahresbeginn 1924 wechselte in Straussens Briefen die Vorfreude auf beschauliches Verharren in Wien mit immer konkreteren Demissionsabsichten. An einen Geburtstagsgruß für seinen Dichter Hofmannsthal schloß Strauss am 29. Januar die Worte an: „Sitze ich erst im Belvedere, bringt mich keine Valuta der Welt mehr im Winter aus meinem botanischen Garten heraus." Die Rede ist von dem damals im Bau befindlichen Strauss-Schlößl in der Jacquingasse, das auf einem zum Belvedere-Komplex befindlichen Grundstück steht und seit 1946 die Residenz des niederländischen Botschafters ist. Der Wunsch, sich in den Wintermonaten in Wien aufzuhalten (während im Sommer weiterhin das Garmischer Refugium bewohnt werden sollte), beseelte Strauss schon seit Beginn der 20er Jahre. Am Polterabend vor der Hochzeit des Sohnes hatte man gewitzelt: „Inzwischen baut sich Strauss ein Haus und lacht,/Er ist der Mann, der immer *Häuser* [gemeint waren die ausverkauften Opernhäuser] macht." Der Familie des Sohnes einen Lebensraum zu schaffen, war ebenfalls ein wichtiges Anliegen – nur zu folgerichtig, daß Alices Vater Emanuel von Grab die Bauarbeiten am „Richard Strauss-Schlößl" unterstützte, die der Komponist ansonsten mit seinen Dirigiereinkünften aus Übersee finanzierte. Der oberösterreichische Architekt Michael Rosenauer führte nach Strauss' Vorstellungen (und nach den behördlichen Bauauflagen) den Bau aus, der sich dezent an der barocken Architektur des Belvedere orientierte[62]. Zur Jacquingasse hin unauffällig hinter der langen Mauerfront des Botanischen Gartens verborgen, entfaltet das Gebäude seine ganze Großzügigkeit auf der Gartenseite. Vom Kammergarten des Erzherzogs gelangte Strauss mit einem eigenen Schlüssel durch eine Seitenpforte ins Belvedere. Die Spaziergänge in diesen harmonischen Gartenanlagen erfreuten den Komponisten bis in seine späten Jahre.
Das Grundstück wurde zunächst in Erbpacht auf Dauer von 60 Jahren erworben. Als Gegenleistung schenkte Strauss der Nationalbi-

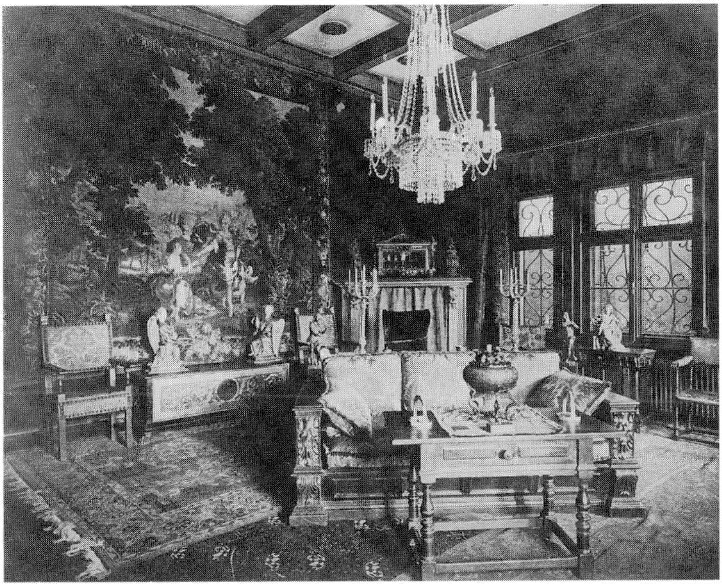

Zwei Ansichten des Strauss-Schlößls in der Jacquingasse: Die Gartenfront (links) und einer der prachtvoll ausgestalteten Wohnräume.

bliothek die *Rosenkavalier*-Partitur sowie der Wiener Stadt- und Landesbibliothek die *Schlagobers*-Partitur (der damalige Gegenwert der beiden Autographen betrug insgesamt 35.000 Dollar[63]). Für den Übergang ins Eigentum übergab Strauss einige Jahre später die Originalpartitur der *Ägyptischen Helena* und verpflichtete sich zu 100 Dirigierabenden an der Staatsoper ohne Honorar. Die immer noch da und dort auftauchende Behauptung, der Staat hätte dem

Komponisten den Grund am Botanischen Garten „geschenkt"[64], entbehrt also jeder Grundlage. Vielmehr ist mit Strauss festzustellen, „daß ich schließlich meinen Bauplatz mit 60.000 Dollar für die Handschriften und 200.000 Schillingen fürs Dirigieren anständig bezahlt und wahrscheinlich *überzahlt* habe".[65] Erst 1925, ein Jahr nach seiner Demission, sollten der Komponist und seine Familie das neue Haus beziehen.

Auch dem Mitdirektor Schalk stellte Strauss in Aussicht, mit ihm „im Belvedere zusammen vierhändig oder Schach zu spielen", allerdings unter geänderten Verhältnissen – Strauss bleibe „auch als Exdirektor in Wien wohnen", trage sich mit ernstlichen Absichten, sein Amt zurückzulegen. Sein Brief vom 4. Februar 1924 – er weilte im Zuge eines *Ariadne*-Gastspiels in Rom – begann mit klaren Worten: „In Wien sieht es ja trübe aus: darum heben Sie sich diesen Brief als Andenken an unsre ehrliche, wenn auch fruchtlose gemeinsame künstlerische Tätigkeit auf. Es ist vielleicht der letzte. Ich bin nach meiner Rückkehr zu einer ernsten Aussprache mit der Regierung entschlossen: so kann es nicht weiter gehen. Für *Schlagobers* ist kein Geld da, für *Intermezzo* kein Geld und kein Theater. An *Oberon, Orpheus, Trojaner* ist nicht zu denken. Novitäten sind sonst keine vorhanden, kosten übrigens auch Geld [...]. Was soll ich da noch als ohnmächtiger ‚Oberleiter' der Staatsoper?" Als Rechtfertigung für seine häufigen Abwesenheiten gab Strauss an: „Ich bin jährlich auf 5 Monate vom 15. Dezember bis 15. Mai ‚verpflichtet': die Regierung allerdings auch, mir dafür meine volle Gage zu bezahlen, nicht nur den 4. Teil. Wegen des jetzigen Urlaubes bin ich diesmal schon am 1. Dezember eingetroffen. Kann man mehr tuen? Ich teile Ihnen dies mit, damit Sie eventuellen Anwürfen gegenüber gerüstet sind." Es fällt auf, daß sich Strauss in freundschaftlichem Einvernehmen mit Schalk befand: Er erwartete, von diesem im Falle von „Anwürfen" verteidigt zu werden, unausgesprochen vielleicht auch, daß Schalk den Inhalt des „Drohbriefs" an höherer Stelle zur Kenntnis brächte. Die neuerlichen Demissionsabsichten gingen zu diesem Zeitpunkt jedenfalls nicht auf Diskrepanzen mit dem Kodirektor zurück.

Die irrige Meinung, daß Richard Strauss im Februar 1924 als Einspringer in letzter Minute *Die Königin von Saba* dirigiert hätte, wurde

bereits von Götz Klaus Kende in den *Richard Strauss-Blättern*[66] widerlegt. Tatsächlich war für den 14. Februar Goldmarks Oper „zu besonderen Preisen" angesetzt – und kurzfristig wieder abgesetzt worden. An ihrer Stelle erklang Nicolais *Die lustigen Weiber von Windsor*, zum ersten und letzten Male unter Straussens Leitung in Wien. Ein besonders kurzes Leben hatte – nach schwerer Geburt und ziemlich mißlungener Berliner Uraufführung – die Neuproduktion der Schmidt-Oper *Fredigundis*. Clemens Krauss dirigierte am 8. März 1924 die Wiener Erstaufführung, dann noch drei Folgevorstellungen; und nachdem zweimal Franz Schmidt selbst am Dirigentenpult erschienen war (am 20. März und 23. September 1924), verschwand das Werk bis heute vom Spielplan der Wiener Staatsoper. Krauss blieb stark eingesetzt und leitete, als sein Weggang von Wien bereits feststand, mit Meyerbeers *Afrikanerin* eine weitere Premiere.
Im April 1924 stand die Vertragsverlängerung von Richard Strauss an. Seinem nur zu verständlichen Wunsch nach einer Klärung der Kompetenzaufteilung zwischen ihm und Franz Schalk vermochte Unterrichtsminister Emil Schneider „leider nicht zu entsprechen", wie er im Begleitbrief zum Vertragsentwurf kundtat. Strauss mußte sich vertrösten lassen: „ [...] gelegentlich der Festlegung der endgültigen Gestaltung der Bundestheaterverwaltung" wollte Schneider auch eine Dienstinstruktion nachreichen, in welcher „den von Ihnen geäußerten Mängeln des bisherigen Systems in der Führung des Theaters Rechnung getragen ist, so daß es Ihnen möglich sein wird, die Ihnen nach dem Vertrag zustehende Oberleitung auf der Basis klar umschriebener Machtbefugnisse auszuüben". Der beigeschlossene Vertrag band Strauss „vom 1. Mai 1924 auf 5 Jahre, d. i. bis zum 30. April 1929" an das Wiener Operntheater, wo er „mindestens 20mal im Spieljahre selbst zu dirigieren" hatte. Bis auf die (für Wien schmerzliche) Halbierung von Strauss' Dirigierverpflichtung und die inflationsbedingte Honoraranpassung auf 140 Millionen Kronen pro Jahr enthielt der Vertrag also keine substantiellen Veränderungen gegenüber der ersten Vereinbarung vom Oktober 1918. Auch Schalk wurde auf eine zukünftige Dienstinstruktion vertröstet. Man kann sich des Eindruckes nicht erwehren, daß hier keine langfristige Klärung der Geschäftsführung beabsichtigt war, sondern bloß eine momentane Beruhigung der Streitparteien, die sich

Anfang Mai zu einem großangelegten Opernfest zu versammeln hatten.

„Ich strauße kräftig mit" – Der 60. Geburtstag

„Auf Straussfest verzichte ich natürlich im Falle meine Demission nötig werden sollte" hielt der Komponist mit großmütiger Resignation in einem Brief an Franz Schalk im Februar 1924 fest. Der Verzicht sollte nicht nötig werden, und so feierte in der ersten Maihälfte buchstäblich ganz Wien den vorweggenommenen runden Geburtstag des Richard Strauss.

Von Stefan Zweig, dem späteren Strauss-Librettisten, stammt das wohl knappste und originellste Zeugnis zur Festwoche; an seine Frau Friderike schrieb er am 12. Mai 1924: „Wir haben jeden Abend Loge in der Oper, ich strauße kräftig mit."[67] In der *Neuen Freien Presse* verlieh der Dichter seinen Gefühlen für den Operndirektor und Komponisten wortreichen Ausdruck und brachte gleichzeitig das „Strauss-Gefühl" einer ganzen Generation zum Ausdruck: „Es hat (Ehrlichkeit über alles!) Jahre bedurft, ehe wir, die an Mahler Verschworenen und Verfallenen, von unserem eifersüchtig bewahrten Gefühl zu einer freien, rückhaltlosen Gerechtigkeit kamen, aber gerade ein solch freigerungenes, von innerer Überzeugung überwältigtes Gefühl, wenn es nach geheimnisvollem Widerstand sich endlich beredt aufschließt, darf füglich das Wort ergreifen und sich einer Parteilichkeit zeihen, die nur eine eifersüchtige Treue war. Jeder Aufrichtige von uns hat seit Jahren mit immer erneuter Bewunderung gefühlt, daß kein Musiker unserer Tage der Musik so viel an neuer Farbe und Leuchtkraft gegeben, als Richard Strauss; wir alle haben den starken nervigen Rhythmus seiner Kraft gefühlt und manche Szenen seiner Opern sind eingebannt in den Kreis des Wiener Hauses als Sinnbild der Vollendung und rauschhaften Größe. […] Es ist immer etwas Herrliches, die Nähe eines Menschen zu erleben, der schon Geschichte wurde durch sein Werk und gleichzeitig noch schaffende Gegenwart ist, lebendiger Atem von den Lippen der Zeit: mögen wir noch lange das Glück solcher Gegenwart als eigensten Besitz und zugleich höchste Gemeinsamkeit empfinden!"

Mehrere Festkonzerte wurden veranstaltet; im Musikverein dirigierte Strauss selbst am 10. und 14. Mai die Wiener Philharmoniker, es er-

Er durchschaute und achtete Strauss und lieferte ihm das beste Libretto nach Hofmannsthal: Stefan Zweig.

klangen *Zarathustra*, die Orchesterlieder op. 51 und *Ein Heldenleben* bzw. die Tondichtungen *Don Juan* und *Sinfonia domestica*. Im Konzerthaus musizierte Strauss am 5. Mai, begleitete Friedrich Buxbaum bei der Cellosonate op. 6, Hans Duhan und Elisabeth Schumann bei Liedern und die Bläservereinigung der Wiener Philharmoniker bei der Serenade op. 7. Das Operntheater programmierte mehrere Festvorstellungen zwischen 2. und 17. Mai. Man hörte *Feuersnot/Josephs-Legende* (2. Mai, Dirigent Reichenberger), *Salome* (3. Mai, Schalk), *Elektra* (6. Mai, Strauss), *Der Rosenkavalier* (8. Mai, Krauss), *Ariadne auf Naxos* (11. Mai, Schalk) und *Die Frau ohne Schatten* (13. Mai, Strauss).
Im Zentrum der Strauss-Feiern stand mit dem Ballett *Schlagobers* am 9. Mai eine Uraufführung. „Gut gemeint und wenig verstanden" (Grasberger) war und blieb dieses Opus, das Strauss im September 1922 vollendet und von Anfang an einer Kreation in Wien vorbehal-

ten hatte. Im März 1923 sprach sich das Ministerium wegen der zu erwartenden exorbitanten Ausstattungskosten gegen eine Wiener Uraufführung aus. Die „Drahtzieher, die an den Instanzen vorbei die Aufführung letztlich durchsetzten, sind nicht aktenkundig".[68] Der mehrfach verschobene Premierentermin landete passend in den Strauss-Wochen, die Ausstattung war, wie von den Budgetwächtern befürchtet und vom Publikum erhofft, überaus prächtig (Ada Nigrin hatte insgesamt fast 300 Kostüme entworfen!). Sie gefiel denn auch mehr als die Musik: „Man suchte nach dem Spaß in diesem, wie der Untertitel heißt, ‚heiteren Wiener Ballett', verkannte den surrealen Anhauch des Werkes, das etwas vom gastronomischen Mythos des Barock in die Gegenwart holte und durchaus als eine Art Neuauflage des Wienerischen Satyrspiels verstanden werden könnte."[69]

Die Kritik konnte dem Werk wenig abgewinnen; Heinrich Kralik, der spätere Strauss-Biograph, zeigte sich im *Neuen Wiener Tagblatt* (10. Mai) immerhin respektvoll-reserviert: „Der Meister dirigierte selbst und wurde mit stürmischer Herzlichkeit gefeiert und bejubelt; wobei man aber möglichst intensiv an den Schöpfer der *Elektra*, der *Ariadne*, der *Frau ohne Schatten* zu denken sich bemühte. Das ‚heitere Wiener Ballett' ist gewiß eine Gelegenheitssache, ein Nebenwerk, etwas, das nicht ins Gewicht fällt und das ideale Bild des großen Musikdramatikers nicht stören soll. Aber ganz leicht verdaulich ist dieser *Schlagobers*-Brocken eben doch nicht." Dem Komponisten weniger freundlich gesonnen war der Schriftsteller Alfred Polgar. Er schilderte die Zeitumstände, in welche die *Schlagobers*-Uraufführung fiel, so: „Die Börse ist lustlos und die Menschen sind es mit ihr. Sie vermissen nicht nur ihren Besitz, sondern auch den Nervenreiz, den sie auf der schwingenden Schaukel der Kurse empfanden. Und leiden schon die Armen sehr darunter, kein Geld zu haben, so ist das den Reichen ganz unerträglich. Also geht jetzt eine Welle von Verdrossenheit und Lebensfeindschaft durch die Stadt, niemand lacht, niemand freut sich, und in der Oper wird *Schlagobers* gespielt, von Richard Strauss. Held des Balletts ist ein Knabe, der in der Konditorei zuviel Süßigkeiten ißt, worauf ihm übel wird. Solches läßt sich verstehen …"[70] Julius Korngold räumte immerhin ein, daß „da auch noch ein Dreivierteltakt der Prinzessin im zweiten Akt" ist, und zwar ein „wirklich hübsch[er]". „Ein langsamer, von Wienersüßen Heurigengeigen angestimmter Walzer, der die Lannerschen glucksenden Sechzehntel und den Johann Straußschen Sextvorhalt hat, und Richard Straußsche Ausweichungen in Art des *Rosenkavalier*-Walzers dazu. Es ist der Einfall des Werkes oder, wie man von Ballettmusik schon sagen darf, der Schlager." Franz Schreker konnte der Ballett-uraufführung ebenfalls ihr Gutes abgewinnen; er vermeinte in einem Brief an seinen Verlag Universal Edition: „[...] falls sich die sensationellen Mißerfolge à la *Schlagobers* häufen" müsse Strauss doch „einen anderen Autor als sich zu Worte kommen lassen!"[71] *Schlagobers* repräsentierte, wie in Ansätzen bereits der *Rosenkavalier*, des Komponisten Flucht ins Wienerische vor „zeitgenössischer Tragik" (Strauss) – manch einer nahm daran gerne teil, die Mehrheit der angesprochenen Wiener allerdings wollte ihre Wesensart nicht als putzig-süßen Fluchtpunkt verstanden wissen.[72]

Am 5. Mai 1924 war Richard Strauss der Ehrengast einer Feier im Unterrichtsministerium. Bundespräsident Hainisch und Vizekanzler Frank, österreichische Minister und ausländische Gesandte waren zugegen, als Unterrichtsminister Schneider ein Schlagobers-Wien

Gretl Theimer als Firmling, umgeben von den Darstellerinnen des Schlagobers.

beschwor: „Auf diesem Boden sonniger Heiterkeit, der allzeit so fruchtbar für die Muse der Musik war, auf diesem Erdreich feiner Anmut, das so vielen großen Meistern der Musik Heimat war, ist auch Ihnen eine zweite Heimat erwachsen." Strauss nahm die Wiener Ehrenbürgerschaft in Empfang, während ihm die Ehrendoktorwürde der Universität durch Quertreibereien des Musikwissenschafters und unbedeutenden Komponisten Robert Lach verwehrt blieb.[73]

Saisonausklang

Zum Saisonende wurden sowohl die Freunde glanzvoll besetzter italienischer Oper befriedigt (Rudolf Stephan ätzte im *Anbruch* darüber, daß die Jeritza am 27. Mai 1924 „die *Fedora* anzubefehlen geruht hat") als auch der Pflege der zeitgenössischen österreichischen Oper Genüge getan. Knapp vor Spielzeitende, am 27. Juni 1924, wurde Julius Bittners *Rosengärtlein* herausgebracht, das allerdings nur drei Aufführungen erlebte.

Im Juni beschäftigten Strauss und Schalk die gewohnten Tagesgeschäfte: die Konzertmeisterfrage wurde diskutiert, weiters die Fusion des Burgtheater-Orchesters mit „unserer Bühnenmusik" und Gastspiele „des jetzt berühmtesten italienischen Tenoristen Gigli"; Strauss legte sich – geschmacklich zweifelhaft – fest, nicht *Boris Godunow*, wohl aber Einakter seines verstorbenen Lehrers Alexander Ritter im Repertoire sehen zu wollen.

Das Programm für eine geplante „Theater- und Musikwoche", die im September/Oktober 1924 abgehalten werden sollte und eher Monatsumfang aufwies, enthielt mit den *Ruinen von Athen* und dem *Bürger als Edelmann* auch zwei Strauss-Novitäten. Just diese Molière-Bearbeitung Hofmannsthals mit Bühnenmusik von Richard Strauss forderte Franz Schalk auch zu herbem Tadel für die Terminplanung des „Verehrtesten Freundes und Meisters" heraus. Es sei „ganz unmöglich", daß Strauss bereits am 30. September Wien wieder verlassen wollte, sei doch *Der Bürger als Edelmann* für den 1. Oktober vorgesehen; ebenso hätte es „namentlich bei allen Veranstaltern des Festes den peinlichsten Eindruck gemacht, daß Sie das von Ihnen selbst vorgeschlagene und fest zugesagte *Intermezzo* wieder zurückgezogen haben."

Strauss hatte die Vorwürfe satt. Er konzipierte einen Antwortbrief – und sandte ihn nicht ab, einen weiteren, noch schärferen, auch dieser landete in der Lade. „Wer ist also diese ‚öffentliche Stimmung', außer Ihre eigene, allen meinen Anforderungen fortwährend widerstrebende und dieselben sogar den anderen Vorständen gegenüber bekrittelnde Bedenklichkeit und der immer offenkundiger werdende Mangel an gutem Willen, den Sie bei der Ausführung meiner dringendsten Wünsche beweisen?" liest man in dem zweiten, mit 20. Juni datierten Schreiben, und: „Ich wünsche nicht fortwährend gerade von Ihren Freunden in der Presse für Dinge verantwortlich gemacht zu werden, die Sie angeordnet oder unterlassen haben."
Ein mit demselben Datum abgeschickter Brief an Dr. Alfred Eckmann[74] gibt detailliert die Unzufriedenheit des in Garmisch weilenden Oberleiters wieder. Strauss beschwerte sich bei dem in der Bundestheaterverwaltung tätigen Ministerialrat (der später auch das Vertrauen des Staatsoperndirektors Clemens Krauss genießen sollte und bis 1948 amtierte) über den quälend langsamen Gang der Dinge: „ [...] doppelt peinlich, wenn man so untätig in der Ferne sitzen muß u. im Wiener Direktionsbüro wird nur geredet und nichts vorwärts gebracht." Er forderte eine Anreise des Oberregisseurs Turnau, da er „von Direktor Schalk nun einmal keine präzisen Berichte erzielen" konnte, monierte anstehende Orchesterpensionierungen, die Durchführung von geplanten Umbauten, plante aber auch für die Zukunft: *Walküre*, *Carmen*, das dauernde Wunschkind *Oberon* und *Rienzi* wollte er erneuern. Diese Projekte sprechen dafür, daß zu Saisonende 1923/24 bei aller Unzufriedenheit noch keine ernsten Demissionsabsichten vorlagen.
Die letzten Briefe zwischen Schalk und Strauss vor dessen Rücktritt wurden am 26. Juni bzw. 3. Juli 1924 getauscht und verraten ebenfalls keine Krise. Es geht um Sängertermine, Novitäten (Strauss plädierte als Ergänzung „des zu meiner Freude so glänzend gehenden *Schlagobers*" für Strawinskys *Petruschka*, Schalk war dagegen: „Man glaubt nicht, wie schnell sich diese ‚Excentriker' [gemeint ist Strawinsky] überleben") und um die wieder akut gewordene Kapellmeisterfrage. Denn am 30. Juni 1924 schied Clemens Krauss nach nur zwei, wenn auch zwei wohlgenützten Kapellmeisterjahren aus seinem Dienst. Jahrzehnte später schwärmte der gefeierte Dirigent –

in der *Schweizerischen Musikzeitung* – von den Eindrücken, die er in der Zusammenarbeit mit Strauss empfangen hatte: „Ich hörte und sah ihn alle seine eigenen Werke dirigieren und belauschte den Tonfall, in dem er seine Musik zum Erklingen gebracht haben wollte. Er ließ mich eintreten in den Kreis seiner Betrachtungen, seiner kritischen Anschauungen. [...] Das schöpferische Genie zeigte mir nun die Maßstäbe auf, an denen das künstlerische Wirken überhaupt gemessen werden muß. [...] Seine ermunternde, oft begeisterte Zustimmung zu meinen Interpretationen, nicht nur seiner eigenen Werke, stärkte mein Selbstbewußtsein, und so faßte ich den Mut, meinen eigenen Weg zu gehen."[75] Ein Weg, der Clemens Krauss zunächst als Operndirektor nach Frankfurt führte.
Während die Saison scheinbar friedlich ausklang, kämpften hinter den Kulissen beide Wiener Operndirektoren verbissen um ihre Machtpositionen. Vorbei waren die Zeiten, da man einander die erfreuliche Einzigartigkeit der Zusammenarbeit beteuerte.[76] Nun forderte Strauss des Kompagnons Pensionierung, und dieser wandte sich in einem Brief vom 28. Juni 1924 an Minister Schneider. Schalk stellte fest, was nun selbst den zögerlichen Beamten bewußt sein mußte: „Das System der Doppeldirektion, von Haus aus eine anfechtbare Konstruktion, hat sich in der letzten Zeit durch die Haltung meines Amtskollegen bis zur vollen Unerträglichkeit entwikkelt." Schalk warnte: „Es wäre sicherlich als ein Unglück für das Institut zu betrachten, wenn das neue Spieljahr wieder unter dem paralysierenden Druck zwiespältiger Direktionsverhältnisse eröffnet werden müßte. Ich muß leider aussprechen, daß ich in diesem Falle die Möglichkeit eines ersprießlichen Wirkens für mich nicht mehr gegeben sehen würde [...]."[77]

8. Saisonbeginn 1924/25 und Demission

Zwei neue „Sträusse"

Wie ausgeprägt der Wunsch nach dem Abschied zum Saisonbeginn 1924/25 war, läßt sich nicht mit Sicherheit sagen. Strauss war jedenfalls in Wien tätig, dirigierte am 15. September seine *Salome* sowie am 20. September die Wiener Erstaufführung von Glucks *Don Juan*-Ballett, gekoppelt mit der Uraufführung seiner Bearbeitung *Die Ruinen von Athen*. Das „Festspiel mit Tänzen und Chören", in dem Strauss auf ein Szenar von Hofmannsthal Ouvertüre und Finale des Balletts *Die Geschöpfe des Prometheus* von Ludwig van Beethoven sowie Themen aus dessen dritter und fünfter Symphonie aufnahm, ist nicht eindeutig einem Genre zuzuordnen und besitzt doch gerade dank seiner Vielschichtigkeit zwischen Oper und Tanz, Elementen des Melodramas und der Symphonie besonderen Reiz. Mit glanzvoller Sängerbesetzung (u. a. Jerger und Manowarda) uraufgeführt, erlebten *Die Ruinen von Athen* bis 1927 sechs Aufführungen. Am 1. Oktober lernte Wien, sechs Jahre nach dessen Berliner Uraufführung, den *Bürger als Edelmann* kennen. Mit Burgtheater und Staatsoper hatten sich zwei ebenbürtige Kooperationspartner für die Bewältigung der schauspielerischen und musikalischen Ansprüche zusammengetan, mit dem Redoutensaal war noch dazu ein idealer Aufführungsort gefunden worden. Die Premiere unter Richard Strauss „machte Sensation und sollte das zahlende Publikum anlocken, um das man in diesen Krisenjahren warb"[78]. Drei Aufführungen folgten bis zum 19. Oktober, das Besetzungsregister vereinigte Namen, die bis heute nichts von ihrem Klang eingebüßt haben, darunter Willy Thaller (Jourdain), Alma Seidler (Lucile), Rose Albach-Retty (Nicole) sowie von der Staatsoper u. a. Luise Helletsgruber und Hermann Wiedemann als Mufti. Was Strauss selbst nicht wußte: Diese Erstaufführung sollte sein letzter Dirigierauftritt als Staatsoperndirektor bleiben. Unmittelbar nach der Premiere reiste

er nach Dresden, wo er die für Anfang November anberaumte Uraufführung seiner „Bürgerlichen Komödie“ *Intermezzo* vorbereitete.
Schalk drängte inzwischen auf die überfällige Dienstinstruktion und wies auf ausländische Angebote hin, die er allenfalls anzunehmen bereit wäre – das wirkte. Schalk erhielt (ohne Wissen seines „Amtskollegen“) die Vertragsverlängerung, eine abermals schwammige Instruktion legte zumindest fest, daß „Weisungen der künstlerischen Oberleitung [...] unmittelbar an Direktor Franz Schalk zu leiten“ seien, „dem die Durchführung obliegt“. Damit hatten die offiziellen Stellen – ohne sich dies einzugestehen – ihre Entscheidung für Schalk und gegen Strauss grundsätzlich getroffen.

Besuch in Dresden

An seinem altgewohnten Uraufführungsort Dresden, das er nach den nicht unumstrittenen Wiener Premieren von *Frau ohne Schatten* und *Schlagobers* wieder aufgesucht hatte, erhielt Richard Strauss Ende Oktober Besuch aus der österreichischen Hauptstadt. Ausgerechnet dem alten Weggefährten Ludwig Karpath, der seit 1923 als Konsulent für die Bundestheater im Ministerium tätig war, fiel die Aufgabe zu, Richard Strauss neue Instruktionen zu überbringen, und zwar die „Vorschrift über die Organisation der Bundestheaterverwaltung“, die „Instruktion über den Dienst bei der Bundestheaterverwaltung“ und die „Instruktion für die Dauer der gemeinsamen Direktionsführung der Direktoren Richard Strauss und Franz Schalk“. Der Minister wollte beherzt Klärung schaffen, u. a. durch eine Aufwertung der Verwaltungsstelle, die in Hinkunft nicht nur für administrative und kommerzielle Fragen, sondern auch für „Repertoirebildung“ zuständig sein würde. Karpath, der in Begleitung von Sektionsrat Dr. Ernst Kosak nach Dresden reiste, wurde mit einer geheimen schriftlichen Minister-Weisung ausgestattet, die auch detailliert seine Argumentation festlegte. Sollte sich Strauss gegen die neuen Kompetenzen des Bundestheater-Präsidenten aussprechen, sei „äußerstenfalls [...] darauf hinzuweisen, daß z. B. 46 Vorstellungen von Straussopern ein Defizit von 2 591 723 000 K erzielten und daß es füglich angezeigt ist, wenn Dr. Richard Strauss das Odium von sich abwälzt, er habe diese Opern wegen der finanziellen Bedeutung für sich selbst angesetzt". Das war, ebenso wie die Weiterbeschäftigung Franz Schalks, eine Kampfansage gegen den Oberleiter. Eine Demission von Richard Strauss wurde damit, wenn schon nicht provoziert, so doch einkalkuliert, wie aus Karpaths Marschbefehl hervorgeht: „Da mithin Direktor Strauss eine Verletzung der ihm vertragsmäßig zustehenden Rechte nicht behaupten kann, hoffe ich, daß er der Oper seine geschätzte Kraft weiter zur Verfügung stellen wird. Sollte er jedoch dies ablehnen, so ermächtige ich Sie, eine diesbezügliche Erklärung des Direktors Dr. Richard Strauss zur Kenntnis zu nehmen, jedoch unter ausdrücklicher Ablehnung jeder ferneren Verpflichtung des Bundesschatzes."[79]

Karpath schilderte seine Mission am 7. November 1924 in der *Neuen Freien Presse* so ausführlich, daß hier nur die wichtigsten Stellen wiedergegeben werden: „[...] Gleich nach unserer Ankunft hatten wir die erste Unterredung, die so glatt verlief, daß Dr. Kosak und ich, als wir uns verabschiedeten, der sicheren Meinung waren, Strauss würde die Dienstinstruktion, die er für absolut unbedenklich erklärte, ohne weiteres annehmen, wodurch denn unsere Mission beendet gewesen wäre. [...] Am nächsten Morgen frühstückten wir zu dritt und jetzt erst warf der Meister den Namen Schalk in die Diskussion, ‚Die Dienstinstruktion', so lauteten seine eigenen Worte, ‚könnte ich ohne weiteres annehmen, sie deckt sich vollständig mit meinem Vertrag, [...] aber ich kann mit Schalk nicht mehr arbeiten, ich kann mit ihm nur durch meinen Vertrauensmann Turnau verkehren, und wenn der Minister glaubt, daß dies nicht angehe, so muß ich gehen.' Wir waren über diese Äußerung so bestürzt, daß wir im ersten Augenblick gar keine Worte der Erwiderung fanden. Nun begann ich, auf Strauss gütlich einzureden, aber vergeblich. Nach dem Mittagessen erhob sich Strauss mit den Worten: ‚Ich möchte ohne Lärm gehen, machen Sie's geschickt.' Um diesem Wunsche zu entsprechen, hatten wir vor, am Montag eine amtliche Nachricht zu veröffentlichen, des Inhalts, Strauss habe seine Demission gegeben, weil er sich in Zukunft mehr der Komposition widmen wolle. Damit war Strauss einverstanden. Durch die vorzeitige Veröffentlichung der Demission öffneten sich selbstverständlich alle Schleusen der Berichterstattung."

Pauline Strauss zeigte sich über die rasche Entscheidung ihres Gat-

Richard und Pauline Strauss.

ten erleichtert: „Gratulieren Sie mir", zitiert Karpath die resolute Komponistengattin, „Gott sei Dank, daß er die schwere Bürde von sich warf. Ich und meine Familie sind glücklich, daß es so gekommen ist. Wir werden unser schönes Wiener Haus beziehen und angenehm in und mit der Wiener Gesellschaft leben. Was mein Mann zum Unterhalt braucht, das verdient er sich in vier Wochen, er soll dann schön ruhig komponieren."

„Von allen Illusionen geheilt"

So leicht nahm es Richard Strauss jedoch nicht, daß die Staatsoper seit dem 1. November 1924 unter der alleinigen Leitung des von ihm abgelehnten Franz Schalk stand. Verbitterung spricht aus allen Wortmeldungen in den letzten Wochen des Jahres 1924, etwa aus dem Artikel „Warum ich demissionierte", erschienen im *Neuen Wiener Journal* am 14. November: „Schalk gibt das Losungswort aus, es wird weiter gearbeitet in der Staatsoper. Sollte es nicht heißen, es wird endlich gearbeitet? Außer den Zeiten, wo ich selbst da war und Gelegenheit hatte, Arbeit zu organisieren oder selbst zu leiten, wurde

in der Staatsoper nicht so gearbeitet, wie hätte gearbeitet werden können. [...] Wenn Schalk jetzt Gelegenheit hat, die Direktion allein und unter ganz eigener Verantwortung zu führen, wird man ja sehen." Diese Darstellung ist sicher einseitig und selbstgerecht, ebenso wie das wenig später an Kralik übersandte Bekenntnis zu Novitäten (waren doch Strauss und Schalk zu gleichen Teilen an der Nichtannahme neuer Opernwerke beteiligt): „Infam ist Spechts Insinuation, daß die von mir gewählten Novitäten den Zweck des ad absurdum führens hatten. Nicht mal diese Novitäten [...] hätte Schalk aufgeführt. Als ich ihn befrug, ob er bessere wüßte, antwortete er stets mit ‚Nein'. Kann ich dafür, daß nur Durchfälle komponiert werden? Ich hielt es aber trotzdem für meine Pflicht, das halbwegs bessere und zum mindesten die Werke der Wiener Komponisten: Kienzl, Zemlinsky, Schmidt, Bittner, Schreker (nur mit Korngold war Schalk einverstanden) dem Publikum nicht vorzuenthalten, wenn auch unter fortwährender Sabotage von seiten Schalks – Turnau kann's Ihnen bezeugen – und dieselben in möglichst guter Besetzung zu geben (soweit heute überhaupt ‚erste Mitglieder' für Novitäten zu haben sind) – den Erfolg hatte ich nicht in der Hand [...]. Ich kann's beweisen, daß ich auch Schönberg und Krenek aufgeführt hätte, da ich prinzipiell nicht auf dem Standpunkt stehe, daß die Novitäten, die ich aufführe, mir persönlich gefallen müssen. Na, genug von diesen ekelhaften Dingen ... Immerhin ist der Versuch, dem Repertoire-Theater immer wieder mit idealen Forderungen zu nahen, verzeihlich, wenn auch in der heutigen Zeit törichter denn je. Ich bin jedenfalls vorläufig von allen Illusionen geheilt."[80] Schließlich äußerte der Komponist gegenüber Karpath den Verdacht, daß ein „Ad absurdum-Führen" nun seinen eigenen Werken drohte: „Wünscht man aber wirklich, die Brücken mit mir nicht abzubrechen u. ich selbst werde immer Wert darauf legen, mit der österr. Regierung in guten Beziehungen zu bleiben, so enthalte man sich vorläufig aller feindseligen Akte gegen mich: als solche betrachte ich, daß man wöchentlich ein bis zweimal meine Opern in minderwertiger Besetzung u. Aufführung den Wienern vorsetzt, bis selbst die Freibillette den Besuch ablehnen werden ..."
Ein (wie zuvor Gustav Mahler) tief Enttäuschter räumte hier das

Feld; wenigstens war Strauss aber nicht wie sein mittelbarer Vorgänger gesundheitlich zerrüttet und entkräftet. Mit seinen sechzig Jahren war er noch voller Vitalität und Schaffensfreude, und auch an der Staatsoper sollte er, nach einem gehörigen zeitlichen Respektabstand von 26 Monaten, wieder im Triumph einziehen.

Bilanz einer Ära

Der Verlag Adolph Fürstner sandte im Mai 1932 an seinen erfolgreichsten Opernkomponisten einen Vergleich der Aufführungszahlen in Wien und Berlin vom 1. September 1905 bis zum 1. Juli 1924. Über diese knapp zwei Jahrzehnte behauptete Berlin mit 545 Aufführungen gegenüber 447 in Wien deutlich seinen Vorrang. Löst man jedoch die Jahre der Strauss-Direktion heraus, ändert sich das Bild deutlich: 253mal erklangen seine Opern, Ballette und Bearbeitungen am Opernring, bloß 180mal im Haus unter den Linden.[81] Der damals von mancher Seite geäußerte Vorwurf, Strauss hätte seine eigenen Werke forciert, wandelt sich aus heutiger Sicht in das historische Verdienst des Komponisten, Wien als eine der führenden Strauss-Bühnen etabliert zu haben.[82]

Doch ist die Direktionszeit des Richard Strauss nicht auf die – zumeist exemplarischen – Aufführungen eigener Werke zu reduzieren. „62 Komponisten mit ca. 120 verschiedenen Werken sind 1919–1924 an der Wiener Oper zu Wort gekommen", rechnete etwa Franz Grasberger nach. Und in einem Vortrag, gehalten am 22. November 1924 im Neuen Saal der Hofburg, würdigte Richard Specht in umfassendem Sinne die Tätigkeit des Oberleiters: „Wenn ich auch den Anteil Schalks an der Hebung der Oper nicht verkleinern will, stand jedenfalls die Oper sofort im Mittelpunkt des geistigen Lebens, als Strauss das Ruder in die Hand nahm. [...] Der Umsturz hatte die Grundlage der Gesellschaft erschüttert und damit auch die Oper, und eine der größten Gefahren war die Verarmung Wiens an geistigen Kräften. Mit Strauss war die Sicherheit gegeben, daß die Oper ein europäisches Institut bleibt und nicht nur das Institut eines begabten alpenländischen Volkes. [...] Denken Sie sich bei dieser Aufgabe, die Tradition der Wiener Oper zu erhalten, Richard Strauss weg und Schalk allein, der im Jahre 1918 noch keine unbestrittene Autorität hatte, damals, als es in den Ministerien von Pachtanträgen und allen möglichen Projekten nur so gewimmelt hat, und sagen Sie, ob er allein imstande gewesen wäre, die Oper durch alle diese Fährnisse hindurchzuführen."

Richard Strauss lernte vom Wiener Haus und lehrte es seinerseits. Angesichts seines Rückzuges, den er wohl auch als Scheitern verstehen mußte, hatte er sich selbst einzubekennen, daß eine vergleichbar anspruchsvolle Verwaltungsaufgabe nicht (mehr) seine Sache war, daß er die Führung eines so großen Instituts mit all seinen Kräften nicht leisten wollte und auf „Teilzeitbasis" nicht leisten konnte. „Intendanten, die selbst komponieren, sind die schlimmsten"[83], hatte er bereits Jahre zuvor halb scherzhaft ausgerufen, und im Herbst 1924 traf er seine Entscheidung, kein schlimmer Intendant, sondern „nur" Komponist sein zu wollen.

Doch ist die Wiener Staatsoper von den Prinzipien ihres „Oberleiters" der Jahre 1919 bis 1924 dauerhaft geprägt worden, womit sich Strauss neben Clemens Krauss als herausragendste Direktorenpersönlichkeit zwischen Mahler und Karajan erwies. In seinen „Spielplanerwägungen eines modernen Operndirektors" hat Richard Strauss auf dem Höhepunkt seiner Amtszeit (im *Neuen Wiener Journal* am 22. Juni 1922) die Abkehr vom Novitäten-Theater und die Schaffung einer Heimstatt dauerhafter Meisterwerke postuliert. So stellte er u. a. fest, „daß das entscheidende Moment bei der Aufstellung des Spielplans nicht das sein muß, daß er eine möglichst große Anzahl von Werken umfasst, daß es also nicht auf die Quantität ankommt. Ausschließlich die Qualität des Gebotenen kann auf die Dauer das Publikum an ein Kunstinstitut fesseln und ihm dasjenige Vertrauen geben, welches dazu gehört, daß das Publikum einem Institut dauernd treu bleibt. Nun sind seit dem Kriege und seit der Revolution die Verhältnisse insofern noch komplizierter geworden, als das Herausbringen von Novitäten und eingreifende Neueinstudierungen von älteren Werken noch viel größeren Schwierigkeiten unterliegen als vorher. Das Überhandnehmen der Urlaube, die ungeheuren Kosten von Neuausstattungen und viele andere kleine Momente bedingen, daß hier eine strengste Auswahl getroffen werde, und damit ergibt sich von selbst, daß ein Experimentieren mit Uraufführungen und unausgeprobten Novitäten an den ganz großen Bühnen fast eine Unmöglichkeit ist."

Die Verschiedenheiten von Sprech- und Musiktheater in ihrer Produktions- und Publikumsstruktur zog Strauss ebenfalls in Rechnung: „Ein Opernhaus hat auch ein viel konservativeres Publikum als die Sprechbühne, ein Publikum, das zum größten Teile gar keine Novitäten verlangt, dem vielmehr seit dem *Fidelio* und *Tristan* alles gute Neue gewaltsam aufgezwungen werden mußte. Und wie viele Werke seit 150 Jahren waren dieses Aufzeigens wert? Wie viele Opern seit dem *Parsifal* sind der deutschen Bühne wirklich dauernd gewonnen worden?“ Abermals plädierte Strauss in diesem Artikel für die Angliederung einer „Novitäten- und Probierbühne“, im Falle Wiens der Volksoper, um zu schließen: „Ich bin vollkommen frei von dem (veralteten) Ehrgeiz, am Schlusse der Spielzeit eine möglichst große Anzahl herausgebrachter Novitäten aufzuweisen. Ich arbeite auf ein Qualitätstheater hin.“

Entsprechend diesen Prinzipien gingen in den Jahren 1919 bis 1924 nur drei nicht-straussische Uraufführungen über die Staatsopernbühne: Weingartners Einakter *Meister Andrea* und *Die Dorfschule* sowie Julius Bittners *Die Kohlhaymerin*, denen – wie zum Beweis für Strauss' Postulate – die Publikumsgunst nicht hold war. (Sie erreichten bloß vier/drei/drei Aufführungen.) Insgesamt haben sich von den im 20. Jahrhundert an der Hof- bzw. Staatsoper uraufgeführten Werken nur zwei Strauss-Opern, nämlich *Ariadne auf Naxos* und *Die Frau ohne Schatten*, dauerhaftes Heimrecht im Repertoire des Hauses erworben.

Vom „Novitäten- und Welturaufführungsbazillus“, der die Bühnen seiner Meinung nach lähmte, hielt sich Strauss frei: „[...] von einer Opernkrise kann also in dem Sinne nicht gesprochen werden, als die Erhaltung der Opernhäuser zur Darstellung der bedeutendsten Werke der Musikliteratur dieselbe kulturelle Notwendigkeit bedeutet, wie die städt. Museen, in denen man die Meisterwerke der Plastik, Malerei und des Kunstgewerbes betrachten kann. Und gesetzt den Fall, es fände von heute ab wirklich keine Vermehrung derartig wertvoller Opernliteratur statt, so würden unsere Opernhäuser zum mindesten dasselbe bedeuten, wie etwa die alte Pinakothek zu München! Ist diese, ist die Dresdner Galerie überflüssig?“[84]

Richard Strauss hat nicht nur als einer der letzten Opernkomponisten das Repertoire um dauerhafte Meisterwerke bereichert, er hat

Zwei „Nachfolger": Karl Böhm und Herbert von Karajan 1957 in der Staatsoper bei der Verleihung des Mozart-Preises.

auch als einer der ersten Theaterleiter das Versiegen der Quelle frühzeitig erkannt und darauf reagiert. Und er gab seine Prinzipien an zwei künftige Operndirektoren weiter: an Karl Böhm und an Herbert von Karajan, der sich zu seinem Amtsantritt 1956 offen zum Modell des „Opernmuseums" bekannte.

III. Teil

Der grosse alte Herr (1925–1949)

1. Abwesenheit und Rückkehr

Der Journalist, Ministerialkonsulent und „liebe Freund“ (so die Widmung des Balletts *Schlagobers*) Ludwig Karpath sah seine Dresdner Mission vom Oktober 1924, die in der Demission des Idols geendet hatte, als Mißerfolg; er konnte nicht einmal, wie beabsichtigt, Richard Strauss für ein zwanzig Dirigierabende umfassendes Gastspiel gewinnen. Als der Minister sein Rücktrittsangebot ablehnte, wurde Karpath zum glühenden Betreiber einer Rückholung von Strauss zumindest an das Dirigentenpult der Staatsoper.
Der Alleindirektor der Jahre 1924 bis 1929 hieß Franz Schalk. Für das Wiener Publikum stand der Kapellmeister aber auch noch im Schatten des Abwesenden: „Die Richard Strauss-Jahre waren zu Ende, und es begannen – die Richard Strauss-Jahre, nämlich unser Warten auf seine Rückkehr.“[1] Daß Strauss dazu – bei aller Verstimmung – innerlich bereit war, davon zeugen zahlreiche Briefdokumente bereits zu Jahresanfang 1925. Den empfindlichen Verlust eines Spitzendirigenten mit internationaler Ausstrahlung suchte man in der Staatsoper kurzfristig mit dem Engagement Pietro Mascagnis zu lindern („… wer lacht da!“, vermerkte Strauss bitter[2]). Im November und Dezember 1924 leitete der italienische Komponist mehrere Vorstellungen eigener, aber auch fremder Werke im Haus am Ring.

Feuerprobe für Franz Schalk

Der in Wien verbliebene Direktor hatte seine „Feuerprobe“ passenderweise in einer *Zauberflöten*-Vorstellung zu erdulden, als das Auditorium wieder einmal zur Arena für kulturpolitische Mißfallensäußerungen umfunktioniert wurde. Von der berüchtigten „Vierten Galerie“ aus ließ man den ans Pult schreitenden Schalk seine Mitverantwortung an der Demission der Berühmtheit spüren: „Ein Höllenspektakel setzte ein, wie ich ihn später nur noch in den fünfziger Jahren erlebte, als man Karl Böhm den gleichen Empfang bereitete. Schalk gab den Einsatz zum Es-Dur-Akkord der Ouvertüre, sein Taktstock vibrierte in Riesenamplituden, und wie wir Zweiten Geigen das Tempo des folgenden Fugatos finden konnten, ist mir noch heute rätselhaft – aber er hielt durch und hatte damit gewonnen."[3] Doch noch keineswegs auf der ganzen Linie! Der Makel des bloß Soliden[4] haftete ihm nicht zuletzt deshalb an, weil man Dahingegangenen aller Art in Wien stets mehr nachtrauert, als man sie zu Zeiten ihres Hierseins geschätzt hat. Dabei gelang es dem Alleindirektor, Versäumnisse wie die Erstaufführungen von *Boris Godunow, André Chénier* oder *Die Macht des Schicksals* nachzuholen und auch Novitäten wie Hindemiths *Cardillac,* Kreneks *Jonny spielt auf* und Strawinskys *Oedipus Rex* in Wien vorzustellen. Die Opern von Richard Strauss blieben trotz dem Zerwürfnis unverändert auf dem Spielplan; gleichsam zur persönlichen „Erholung" überließ Schalk das Dirigentenpult bei *Rosenkavalier* oder *Ariadne* allerdings zunächst den Herren Reichenberger, Heger und Alwin sowie dem neuengagierten Kapellmeister Egon Pollak. Schalk selbst leitete erstmals wieder am 8. April 1925 eine Strauss-Oper (*Die Frau ohne Schatten*), was allgemein als Versöhnungsangebot gewertet wurde.

Ein neuer Bundestheater-Leiter

Geben wir uns nicht dem Eindruck hin, daß Franz Schalk nach Straussens Abgang vollkommen frei schalten und walten konnte. An die Stelle der Kompetenzstreitigkeiten mit dem Kodirektor waren nun jene mit der Staatstheaterverwaltung getreten, die durch dauernde Eingriffe in die künstlerische Selbständigkeit unhaltbare Zustände schufen. Bereits im Februar 1925 erwog Schalk erstmals seinen Rücktritt, hatte aber auch konstruktive Vorschläge zu machen, darunter ein „Ausgliederungsmodell" anno 1925: Zur Beilegung der „Competenzconflikte" sei „auf die Reorganisationspläne zurückzukommen, die unmittelbar vor der Errichtung der Generaldirection bestanden, die damalige Bundestheater-Verwaltung vollständig aufzulösen u. den beiden Directoren der Burg u. Oper ein kaufmännisch zuverlässiger und fachlich erprobter Verwaltungschef an die Seite zu stellen".[5] Daß die Machtfülle der Zentralverwaltung nur noch ausgebaut und schließlich von einer profilierten Persönlichkeit in die Hände genommen wurde, führte einerseits zur immer bedrängteren Lage Schalks, andererseits jedoch zur Wiedergewinnung Strauss' für die Wiener Oper.

Dieser wollte zunächst von einer Rückkehr nichts wissen, solange Schalk im Amt war – und trug den verantwortlichen Stellen auch den geeigneten Nachfolger an: Bereits im April 1926 plädierte Strauss bei Bundeskanzler Rudolf Ramek und dem neuen Unterrichtsminister Anton Rintelen für den Frankfurter Operndirektor Clemens Krauss. Diesen informierte er, „daß Sie nunmehr der einzige Candidat für den Direktorsposten in Wien sind. [...] Ich habe niemand darüber in Zweifel gelassen, daß nur wenn Sie Direktor sind, ich das Opernhaus betrete." Dies sollte sich zum Glück für Wien als leere Drohung herausstellen. Der Mann, der die Rückholung von Strauss ans Dirigentenpult der Staatsoper (sowie später die Bestellung von Krauss zum Direktor) betreiben sollte, war Franz Schneiderhan. Am 23. Juli 1926 wurde er zum Leiter der Bundestheaterverwaltung bestellt und verblieb bis Ende 1932 in diesem Amt.
Schneiderhan, ein Jahr älter als Richard Strauss, war zu Jahrhundertbeginn Vorstand des Wiener Männergesang-Vereins, dann Besitzer einer Hutfabrik in Breslau, dortselbst Honorarkonsul bis zu seiner Berufung nach Wien.[6] Seine erste nachhaltige Tat im neuen Amt bewerkstelligte Franz Schneiderhan über Straussens Interesse an der Wiener Villa in der Jacquingasse 10, in welche dieser zu Ende des Jahres 1925 eingezogen war, ohne jedoch Grundeigentumsrechte zu besitzen. Von der Hand des Komponisten ist ein Vertragsentwurf (September 1926) erhalten, der ihn zu einer Reihe von Dirigierauftritten in Wien verpflichtete und im Gegenzug das Baurecht (das er durch die Überlassung der autographen Partitur des *Rosenkavalier* an die Österreichische Nationalbibliothek erworben hatte) in ein Grundeigentum umwandelte.[7] Außerdem stellte Strauss in dem Vertragsentwurf die Schenkung einer zu diesem Zeitpunkt noch unvollendeten Opernpartitur in Aussicht. Am 11. Juni 1928 erhielt die Nationalbibliothek das versprochene Autograph der *Ägyptischen Helena* „als Eigentum überreicht", so Strauss' Widmung. Die von Strauss gleichermaßen geforderte „Befreiung von Einkommens- und Kapitalrentensteuer" sollte noch Gegenstand zäher Verhandlungen werden, bei denen ihm der „liebe, gute, brave Freund Schneiderhan" zur Seite stand und immerhin eine Abgabenpauschalierung erreichen konnte. Die beinahe zärtliche Anrede des Komponisten für den Generaldirektor der Bundestheater stammt

aus einem Brief an denselben vom 16. November 1926, in dem Strauss eine „möglichst milde Form“ der Steuerpauschale mit einem fast koketten Hinweis auf seine Verdienste einforderte: „Ich bin schließlich 62 Jahre alt und eben auch nur ein Mensch. Und noch dazu ein Künstler, in dessen schwachen Kopf es gar nicht eingehen wollte, warum es zwar möglich ist, daß so ein simples Menschlein zwar ein Wunderwerk wie den *Tristan* oder selbst nur den bescheidenen *Rosencavalier* schreiben konnte, während es staatsgesetzlich unmöglich sein soll, so einen von 2 Regierungen bereits seines ganzen Vermögens beraubten armen Erdenbürger einmal ein Paar Jahre Steuerfreiheit erwirken zu können.“
Nur drei Wochen nach Abfassung dieses Briefes betrat Richard Strauss wieder das Wiener Opernhaus. Mit einer *Elektra*-Probe am 6. Dezember 1926 (für die Aufführung am folgenden Tage) begann ein Jahrfünft, das zwei Erstaufführungen von Strauss-Opern, über hundert Dirigate im Haus am Ring, rund ein Dutzend weitere in den Wiener Konzertsälen brachte und zutreffenderweise als „zweite Ära Strauss“ in Wien bezeichnet wurde.

2. Die „zweite Ära Strauss"

Das Wiener Publikum bereitete dem Heimkehrer einen triumphalen Empfang. Minutenlange Ovationen bedankten die von Richard Strauss dirigierte *Elektra* am 7. Dezember 1926. Einige der führenden Sänger (Marie Olszewska, Gertrud Kappel, Claire Born, Laurenz Hofer und Alfred Jerger) verkörperten die Hauptrollen; die große Marie Gutheil-Schoder zeichnete erstmals für die Regie verantwortlich. Die größte Begeisterung und auch das Echo in den Medien konzentrierte sich aber selbstverständlich auf den musikalischen Leiter. Julius Korngold rühmte die „Schlagkraft der Stabführung, die Orchester und Bühne unter ihren Rhythmus zwingt", und die Ausbreitung der „Kantilene mit einer satten Schönheit, wie es kein Dirigent der Welt vermag".

„Commedia domestica"
Die Wiener Erstaufführung von *Intermezzo*

Nach mehreren Jahren wurde auch wieder eine neue Strauss-Oper dem Wiener Publikum vorgestellt, und zwar die „bürgerliche Komödie" *Intermezzo*, auf deren Wiener Erstaufführung unter eigener Leitung Strauss sofort nach der *Elektra*-Aufführung hinarbeitete. Im August 1921 hatte Franz Schalk noch die Uraufführung des *Intermezzo* beim Salzburger Musikfest erhofft. Auch Wien schien vorübergehend als Premierenort der „commedia domestica" (Prawy) nicht ausgeschlossen. Es ist eine Ironie des Schicksals, daß die Dresdner Uraufführung des Werkes im November 1924 mit Strauss' Wiener Demission verknüpft bleibt …

Der erste Brief Franz Schalks an Richard Strauss nach dessen Amtsniederlegung gab der Freude Ausdruck, daß „die lange angestrebte Aufführung des *Intermezzo* in eine unmittelbare, glückliche Nähe gerückt ist. Es war für die Direktion peinlich genug, von der Wiedergabe eines Werkes ausgeschlossen zu sein, welches von allen grösseren Opernbühnen längst in ihr Repertoire aufgenommen ist." Mit Roller korrespondierte Strauss über die Bühnengestaltung dieser autobiographisch geprägten Opernkomödie. Nein, der Komponist und Textautor wünschte keine Kopie seines Garmischer Skatzimmers, und überhaupt: „[...] es wäre mir lieb, wenn die *Intermezzo*-aufführungen künftig hin mehr und mehr ihres persönlichen Charakters entkleidet würden."[8] Als „Vorboten" der Direktion Clemens Krauss berief man den von ihm entdeckten Frankfurter Oberregisseur Lothar Wallerstein dauerhaft nach Wien und betraute ihn mit der Inszenierung. Der 1882 in Prag geborene Wallerstein sollte Krauss nicht nur auf dem Weg nach Wien vorangehen, sondern hier auch über dessen Amtszeit hinaus arbeiten. Er schuf 70 Inszenierungen an der Wiener Staatsoper, bis ihn der „Anschluß" 1938 zur Emigration in die USA zwang.

Wien bot seine besten Gesangskünstler auf, allen voran Lotte Lehmann, welche die kapriziöse und doch herzensgute Komponistengattin Christine bereits in Dresden kreiert hatte, und den mittlerweile zum Publikumsschwarm avancierten Alfred Jerger. Marcel Prawy berichtet folgende Anekdote aus der Vorbereitungszeit für die Erstaufführung: „Nach einer *Intermezzo*-Probe, bei welcher Alfred Jerger, der Darsteller des Kapellmeisters Storch, an einer bestimmten Stelle mit der Hand heftig auf den Tisch geschlagen hatte, kam Strauss auf die Bühne und sagte: ‚Das haben Sie gut gemacht Jerger, genauso mach' ich das auch, hauen Sie nur immer fest auf den Tisch, auch bei der Premiere.' Zwei Minuten später erschien Pauline in der Garderobe des Sängers und sagte: ‚Mein lieber Jerger, ausgezeichnet gesungen, gut gespielt, alles sehr schön, aber auf den Tisch hauen, das gibt's nicht, das muß weg, das möcht' sich der Richardl nie trauen.'"

Schalk gratulierte dem Komponisten-Dirigenten am Tage nach der Erstaufführung, am 16. Januar 1927, in einem schwärmerischen Tonfall, der an vergangene Jahre erinnert: „Nicht nur einer Pflicht, sondern auch einem spontanen Bedürfnis folgend, bitte ich für die gestrige Aufführung den Ausdruck freudigen Dankes von Seite der Direktion entgegenzunehmen. Ihre intensive persönliche Einwirkung hat der Aufführung einen unvergleichlichen Schwung und eine Perfektibilität verliehen, die nach allen Seiten hin Bewunderung ausgelöst und hoffentlich auch in Ihnen selbst, hochverehrter Meister, das Gefühl der Zufriedenheit mit dem Erreichten erweckt hat. Empfangen Sie den Ausdruck besonderer Verehrung Ihres ergebenen Schalk."

Intermezzo (Bürgerliche Komödie mit sinfonischen Zwischenspielen in zwei Aufzügen, Text vom Komponisten)
Uraufführung am 4. November 1924 in Dresden
Wiener Erstaufführung am 15. Januar 1927
Vor dem Zweiten Weltkrieg stand *Intermezzo* sechzehn Mal auf dem Spielplan der Staatsoper. Nur zu verständlich, daß dieses „meinem lieben Sohne Franz" gewidmete, sehr persönlich eingefärbte Opus von Richard Strauss nur bei zwei Vorstellungen (am 28. Februar und 5. März des Erstaufführungsjahres) aus der Hand gegeben wurde. Auch die Besetzung blieb einheitlich: Lotte Lehmann trat die Rolle der Christine ebenfalls bloß zweimal (an Wanda Achsel) ab, Alfred Jerger blieb bis auf die letzten drei Vorstellungen, bei denen Karl Hammes übernahm, Strauss' alter ego Hofkapellmeister Storch. Auf Karl Ziegler als Baron

Hanny Steffek und Ferry Gruber in Intermezzo *an der Volksoper.*

Lummer folgten William Wernigk und Erich Zimmermann. Das nächste Mal scheint *Intermezzo* erst wieder 1954 in der Staatsoper im Theater an der Wien auf (Premiere am 15. Februar). Zehn Aufführungen in der Inszenierung von Heinz Arnold brachten neben Rudolf Moralt am Dirigentenpult Hilde Zadek, Alfred Poell und Rudolf Christ als Protagonistentrio. Ebenfalls im Theater an der Wien wurde die nächste Neuinszenierung von dem bedeutenden Strauss-Regisseur Rudolf Hartmann geschaffen, und wieder eine neue Sängergeneration trat an: Hanny Steffek, Hermann Prey und Ferry Gruber verkörperten die genannten Hauptpartien, dazu kamen u. a. noch Waldemar Kmentt als Kapellmeister Stroh und Oskar Czerwenka als Kommerzienrat.
Daß diesem doch eher raren Werk eine vierte Neuinszenierung in Wien zuteil wurde, lag an der Initiative von Volksoperndirektor Moser, der bei seiner Produktion abermals auf Steffek und Gruber zurückgriff, dazu kamen Karl Heinz Peters als Storch sowie die Charakterstudien von Ernst Gutstein (Kommerzienrat) und Alois Pernerstorfer (Kammersänger). Von den 20 Vorstellungen zwischen 19. Juni 1969 und 9. April 1973 dirigierte neunzehn Ernst Märzendorfer, eine Meinhard von Zallinger.

Am 27. Januar 1927 stand Richard Strauss auch wieder am Pult der Wiener Philharmoniker, nachdem er zu Jahresanfang 1925 zunächst alle Konzerte mit dem geliebten Orchester abgesagt hatte.[9] Das Programm trug dem speziellen Datum (Mozarts Geburtstag) keineswegs Rechnung, galt es doch ausschließlich Eigenkompositionen: *Aus Italien*, Zwei Militärmärsche op. 57, Salomes Tanz, die *Burleske* (mit Jascha Spiwakowsky) und *Till Eulenspiegel* erklangen. 1927 war ein Jahr des Wandels für die Philharmoniker. Im Mai verabschiedete sich Felix von Weingartner nach 19 erfolgreichen Jahren von der Position des philharmonischen Abonnementdirigenten, Wilhelm Furtwängler wurde sein Nachfolger, Operndirektor Franz Schalk war und blieb „philharmonischer Mitdirigent“ (Hellsberg). Am 17. Oktober 1928 erfolgte endlich auch Furtwänglers vielbeachtetes Debüt mit Richard Wagners *Rheingold* an der Wiener Staatsoper.
Zu den regelmäßigen Gästen des Institutes gehörte seit Jahresende 1926 auch wieder Richard Strauss, der auch nachdrücklich Einfluß auf Franz Schalks Amtsführung auszuüben bestrebt war: „Wenn künftighin mein Dirigieren an der Staatsoper einen wirklichen künstlerischen Gewinn bringen und über den Rahmen eines oberflächlichen Gastspiels à la Weingartner hinausgehen soll, so muss

ich bitten, dass meine Werke im kommenden Winter teils durch Dr. Wallerstein, teils durch Frau Schoder-Gutheil einer gründlichen scenischen Auffrischung (auch decorativ, besonders *Die Frau ohne Schatten*) gewürdigt werden, ferner durch Gastspielverpflichtungen auswärtiger Sänger von Rang, wenn sie schon nicht an die Wiener Oper dauernd engagiert werden können", schrieb der Komponist am 22. Juli 1927 an den Direktor. Und im Hinblick auf seine Wiener Anwesenheit ab Anfang Dezember jenes Jahres konnte sich Strauss auch eines repertoirekritischen Seitenhiebs nicht enthalten: „Wenn Frau Lehmann anwesend ist, empfiehlt es sich wohl, dass ich mit dem *Intermezzo* beginne, das merkwürdigerweise seit Mitte April nicht mehr gegeben wurde."

Schalk parierte: „Was nun das allgemeine Niveau und die Besetzung der Aufführungen betrifft, so wird auch der übelwollendste Beurteiler der Wiener Opernzustände nicht bestreiten können, dass beides weit über dem Durchschnitt anderer Bühnen steht, und dass die Wiener Oper noch immer über die besten und höchstklassigen Straussinterpreten verfügt." Und zum jüngst erstaufgeführten Strauss-Opus mußte der Direktor in diesem Schreiben vom 28. Juli anmerken, „dass zu unser aller peinlichen Überraschung und Leidwesen das *Intermezzo* in Wien" keine vollen Häuser erzielte. „Sogleich nach der Premiere ist ein wahres Einnahmendebacle eingetreten", wobei es mit Rücksicht auf den prominenten Schöpfer „trotzdem bis jetzt 10 mal gespielt" worden war. Das Strauss-Repertoire sei jedenfalls auch quantitativ auf höchstem Niveau, da „die Zahl von *48* Straussabenden so viel ich weiss von keiner anderen Bühne erreicht wurde".

„Und wir hätten die Jeritza ..."
Die Wiener Erstaufführung der *Ägyptischen Helena*

Knapp eineinhalb Jahre nach *Intermezzo* ließ der immer noch getreue Strauss-Verehrer Franz Schalk (dessen Wertschätzung sich nun allerdings nur mehr auf die Werke bezog) eine weitere Wiener Erstaufführung folgen: *Die Ägyptische Helena*, die vorletzte Frucht der Kooperation zwischen Strauss und Hugo von Hofmannsthal. Nach *Intermezzo* und *Schlagobers*, zwei Schöpfungen, die der Komponist auf sich alleine gestellt verwirklichte, hatte er sich seines Wiener

Leibdichters besonnen, der ihm im April 1923 den Stoff zu einer „Operette“ mit antikem Stoff vortrug. Der Ausruf „Machen wir mythologische Opern!“ ist zum Sinnbild der Absage an die damals moderne „Zeitoper“ geworden.
Generaldirektor Schneiderhan kämpfte noch im Herbst 1927 darum, die Uraufführung des Werkes nach Wien zu ziehen. Am 9. Oktober (einen Tag nach der Beendigung der Partitur) kritzelte Schneiderhan auf einer Eisenbahnfahrt von Berlin nach Breslau mit Bleistift folgenden Brief an Strauss nieder: „[…] Ist die Dresdner Uraufführung unvermeidlich? Ich hatte, da Sie mir in Gastein sagten sie käme erst im nächsten Herbst, gehofft noch rechtzeitig vor der Entscheidung mit Ihnen hierüber sprechen zu können, und dafür vorgearbeitet. Ich war einige Male mit Frau Jeritza zusammen, und hatte mir vor Eintreffen Ihres Briefes – da war sie schon von Wien abgereist – vereinbart, dass sie in Paris die Salome und in Wien die Helena bei der Uraufführung singt. Ich freute mich darauf, Ihnen das zu sagen. Und nun die Catastrophe Dresden! Muss das sein? Gibt es keine Änderung? … Und wir hätten die Jeritza, die für Dresden wohl kaum in Betracht kommt. Erstens weil sie wegen ihrer Verpflichtung bei uns und ihrer Ferien die gewollte Zahl von Vorstellungen dort nicht übernehmen kann, und zweitens, weil ihr das verlangte Honorar (Dresden) nicht zahlen würde.“ Natürlich war Jeritza, dank derer sich „auch Amerika“ für das Werk interessieren würde, die stärkste Trumpfkarte Schneiderhans; doch zog er auch weitere Register: daß in Wien „der letzte Rest der Enttäuschung über den seinerzeitigen Weggang“ von Strauss wiche, ja sogar: „Auch für die Stimmung zu der demnächst im Nationalrat bevorstehenden Behandlung des Grundvertrages wäre es, wenn auch nicht nötig, doch günstig. […] Darum bitte: nach Wien! Die Nachricht würde die ganze nächste Spielzeit überglänzen!“[10]
Den Komponisten ließen diese Appelle nicht ungerührt. Er antwortete am 13. Oktober 1927 aus Garmisch, daß die von Schneiderhan „zum Ausdruck gekommene Fürsorge für mein leibliches (Haus) und künstlerisches (Oper) Wohl mich einerseits tief gerührt, andererseits eine starke Revolution in meinem Busen verursacht. Daß Frau Jeritza für die Helena bereits in Sehweite auftaucht, ist ein so gewichtiges Moment, daß es heißt, alle bisher getroffenen Pläne ei-

ner ernstlichen Revision zu unterziehen. […] Daß Wien dem Werk eine glorreiche Aufführung bereiten wird, ist ja von vorneherein außer Zweifel … Das Entscheidende ist, daß aus 20jähriger Erfahrung kein schlechterer Boden für eine wichtige Uraufführung es gibt [sic!], als Großstädte wie Berlin und Wien."
Bis in den Dezember 1927 hinein dauerten die Auseinandersetzungen mit der kostspieligen Diva und die Verhandlungen zwischen Schneiderhan und dem Dresdner Generalintendanten Alfred Reucker, die in diplomatischen Interventionen (!) gipfelten. Schließlich blieb es bei der Kreation der *Ägyptischen Helena* im traditionsreichen Dresden am 6. Juni 1928. Die Titelpartie war immerhin der jungen Elisabeth Rethberg anvertraut. Dem Regisseur der Uraufführung, Otto Erhardt, wurde auf Hofmannsthals Wunsch Marie Gutheil-Schoder für das „dramatische Partienstudium" zur Seite gestellt. Wien zog nur fünf Tage später nach: Am 11. Juni 1928, also an seinem 64. Geburtstag, brachte der Komponist selbst sein Werk zur Erstaufführung. Es ist bemerkenswert, daß Wien auch fünf Jahre später, als unter der Federführung von Clemens Krauss einschneidende Veränderungen am Werk (noch dazu unter der Bezeichnung „Wiener Fassung") erarbeitet wurden, nur die „zweite Geige" spielte und hinter dem Uraufführungsort Salzburg zurückstehen mußte. Noch in demselben Sommer reichte Franz Schalk angesichts einer neuerlichen Machtverschiebung zugunsten der Generaldirektion seine Demission ein, blieb jedoch noch bis Ende der Saison 1928/29 im Amt.

„Vertrauen Sie auf sich und mich"
Clemens Krauss auf dem Weg nach Wien

Hatte Strauss angesichts seiner Erfolge die Zusicherung vergessen, „daß nur wenn Sie Direktor sind, ich das Opernhaus betrete"? Clemens Krauss, dem die zitierte Zeile gegolten hatte, brachte sich schon Ende 1926 aus dem fernen Frankfurt in Erinnerung: „Ich freue mich als Wiener aufrichtig, dass Sie der Oper meiner Heimatstadt wieder Ihr Interesse zeigen und bedauere nur, nicht an Ihrer Seite wirken zu können. Im stillen hege ich doch die Hoffnung, dass dies einmal möglich sein wird und betrachte mich vorläufig als Emigranten." Doch wußte Richard Strauss selbst, daß er keinen tüchtigeren

Der Meister mit seiner Primadonna: Maria Jeritza im Kostüm der Ägyptischen Helena.

Kandidaten für den Posten finden konnte als den selbstbewußten und dem Meister doch ganz ergebenen Krauss[11], den er auch Generaldirektor Schneiderhan ans Herz legte. Am 12. Februar 1928 erreichte den Direktor des Operntheaters Frankfurt folgendes Telegramm aus Wien: „beschwoere sie sofort ohne bedenken anzunehmen vertrauen sie auf sich und mich es ist der entscheidende augenblick." Der „Augenblick" dehnte sich bis zum Ende des Jahres. Die Kontakte, die Krauss sofort aufnahm, ergaben, daß „nicht so sehr ein kuenstlerischer führerwille als gute kapellmeister gesucht werden", wie er Strauss am 16. Februar resignierend telegraphierte. Strauss war wieder einmal bestrebt, den verabscheuten Felix von Weingartner von der Wiener Direktion fernzuhalten, der nun seine Fühler wieder in Richtung Staatsoper ausstreckte. Gerade Weingartners philharmonischer Nachfolger Wilhelm Furtwängler aber war Franz Schneiderhans Favorit. Als Furtwängler die bereits gegebene Zusage auf Druck Berlins Anfang Dezember 1928 wieder zurückzog, erbat sich Krauss abermals seines Gönners „protektion bei schneiderhan fuer Wiener Direktionsposten". Diesmal gelang die Intervention. Vom *Neuen Wiener Journal* über die Zukunft der Wiener Oper befragt, bekundete Strauss Mitte Dezember besonders schroff sein Desinteresse: „Ich bin kein Prophet; also lassen Sie mich in Ruh'! Herr Schneiderhan weiß genau, was er will und wird das Richtige finden ohne mein Orakel und ohne Mithilfe der Zeitungen!"[12] Hinter den Kulissen jedoch setzte Strauss alle Hebel in Bewegung, um Clemens Krauss den Weg an den Wiener Opernring zu ebnen. „Vorläufig ist die Besetzung der Festung Wien das wichtigste Ziel!" rief er dem jungen Freunde zu. Dieses Ziel war zu Jahresende 1928 erreicht: Der Frankfurter Operndirektor wurde mit einem Fünfjahresvertrag ab 1. September 1929 nach Wien berufen. Als „Einspringer" für Wilhelm Furtwängler handelte er sich beim scharfzüngigen Wiener Publikum prompt den Spitznamen „Frankfurtwängler" ein. Gegen derlei Querschüsse unempfindlich, war Krauss bereit, mit einem profilierten, novitätenorientierten Programm auch dem Publikum zu trotzen: „Die Wiener sind gewohnheitsmäßig dahin gelangt, nur Starbesetzungen in Betracht zu ziehen, und jeder hat seine Lieblinge. Ich aber möchte, daß das Werk, und gerade die Interpretation der Wiener Oper, interessiere."[13] Anton Wildgans konstatierte in einem Brief an Clemens Krauss, mit diesem wehe „ein scharfer, frischer und erlösender Frühlingssturmwind, wie man ihn seit Mahlers Zeiten nicht mehr um unsere alte, herrliche Oper brausen gehört hat".[14]

Strauss deponierte wiederholt seine „Pläne, Wünsche und Bitten" beim designierten Wiener Direktor. Sie betrafen „das von mir immer noch propagierte Projekt der Opéra comique", also die Angliederung der Volksoper, vor allem aber die Pflege eigener Werke, der nun in Wien eine neue Blüte erwachsen sollte. Krauss ließ es an Dankbarkeit nicht fehlen, bewies jedoch schon in der Vorbereitungszeit, daß er sich den „Empfehlungen" des Älteren nicht willenlos ausliefern würde.

Der Exdirektor Franz Schalk wurde, wie Strauss es lieblos formulierte, „zu den Mozartmessen abgeschoben": Er übernahm mit der Saison 1929/30 die künstlerische Leitung der Wiener Hofmusikkapelle. Über den szenischen und musikalischen Zustand der Strauss-Produktionen zog der Neue eine ernüchternde Zwischenbilanz: „Was Ihre eigenen Werke betrifft, so bin ich der Ansicht, dass es mit einem Kitten und Flicken bei gewissen Werken nicht mehr geht. Die zuletzt herausgebrachten Werke *Helena*, *Intermezzo* und die ‚Balletts' [*Josephs-Legende* und *Schlagobers*] sind natürlich noch ausgezeichnete Aufführungen. [...] Von *Der Frau ohne Schatten* sind nur noch Reste übrig. Ich werde darangehen, eine von langer Hand vorbereitete musikalische Neustudierung dieses Werkes vorzunehmen, sodass man dann endlich die Aufführungen mit eigenen Leuten bestreiten kann. Die *Salome* ist meiner Ansicht nach auch szenisch nicht mehr möglich. Ich hatte immer den Eindruck, dass gerade dieses Werk, das an der Wiener Oper, wie Sie sich erinnern werden, ziemlich spät zur Erstaufführung kam, von Hause aus sehr summarisch und quasi al fresco studiert war. Selbst das Orchester lässt die Exaktheit, die diese Partitur verlangt, vermissen."

Den ersten greifbaren Erfolg konnte Clemens Krauss mit der Erneuerung des *Rosenkavalier* verbuchen. Die Salzburger Produktion des Sommers 1929 – die erste des Werkes bei den Festspielen – entstand in Zusammenarbeit mit der Wiener Staatsoper und blieb in ihrem Besitze. Von Wallerstein stammte die Regie, von Roller die (gegenüber seinen Uraufführungs-Entwürfen leicht modifizierte) Ausstat-

tung. Krauss leitete die hochgelobte Salzburger Premiere am 12. August mit den schlechthin idealen Darstellern Lotte Lehmann (Marschallin) und Richard Mayr. „Wenn Güte und Seelengröße wirklich auch ästhetische Schönheit erschließen, so findet man hier die Bestätigung", schwärmte das *Wiener Tagblatt* von Lehmanns Leistung, während das *Interessante Blatt* den Bassisten als „bis in die letzte Fiber lebensgetreu[en]" Darsteller des „österreichischen Menschen"[15] lobte. Aus Garmisch mokierte sich Strauss brieflich über eine Kritik im *Neuen Wiener Journal*: er las darin „zu meiner Freude, daß Sie den *Rosenkavalier* ‚überraschend (!) gut' dirigiert haben." Selbstverständlich leitete Clemens Krauss auch die Wiener Premiere des Werkes am 7. September 1929 und ergriff damit zum ersten Male als Hausherr am Ring den Taktstock.
Getrübt wurde die Freude an den *Rosenkavalier*-Erfolgen in Salzburg und Wien einzig durch das Ableben Hugo von Hofmannsthals: Am 15. Juli 1929 war Straussens Dichter in Rodaun an den Folgen eines Schlaganfalls verstorben. Tags darauf sandte der erschütterte Komponist die mittlerweile berühmten Zeilen an Gerty Hofmannsthal: „[...] Es ist zu schrecklich! Dieser geniale Mensch, dieser große Dichter, dieser feinfühlige Mitarbeiter, dieser gütige Freund, diese einzigartige Begabung! Noch nie hat ein Musiker einen solchen Helfer und Förderer gefunden – Niemand wird ihn mir und der Musikwelt ersetzen! [...]"[16] Am 13. Oktober gedachte man in einer Matinee am Wiener Burgtheater Hofmannsthals, Stefan Zweig hielt die Gedenkansprache, Clemens Krauss dirigerte die Wiener Philharmoniker mit *Tod und Verklärung*.
Dies sei der Ort für eine Zwischenbilanz: Was hatte Strauss im Rahmen seines neuen Vertrages an der Staatsoper dirigiert, was sollte noch folgen? 67 Vorstellungen waren zwischen dem 7. Dezember 1926 und dem 24. April 1929 (zufällig beide Male *Elektra*) absolviert worden. Strauss setzte am 1. Januar 1930 mit *Fidelio* fort, seiner in jener Periode meistdirigierten Oper aus fremder Feder (fünfmal). Viermal leitete Strauss zwischen 1926 und dem Vertragsende 1931 den *Tristan*, dreimal den *Lohengrin*, zweimal Mozarts *Don Juan* und je einmal *Così*, *Zauberflöte* und *Freischütz*. Somit stehen 17 Abende „fremde" Opern (*Idomeneo* als tiefgreifende Eigenbearbeitung sei bewußt ausgeschlossen) 86 Strauss-Abenden gegenüber; 103 (drei

mehr als vertraglich ausbedungen) Dienste leistete unser Komponist in jenem Jahrfünft am Dirigentenpult der Staatsoper.

Spannungen – und eine „neue“ *Frau ohne Schatten*

Die idealisierenden Erwartungen, die Strauss in die Amtsführung des neuen Direktors gesetzt hatte, wurden bald gedämpft. Weder die Besetzungen noch die Frequenz, mit denen seine Opern programmiert wurden (beispielsweise hatte *Die Frau ohne Schatten* eine Verschiebung hinnehmen müssen), stellten den Komponisten ganz zufrieden, so daß er knapp vor dem kontraktlich fixierten Vertragsende seine weitere Mitwirkung an der Staatsoper überhaupt in Frage stellte. „Ich habe Ihnen einmal gerne den Gefallen getan, um Ihnen das erste schwierige Direktionsjahr zu erleichtern“, schrieb er am 16. November 1930 an Krauss. Wenn aber Budgetbeschneidungen und Abwesenheiten „seiner“ Sänger überhand nähmen, wäre Strauss entschlossen, „mit dem mir stets wohlgesinnten Freunde Schneiderhan zu besprechen, ob er mir meinen Vertrag nicht schon jetzt lösen“ wollte. Denn „schließlich: dem Gros des Wiener Publikums kommt es wirklich nicht darauf an, wer unten am Pult ist“. Die unmißverständliche Drohung mit dem Bundestheaterleiter bewog Krauss zu einer detaillierten Antwort, was er an Terminen plante und an Besetzungen aufzubieten gedachte, die seinen Briefpartner wieder einigermaßen versöhnte.

Die Besetzungen – kein kleines Problem jener Tage. „Die einzige große Sängerin“, wie Strauss Lotte Lehmann apostrophierte, befand sich wiederholt auf Gastspielreisen. Ihr Fach übernahm dann hauptsächlich die 1894 in Czernowitz geborene Viorica Ursuleac, die rasch zu einer der bedeutendsten Strauss-Interpretinnen aller Zeiten aufrückte: Sie wurde die erste Arabella, die erste Maria (in *Friedenstag*), die erste *Capriccio*-Gräfin, die erste Danae … und die zweite Gattin von Clemens Krauss! Zu Unrecht allerdings warf man dem Direktor eine Bevorzugung seiner späteren Frau vor: die Lehmann war beispielsweise deutlich öfter als die Ursuleac in der Rolle der Marschallin angesetzt und wäre noch öfter willkommen gewesen, wenn sie nicht, wie Strauss bitter vermerkte, „bei guter Honorierung jedes Dorf der Wiener Staatsoper“ vorgezogen hätte. Die dramatische Sopranistin Rose Pauly und der Heldentenor Franz Völker

waren weitere bedeutende Gewinne für das Wiener Strauss-Ensemble. Daß die Generalintendanz mit scheinbar „vernünftigen“ Interventionen die Besetzungspolitik komplizierte, geht beispielhaft aus einem Schreiben vom 27. September 1932 hervor. In diesem wird angekreidet, daß Helge Roswaenge am 22. des Monats die Partie des *Rosenkavalier*-Sängers anvertraut worden war. Eine „so kleine Rolle“ würde mit der Abendgage von 950 Schilling „übermäßig hoch honoriert“, es müßte „vielmehr getrachtet werden, die Abende des Herrn Roswaenge durch seine Ansetzung in möglichst günstigen und attraktiven Partien zur Hebung der Einnahmen so erträgnisreich wie möglich zu gestalten“[17] – ein beklagenswerter Standpunkt, die Wichtigkeit einer Rolle nach der Quantität der gesungenen Töne zu bestimmen …
Am 25. Februar 1931 präsentierte Krauss endlich die Neuinszenierung der *Frau ohne Schatten*, für die ihm nicht nur der Komponist, sondern auch die Witwe des Textdichters Dank wußte; in einem Brief vom 3. März lobte Gerty Hofmannsthal „die Schönheit des Orchesters unter Ihrer Führung“ ebenso wie „die Klarheit des Scenischen“[18], für das Roller und Wallerstein die Verantwortung trugen.

Viorica Ursuleac und Clemens Krauss im Gespräch mit Richard Strauss.

Mit dieser Arbeit trat Clemens Krauss nach eigenem Zeugnis in eine neue Phase der Zusammenarbeit mit Richard Strauss ein: „Ich begann ihn vom Standpunkt des Theaterdirektors, des Regisseurs, des Dramaturgen zu beraten. [...] Ich sagte zu Alfred Roller [...], er möchte doch verschiedenes anders machen als bei der Uraufführung 1919. Roller antwortete in seiner etwas unverbindlichen Art, er hätte sich doch genau an die Vorschriften gehalten, und es sei alles sehr schön. Ich antwortete darauf, ob er es nicht recht lähmend fände, wenn der erste Akt mit der ‚Färberstube' schließe und nach längerer Pause der zweite Akt mit der gleichen Dekoration beginne. [...] Es gibt Theaterstücke, die in einer Dekoration spielen, und es gibt sogar solche, die gar keine brauchen, wo die Dekoration stören würde. Aber in der *Frau ohne Schatten*, die das Märchen auf die Bühne bringt, ist es eine absolute Notwendigkeit, daß das Auge mitarbeitet. Und so ist auf meinen Roller gegebenen Rat hin aus der Färberstube noch ein Färberhof entstanden, der sich inzwischen an allen Theatern, die das Werk spielen, eingebürgert hat."[19]

Abschied mit *Idomeneo*

Bereits ab 1929 arbeitete Strauss an einer „vollständigen Neubearbeitung" von Mozarts *Idomeneo*. Auf Basis der „wirklich vortrefflichen Vorarbeit von Dr. Wallerstein", der die Handlung straffte und den Text in klares Deutsch übertrug, schuf Strauss in Verehrung für das Salzburger Genie, nichtsdestoweniger von stilistischem Selbstbewußtsein getragen, zahlreiche neue Musikstücke, die er in Mozarts Original integrierte. Der Meister selbst wußte, daß sein Unterfangen auf Kritik stoßen würde, doch „wenn es uns gelingt, diese einzig dastehende Opera seria der deutschen Bühne zurückzugewinnen [es gelang *dieser* Fassung nicht!], will ich, wenn ich dereinst wirklich in den Himmel komme, mich gern persönlich dem göttlichen Mozart gegenüber wegen meiner Pietätlosigkeit verantworten."[20] Die Widmung des autographen Particells seiner Bearbeitung lautet: „Meinem lieben, hochverehrten Freunde Franz Schneiderhan zur Erinnerung an fünf schöne Wiener Jahre."[21] Fühlte sich der Generaldirektor durch die Widmung „nur" einer Bearbeitung benachteiligt, so manifestierte sich hier doch deutlich Strauss' Wertschätzung für den Beamten und seine Verdienste. Die beiden ver-

band ein menschliches und künstlerisches Vertrauensverhältnis, wie es Jahrzehnte später zwischen Herbert von Karajan und dem allzu früh dahingegangenen Bundestheaterleiter Ernst Marboe herrschen sollte.
Die Uraufführung des Mozart/Strauss/Wallerstein-*Idomeneo* am 16. April 1931 mit dem Wagner-Tenor Josef Kalenberg in der Titelrolle stand unter Strauss' persönlicher Leitung. Mit demselben Stück sollte sich Strauss auch am 29. April für ein Jahrzehnt vom Dirigentenpult der Staatsoper verabschieden.

Wirken und Werke im Konzertsaal (1928–1932)

Intensive Strauss-Pflege auch im Konzertsaal war inzwischen zu einer Selbstverständlichkeit geworden. Wilhelm Furtwängler dirigierte die Philharmoniker mit *Don Juan, Till Eulenspiegel, Zarathustra* – für eine Strauss-Uraufführung überließ er jedoch dem amtierenden Operndirektor das Pult. Am 11. März 1928 leitete Franz Schalk die „Symphonischen Etüden" *Panathenäenzug* für Klavier und Orchester mit dem Solisten Paul Wittgenstein.
Nicht nur den Philharmonikern, auch den bedeutenden Wiener Chören blieb Richard Strauss dauerhaft verbunden. An erster Stelle ist hier die am 5. Januar 1927 gegründete „Konzertvereinigung Wiener Staatsopernchor" zu nennen. In ihrem ersten A-capella-Konzert am 10. April 1929 nahm sie sich einer besonders heiklen Komposition des Garmischer Meisters, des sechzehnstimmigen Chores *Der Abend,* an. Im nächsten A-capella-Konzert, ein Jahr darauf im Musikverein, enthielt das Programm sogar eine Strauss-Uraufführung. Die *Reichspost* vom 27. April 1930 meldete: „Im Mittelpunkt stand die sechzehnstimmige *Hymne* von Richard Strauss, eine gigantische Vertonung der tiefempfundenen Dichtung Rückerts, ein geniales Tongemälde, das Strauss als Meister des Chorsatzes zeigt. Schalk war sein kongenialer Interpret. Mit wunderbarem Feingefühl ging er den Schönheiten des Werkes nach, das bisher als unaufführbar galt [...]." Der anwesende Komponist dankte nach der Aufführung huldvoll – dem Dirigenten Schalk konnte ihn auch dieser Erfolg nicht versöhnen. So veranlaßte ihn Schalks Ableben am 3. September des folgenden Jahres bloß zu dem Kommentar, daß „der große *Fidelio*mezzofortedirigent endlich das Feld geräumt" hätte. Diese

postume Grobheit findet sich in einem Brief an Clemens Krauss, der nach der Staatsoper bald auch die Spitzenposition in der Konzertvereinigung von Schalk übernahm. Ferdinand Großmann leitete kurzzeitig interimistisch den Klangkörper und blieb ein gern gesehener Dirigent. Weiters bemühte er sich um Einstudierungen: So bereitete er zu Beginn des Jahres 1931 einen Abend im Wiener Konzerthaus vor, bei dem Richard Strauss erstmals den Chor dirigierte. Weiters waren die Singakademie der Konzerthausgesellschaft und das Wiener Sinfonieorchester für monumentale Werke wie *Taillefer*, *Wanderers Sturmlied*, *Abend* und *Hymne* aufgeboten (9. Januar).[22]
In einer „Übungsversammlung" am 4. Dezember 1922 hatte sich Strauss von der hohen Qualität überzeugt, mit welcher der Wiener Schubertbund seinen *Bardengesang* ausführte. Zu den Feierlichkeiten, welche die Chorvereinigung dem 100. Geburtstag ihres Namenspatrons 1928 widmete, leistete auch deren Ehrenmitglied Richard Strauss einen Beitrag. Im Konzerthaussaal wurde am 21. Juli sein Chor-Orchesterwerk *Die Tageszeiten* (op. 76) uraufgeführt. Der Widmungsträger, Chormeister Viktor Keldorfer, dirigierte den Schubertbund sowie die Symphoniker; zwei Wiederholungen des Werkes im Januar 1929 standen unter der Leitung des Komponisten selbst.[23]
Der andere große Herrenchor der Hauptstadt durfte natürlich nicht zurückstehen; schon seit 1918 trug Richard Strauss die Ehrenmitgliedschaft des Wiener Männergesang-Vereines, 1929 machte er sich an eine Widmungskomposition. Anton Wildgans hatte ihm Ende Februar sein *Österreichisches Lied* übersandt, in dem laut seinen Worten „eine neue, wenn auch nicht offizielle Volkshymne steckt". Die Abfassung des Gedichtes war von einer Strauss-Komposition mitinspiriert worden, begab sich doch „das Merkwürdige, daß das Aufblühen der letzten Strophe die musikalische Gestalt der Gipfelmelodie von Ihrer *Alpensymphonie* annahm. Dabei hörte ich diese Musik als Männerchor mit Orchesterbegleitung. Mehr will ich nicht gesagt haben", und deutlicher mußte er auch nicht werden. Die besagte Strophe lautet übrigens: „Österreich heißt das Land!/Da er's mit reicher Hand/Schuf und so reich begabt,/Gott hat es lieb gehabt!" Schon im Mai 1928 konnte Wildgans dem Kollegen Hofmannsthal berichten, „daß Richard Strauss mein *Österreichisches Lied* sehr wirkungsvoll komponiert hat". Der Komponist dirigierte die Uraufführ-

rung am 10. Januar 1930, bei der neben dem Wiener Männergesang-Verein auch die Wiener Philharmoniker mitwirkten.[24]
Im Frühsommer 1930 trat Furtwängler – zur großen Verbitterung des Orchesters – plötzlich als Dirigent der Philharmonischen Abonnementkonzerte zurück. Zum Nachfolger wählte man im Juni 1930 den jungen Operndirektor Krauss, nicht ohne sich der Mitwirkung des ehemaligen zu versichern, der seinen „Philharmonikern doch noch einmal ein Opfer zu bringen“ bereit war. Strauss sagte dem Vorstand Wunderer vier Konzerte (von denen nur drei realisiert wurden) für den Winter 1930/31 zu, seine Bedingungen lauteten: Er wollte keine Symphonien von Brahms und Bruckner leiten; und Clemens Krauss müsse mit den restlichen Konzerten betraut werden. Auch auf dem Konzertpodium war Richard Strauss bestrebt, die ihm verhaßten Herren „Sch[alk] und W[eingartner]“ zu verhindern.
Noch einmal wollte Richard Strauss auch seine Interpretationen einiger Beethoven-Symphonien zu Gehör bringen. Die drei Abonnementkonzerte ließen gemeinsam mit den erwähnten Chordirektionen das erste Jahresdrittel 1931 zur intensivsten Konzertperiode im Wiener Wirken von Richard Strauss werden. Am 3. Februar 1931 brachte er auf dem letzten Philharmonikerball vor dem Kriege auch noch eine Uraufführung dar (das Orchesterstück *Kampf und Sieg*[25]) und leitete ein „Monsterkonzert“ im Wiener Konzerthaus unter der Teilnahme von Philharmonikern und Symphonikern.
Zweier „Nachzügler“ konnte sich das philharmonische Konzertpublikum im Februar 1932 noch erfreuen (Mozart, Beethoven, Liszt und die eigene Tondichtung *Tod und Verklärung* wurden gegeben), bevor sich der Dirigent Richard Strauss für ein halbes Jahrzehnt von den Wiener Konzertpodien zurückzog. In dem philharmonischen Abonnementdirigenten Clemens Krauss besaß der Meister jedoch einen treuen Wiener Sachwalter, der z. B. *Also sprach Zarathustra* oder die *Sinfonia domestica* wiederholt ins Programm nahm. Die anspruchsvolle *Deutsche Motette* ließ Krauss mit der Konzertvereinigung Wiener Staatsopernchor am 18. März 1932 in einer Neufassung erklingen. Strauss freute sich vergeblich auf die Radioübertragung des Konzerts, denn „[...] Thomas Mann hat zu lange über Göthe gequatscht und so fiel die Übertragung aus“, klagte er brieflich.

3. „Meine ganz besondere Liebe"

Die im Titel genannte Zuwendung versprach Clemens Krauss im Juni seines Antrittsjahres 1929 den Werken des Meisters angedeihen zu lassen. Und seine „ganz besondere Liebe" besaßen der Schöpfer und seine Schöpfungen auch in den noch verbleibenden dreieinhalb Jahren seiner Wiener Amtszeit nach Ablauf von Straussens Dirigiervertrag an der Wiener Oper. Schon vor seinem letzten Abend (*Idomeneo* am 29. April 1931) hatte Strauss einen Abschiedsbrief verfaßt, in der Staatsoper affichiert wurde. Neben allgemeinem Dank an ein „wundervolles künstlerisches und technisches Personal" enthielt das Schreiben insbesondere reiches Lob für den Strauss-Dirigenten und Opernleiter Krauss: „Eine Reihe vorbildlicher Aufführungen, wie noch zuletzt *Rosencavalier* und *Die Frau ohne Schatten* unter Ihrer ebenso gewissenhaften, wie vorzüglichen Leitung sind unauslöschlich in meinem dankbaren Gedächtniß eingetragen."[26] Was nach einem Abschied für immer klang, relativierte Strauss bereits in seinem nächsten Schreiben an Clemens Krauss wieder: „[...] es interessiert mich nach wie vor Alles, was an der Wiener Oper passiert."

Immerhin nahm die kritische Überwachung des Spielplans durch Richard Strauss fortan ein wenig ab. Keineswegs Desinteresse am Fortkommen der eigenen Werke, sondern Mitgefühl für das Direktordasein in schweren Zeiten lenkten diese Milde. Der Publikumszuspruch war infolge der Wirtschaftskrise zögerlich, man diskutierte die Reduktion der Bundestheater-Gagen und eine Verringerung des Personalstandes beim Ballett. Krauss kündigte einen Winter ohne Neuproduktionen an, der nur der „Repertoirepflege" gewidmet sein sollte. Und so war dem beherzten jungen Mann dabei zumute: „Es ist keine angenehme Arbeit, in solchen Zeiten die künstlerische Leitung eines solchen Instituts zu tragen ..." (November 1931). Strauss notierte mit Bestürzung, daß sich seine Tantiemeneinnahmen an der Staatsoper gegenüber dem Vorjahr fast um die Hälfte reduziert hatten und war doch voll des Vertrauens in den Schützling, über

dessen „Wundertaten als Straussdirigent“[27] er von verschiedenen Seiten erfuhr. Die Wiener „Geburtstagsaufführungen“ der *Frau ohne Schatten* 1931 und 1932 und eine neuinszenierte *Elektra* am 4. März 1932 unter Krauss' Leitung wurden in Garmisch dankbar registriert. Otto Strasser erinnerte sich seinerseits an eine vollendete Wiedergabe: „Unvergeßlich ist für mich seine [Krauss'] Einstudierung von *Elektra*, die er so intensiv mit uns probierte, daß das Werk trotz aller Dramatik in einer Klarheit und präzisen Vollkommenheit erklang, die wir vorher nie erlebt hatten.“[28]
Zu Jahresende verloren der Wiener Direktor und sein Mentor einen wichtigen Bundesgenossen in der Donaumetropole: „Schneiderhans bedauerliche Demission treibt in den Wiener Gazetten wieder absonderliche Blüten“, schrieb Strauss am 16. Dezember an Clemens Krauss, dessen Stand nun gefährdeter, dessen Einsatz insbesondere für das Straussische Schaffen aber unvermindert war.

Die neubearbeitete *Helena*

„Die zweite einschneidende dramaturgische Arbeit“, die Clemens Krauss laut eigenem Zeugnis[29] bei Richard Strauss anregte, „war die sog. Wiener Fassung der *Ägyptischen Helena* (1933). Dieses Werk, das meines Erachtens zu seinen stärksten Kompositionen zählt, wurde immer etwas als Stiefkind behandelt. Vielleicht hatte wie so oft die Uraufführung schuld, die nicht völlig geglückt war.“ Auf Krauss und den unermüdlichen Wallerstein konnte sich der Komponist, der „sich nie recht zu Umarbeitungen entschließen“ wollte, verlassen. Nachdem der Operndirektor noch tiefergreifende Umgestaltungen angeregt hatte, einigte man sich immerhin auf eine Gliederung des ersten Aktes in zwei Bilder und eine Straffung im Aufbau des zweiten Aktes, der auch „durch zwei neu komponierte Stücke bereichert“ wurde. Man einigte sich auf die Uraufführung der *Ägyptischen Helena* in der „Neuen Fassung der Wiener Staatsoper“ bei den Salzburger Festspielen am 14. August 1933 und die anschließende Übernahme der Produktion in den Spielplan der Staatsoper.
Opposition kam überraschenderweise von seiten des Orchesters – ein erster Vorbote der Krisen, die Krauss schließlich zum Weggang veranlaßten. Ein von den Philharmoniker-Vorständen Hugo Burghauser und Karl Zahradnik gezeichneter Brief an Operndirektor

Krauss legte Protest gegen die vorsommerliche Probenarbeit an der neugefaßten *Helena* ein: Man bangte um die finanziell abzugeltenden Salzburger Proben. Krauss erwiderte freundlich, aber bestimmt, daß er darauf bestehen müßte, um das Werk „ohne Belastung unseres Probenbetriebes in einer ganz neuen Fassung und Besetzung als Neueinstudierung dem Wiener Repertoire" eingliedern zu können. Um sicher zu gehen, fügte er hinzu, daß auch bei der „vorgesetzten Behörde" sein „Standpunkt voll und ganz [ge]teilt" würde.[30] Die Premiere bei den Salzburger Festspielen wurde von dem bewährten Team Krauss/Wallerstein/Roller geleitet, in Salzburg wie bei der Wiener Erstaufführung am 20. September 1933 trat Viorica Ursuleac an die Stelle von Maria Jeritza in der Titelpartie.

***Die Ägyptische Helena* (Oper in zwei Aufzügen von Hugo von Hofmannsthal)**
Uraufführung am 6. Juni 1928 in Dresden
Wiener Erstaufführung am 11. Juni 1928
Die Kämpfe um den Uraufführungsort dieser vorletzten Schöpfung aus der Werkstatt Strauss/Hofmannsthal wurden an anderer Stelle referiert; jedenfalls hob der Komponist das Werk persönlich an seinem 64. Geburtstag in Wien aus der Taufe. Zu seiner Wunschbesetzung Maria Jeritza in der Titelrolle gesellten sich u. a. Gunnar Graarud (Menelas), Margit Angerer (Aithra), Josef von Manowarda (Altair), Koloman von Pataky (Da-ud), Luise Helletsgruber und Bella Paalen als Dienerinnen und Hermine Kittel als Alleswissende Muschel. In den 26 Vorstellungen bis 30. Dezember 1930 wechselte Strauss mit Carl Alwin am Pult ab, die Jeritza mit Vera Schwarz und Rose Pauly, Graarud mit Hubert Leuer und Richard Schubert, Pataky mit Hermann Gallos, während die Kittel ihre Partie an Enid Szantho abgab. Am 20. September 1933 wurde die „Wiener Fassung" von Salzburg übernommen und von Clemens Krauss dirigert. Ursuleac als Helena, Völker in der Heldenrolle, Jerger als Altair sangen in den nur vier Vorstellungen, die dieser neuen Version bis 1934 beschieden waren.
Über dreieinhalb Jahrzehnte mußten vergehen, bis sich die Staatsoper wieder des Werkes besann. Jean-Pierre Ponnelle schuf Bühnenbild und Kostüme zu der Neuproduktion am 5. Dezember 1970, die Regie war Rudolf Hartmann anvertraut. Josef Krips dirigierte die Premiere und drei der neun Folgevorstellungen, in denen Gwyneth Jones, Jess Thomas und Mimi Coertse (Aithra) in den Hauptpartien zu erleben waren. Peter Glossop und Manfred Jungwirth alternierten als Altair, Peter Schreier und William Blankenship als Da-ud. Am 6. Juni 1972 fand die letzte Aufführung des Werkes statt.

Am 22. September berichtete der Uraufführungsdirigent dem Komponisten brieflich von der Aufnahme des Werkes: „Die Aufführung der *Aegyptischen Helena* war aussergewöhnlich gut, und wurde auch in der Presse mit sehr ‚lobenden' Worten anerkannt, mit Ausnahme von Herrn Kralik, der die Behauptung aufstellt, dass meine Hand den Fluss der Strauss'schen Melodien hemmend beeinflusst. Was die Ausführungen über das Werk und die vorgenommenen Änderungen betrifft, so ist das meiste blöd und verständnislos. Korngold ist durch die Offenbach'sche *Helena* so voreingenommen, dass er dem Hofmannsthal Vorwürfe über seine Gestaltung der Figur der Helena macht." Krauss' Bearbeitung konnte *Die Ägyptische Helena* nicht aus ihrem „Stiefkind"-Dasein befreien; doch schon einen Monat nach dieser halben Strauss-Novität folgte ein für Wien vollständig neues Werk, das im Repertoire nachhaltiger vertreten sein sollte.

„... die alten Strauss-Derwische"
Die Wiener Erstaufführung von *Arabella*

Zu Jahresbeginn 1933 war der üblicherweise forsche Clemens Krauss bei einem Stimmungstief angekommen: „Die Verhältnisse sind augenblicklich recht triste, die Einnahmen katastrophal und die Aussichten für die Zukunft recht mies. Von einem künstlerischen Repertoire kann man schon gar nicht mehr sprechen; die Kassenberichte allein bestimmen die Möglichkeit, ob man ein Werk aufführen soll oder nicht, und die größten Kunstwerke werden durch den Mangel an Publikumsinteresse kompromittiert." Um die Novitäten stand es ebenfalls schlecht: „Die Produktion der ‚modernen' Komponisten ist schon mehr als dürftig. Früher sind wenigstens schlechte Opern geschrieben worden, jetzt überhaupt keine. Wir wursteln mit den alten Sachen herum, und das Publikum hat sein Niveau vollständig verloren. Grauenhaft!" Nur ein Hoffnungsstrahl erschien für Krauss am grauen Opernhorizont, die neueste Produktion aus der Garmischer Werkstatt: „Dass die *Arabella* nun doch herauskommt, freut mich ausserordentlich. Endlich haben wir wieder eine Première für die nächste Spielzeit." Krauss kannte das Werk nur von einigen Kostproben, die ihm Strauss in seiner Wiener Villa vorgespielt hatte. Daß er der musikalsiche Leiter der Uraufführung am 1. Juli 1933 wurde, hatte er dem politischen Umsturz in Deutschland zu „verdan-

Proben zur Wiener Erstaufführung von Arabella: *Alfred Jerger, Lotte Lehmann, Regisseur Wallerstein und der Komponist (der nicht posiert, sondern tatsächlich spielt, wie man an der Bewegungsunschärfe erkennt!).*

ken", der die Widmungsträger Reucker und Fritz Busch von ihren Positionen an der Dresdner Oper fegte.
Die Wiener Erstaufführung des Werkes am 21. Oktober 1933 stand selbstverständlich auch unter seiner Leitung und mobilisierte, wenn man dem Bericht der *Wiener Zeitung* glauben kann, altgewohnte Publikumsbegeisterung: „Es gibt sie also noch, die alten Strauss-Derwische, die nach jedem Werke von Richard Strauss in stammelndes Entzücken ausbrechen, in verworrene Raserei geraten und dem Meister schon nach den ersten Takten schreiend, mit allen Superlativen, wild gestikulierend, versichern, hier habe er sein bedeutendstes Werk geschaffen." Und der Erfolg blieb dem Werk treu, wie Krauss' Schreiben an den Komponisten vom 9. Dezember 1933 be-

weist: „*Arabella* geht ausgezeichnet. Die Aufführung hält sich durchaus auf der Höhe und bringt weitaus die besten Einnahmen im laufenden Repertoire."

***Arabella* (lyrische Komödie in drei Aufzügen von H. von Hofmannsthal)**
Uraufführung am 1. Juli 1993 in Dresden
Wiener Erstaufführung am 21. Oktober 1933
Bei der Wiener Erstaufführung sang Richard Mayr (Waldner) seine letzte Strauss-Premiere. Lotte Lehmann und Luise Helletsgruber waren die Schwestern Arabella und Zdenka, Alfred Jerger sang nach der Dresdner Uraufführung auch in Wien den Mandryka, einen glanzvollen Matteo bot Helge Roswaenge. Schon ab der zweiten Vorstellung alternierte Viorica Ursuleac mit der Lehmann in der Titelrolle, während Jerger mit Fug und Recht singen konnte: „Ich bin der einzige Mandryka." Das Ende der Direktion Krauss 1934 beförderte *Arabella* für fast drei Jahre vom Spielplan. Im September 1937 schien eine zum Teil erneuerte Besetzung auf: Maria Reining war die neue Arabella, Richard Sallaba der neue Matteo, Fritz Krenn beerbte Richard Mayr als Waldner. Am 30. April 1943 – der Dauer-Mandryka Jerger besorgte nun auch die Regie – stießen neue Darsteller des Matteo, der Zdenka und der Fiakermilli zu der bewährten Besetzung: Anton Dermota, Ester Réthy und Alda Noni. Ab 1939 lag die musikalische Leitung in den Händen von Rudolf Moralt, der auch die erste Neuinszenierung des Werkes nach Kriegsende leiten sollte.
Im Theater an der Wien begegnen wir neuen Namen: Am 10. Juni 1952 sangen in der Inszenierung von Rudolf Hartmann erstmals Otto Edelmann den Waldner, Lisa della Casa seine Tochter Arabella und Alfred Poell den slawonischen Gutsbesitzer. Lisa della Casa, die Rekordhalterin der Nachkriegsjahre (insgesamt stand die „Arabellissima" 32mal in Wien auf der Bühne), alternierte mit Maria Reining. Als Waldner waren Otto Edelmann, Fritz Krenn und Kurt Böhme, als Matteo Dermota und Karl Friedrich zu hören. Dreieinhalb Jahre nach der Rückkehr des Ensembles in das Ringstraßengebäude stand unsere Oper wieder auf dem Spielplan. Joseph Keilberth dirigierte die Übernahme am 17. April 1959. Die Besetzung der weiblichen Hauptrollen hatte in Hartmanns legendärer Inszenierung bereits in Zürich und München Triumphe gefeiert: die Della Casa (Arabella), die Rothenberger (Zdenka) und Ira Malaniuk als deren jugendliche Mutter. Dazu gesellten sich Carlos Alexander (Mandryka), Howard Vandenburg (Matteo) und Mimi Coertse (Fiakermilli). Fern davon, ein Repertoire-Dauerbrenner wie etwa *Der Rosenkavalier* zu sein, bot *Arabella* doch zahlreichen Ensemblemitgliedern und Gästen die Möglichkeit, sich in den anspruchsvollen Hauptpartien zu beweisen. Auf Otto Edelmann folgte bei der Neueinstudierung im Juni 1964 (zum 100. Geburtstag des Komponisten) Oskar Czerwenka, der als Inbegriff des komödiantischen Waldner bis 1985 dominieren sollte. Die

„Die schönen Rosen": Gundula Janowitz (Arabella) mit „Zdenkerl" Lucia Popp 1976. Sieben Jahre später übernahm die Popp selbst die Titelrolle.

Neueinstudierung des Jahres 1969 (es dirigierte Berislav Klobucar, Regie führte Hans Hotter, den Wien übrigens nie als Mandryka erlebt hat!) stellte Claire Watson als Arabella, Eberhard Waechter als Mandryka und den jungen Adolf Dallapozza als Matteo vor. Nach den Damen Zadek, Watson und Judith Beckmann eroberte sich am 12. September 1976 Gundula Janowitz die Titelpartie, die sie 29mal verkörpern sollte. In dieser Wiederaufnahme brillierten außerdem Lucia Popp als Zdenka und Edita Gruberova als Fiakermilli. Hollreiser, Klobucar und Horst Stein hießen die *Arabella*-Dirigenten der achtziger Jahre, Sona Ghazarian, Patricia Wise und Edith Mathis die Darstellerinnen der Zdenka. Im Jahre 1983 lernte das Publikum zwei der nach wie vor herausragenden Mandryka-Interpreten kennen: Franz Grundheber und Bernd Weikl; Lucia Popp avancierte am 2. Oktober 1984 zur Arabella. In den neunziger Jahren kamen, musikalisch betreut von Klobucar, Hollreiser, Stein, Ulf Schirmer und Leopold Hager, weitere attraktive Begegnungen auf dem Fiakerball zustande: Felicity Lott und John Broecheler, Lucia Popp und Franz Grundheber, Julia Faulkner und Bernd Weikl, Kiri te Kanawa und Wolfgang Schöne, Nancy Gustafson und Wolfgang Brendel. Und unglaublich spät stieß ein Künstler auf den Waldner, der doch eine seiner Paradepartien hätte werden können: Im Oktober 1993 sang Walter Berry sein erstes „Teschek, bedien dich".

Das Jahr des 70. Geburtstages

Zu Jahresbeginn 1934 wurde das Opernhaus zu Straussens Verbitterung (und in seinen Worten) mit einem „Kehrichthaufen" beschmutzt: Die Uraufführung von Franz Lehárs *Giuditta* am 20. Januar hatte alle Einnahmen-„Befürchtungen" übertroffen. Strauss pochte auf eine künstlerisch wertvolle Verwendung des Geldes: „Wenn schon der Schmutz, den Herr Lehár in die ‚heiligen Hallen' der Wiener Oper gebracht hat, wirklich sich in klingende Münze verwandelt, so soll dieses Sündengeld wenigstens zur Auffüllung der Kassenrapporte derjenigen edlen Werke dienen, die nicht so viel P–ublikum [sic!] ins Theater locken, wie das Dioskurenpaar Tauber–Lehár!"

So unbegründet waren Straussens Befürchtungen, seine Publikumswirksamkeit könnte hinter jener des ihm verhaßten Operettenkomponisten zurücktreten, freilich nicht. Ende März 1934 erhielt Direktor Clemens Krauss den euphorischen Brief einer Opernbesucherin, die gemeinsam mit fünf unterzeichneten „Fans" die letzte *Helena*-Vorstellung lobte und gleichzeitig „um eine baldige Aufführung von *Elektra*" bat. Krauss antwortete mit keineswegs routinemäßiger Freundlichkeit: „Über Ihren Brief anläßlich der *Helena*-Aufführung habe ich mich sehr gefreut. Leider ist die Richard Strauss-Gemeinde in Wien, die tätigen Anteil an den Aufführungen seiner schwierigeren Werke nimmt, nicht groß. [...] Ich würde mir nichts mehr wünschen, als daß Sie diesen Kreis vergrößern. So unwahrscheinlich es klingt: Richard Strauss braucht besonders in Wien noch viele Pioniere für seine große, unbegreiflich geniale Kunst." Der Strauss-Apostel scheute sich auch nicht, mit einem von höchster Stelle legitimierten, flammenden Werbeaufruf zu schließen: „Wir könnten Werke, wie *Helena, Frau ohne Schatten, Elektra*, die zu den monumentalsten Schöpfungen des Musiktheaters gehören, viel öfter aufführen, wenn die Anzahl der verstehenden Hörer größer wäre. Werben Sie! Scheuen Sie keine Mühe für unsere hervorragenden Aufführungen dieser Werke, die der Meister selbst als authentisch bezeichnet."[31]

Knapp vor dem Aufführungszyklus anläßlich des 70. Geburtstages versicherte Clemens Krauss dem Garmischer: „Meine bescheidene Lebensarbeit gehört Ihrem Werk, und ich bin glücklich, dass Sie mit meinem Wirken in dieser Hinsicht zufrieden sind." Und fügte noch einen kuriosen Lagebericht an: „Korngold ist endgiltig in Pension, Liebstöckl gestern gestorben. Sonst wenig erfreuliches." Dem erwähnten Geburtstagszyklus mußte Strauss fernbleiben. Krauss konnte berichten, daß dieser ein „Triumph für Ihre Werke und ein Triumph für unsere reproduzierende Kunst" war. Auch Joseph Gregor jubelte in einem Brief an Clemens Krauss: „Ich war gestern zu Ihren Füßen, als Sie nach der *Elektra* der Beifall umraste – es war ein so echter Beifall, wie ich ihn selten in dem Haus gehört habe" (23. Juni 1934). Die Aufführung mit Rünger, Pauly, Ursuleac, Graarud und Jerger in den Hauptpartien war laut dem späteren Strauss-Librettisten Gregor „etwas Unerhörtes an innerem Glanz". Als bedeutende Auszeichnung für den 70jährigen sei noch die Ehrenmitgliedschaft der Wiener Philharmoniker erwähnt, der auf Antrag des Vorstandes Burghauser in der Vollversammlung des Orchesters einstimmig stattgegeben wurde.[32]

Im Rahmen eines Gesamtgastspiels der Wiener Staatsoper anläßlich des internationalen Musikfestes im Teatro La Fenice leitete Clemens Krauss am 16. September 1934 die italienische Erstaufführung der *Frau ohne Schatten*. Der Komponist war in Venedig anwesend und schwärmte kurz darauf in einem Brief an den Staatsoperndirektor: „Ihre souveräne Beherrschung der Partitur, Wallersteins feinfühlige Gestaltung der Scene, das von Ihnen Beiden mustergiltig geschulte Ensemble, Ihre drei Heldinnen, ein vorbildlicher Kaiser, ein unübertrefflicher Färber – *das* Orchester par excellence, Ihre aufopfernden Bühnenarbeiter – kurz Alles, was an diesem außerordentlichen Gelingen beigetragen, bis hinauf zu den Stimmen der Ungeborenen – ein ungetrübtes Glück für den Autor!"

„Auf, geh nach oben, der Weg ist frei"
Clemens Krauss verläßt Wien

War schon die Berufung von Clemens Krauss zum Direktor der Staatsoper ein Produkt des Konkurrenzkampfes zwischen Wien und Berlin gewesen, so stand auch seine Demission unter diesem Zeichen. Als Strauss Mitte November 1934 von der Ernennung seines Meisterinterpreten zum Berliner Intendanten erfuhr, gratulierte er mit einem Notenzitat aus der *Frau ohne Schatten* („Auf, geh nach

oben, [Mann,] der Weg ist frei") und einer weniger sympathischen Hommage an die Entscheidungsverantwortlichen: „Heil Hitler! Heil Goering! Heil Goebbels!" Krauss' Abgang nach Berlin verhieß glänzende Aussichten für die Strauss-Pflege in der Reichshauptstadt.
Für Wien stellte sich die Lage weniger günstig dar. Eine Reihe namhafter Strauss-Interpreten folgten dem Direktor an das neue Theater, darunter Ursuleac, Rünger, Völker, Manowarda und Zimmermann. Volkes Stimme konnte dem Abgang des Wieners Krauss aus noch einem Grund wenig abgewinnen. Gerade als die Beziehungen zum Deutschen Reich infolge von Dollfuß-Mord und Nazi-Putsch auf einem Tiefpunkt angelangt waren, verließ ein Wiener Operndirektor sein Amt überstürzt in Richtung Berlin – so mußte sich die Situation demjenigen darstellen, der nicht um die Wiener Intrigen und Vertragsschwierigkeiten wußte, mit denen Krauss konfrontiert war.[33] Jedenfalls wurde das Opernhaus knapp vor Vorstellungsbeginn wieder einmal zum Forum für eine lautstarke Kundgebung. „Als Krauss am 11. Dezember, einen Tag nach der Unterzeichnung seines Berliner Vertrages, in der Wiener Staatsoper an das Dirigentenpult trat, um *Falstaff* zu dirigieren, empfing ihn ein Pfeif- und Zischkonzert."[34] Und zwei Tage später bereits wurde der Nachfolger bestimmt: Niemand anderer als „der Andere", der von Strauss verabscheute Felix von Weingartner, erhielt vom 1. Januar 1935 an Gelegenheit, sich ein weiteres Mal als Direktor der Wiener Staatsoper zu versuchen.
Die künstlerische Bilanz der Ära Krauss war beeindruckend: Insgesamt fanden 21 Ur- und Erstaufführungen und weitere 29 Neuinszenierungen statt. In seinem Abschiedsschreiben an die „sehr geehrten Mitglieder des Wiener Operntheaters" zählte Krauss als „reiche Früchte" seiner Wiener Tätigkeit auch die (abgesehen von der *Idomeneo*-Bearbeitung) fünf Strauss-Opern auf, die er gemeinsam mit Lothar Wallerstein neu herausgebracht hatte: seine Eröffnungspremiere *Rosenkavalier, Die Frau ohne Schatten*, einer der Höhepunkte der Saison 1930/31, *Elektra* 1932 sowie – gleichsam als Entschädigung für eine ‚strausspremierenlose' Spielzeit 1932/33 – die beiden Erstaufführungen von *Helena* in der neuen Wiener Fassung und *Arabella*, beide im Herbst 1933.

4. Die Schatten der Politik

Eine *„ganz dem Untergang geweihte Wiener Oper"* Die Ära Weingartner II

1935 war ein Jahr der Abschiede von bedeutenden künstlerischen Weggefährten: Alfred Roller verstarb im Juni, die mittlerweile als Regisseurin bewährte Marie Gutheil-Schoder im Oktober, der unersetzliche Richard Mayr im Dezember. Und mit dem über siebzigjährigen Felix von Weingartner bezog eine Persönlichkeit das Direktionsbüro, die nicht zu den Freunden unseres Komponisten zählte. Von Clemens Krauss hatte der Nachfolger eine *Ariadne*-Produktion geerbt, die für ein römisches Gastspiel geschaffen worden war.

Außer der *Ariadne auf Naxos* (Premiere 10. Mai 1935) unter der Leitung von Josef Krips setzte Weingartners kurze zweite Amtszeit keine Marksteine der Strauss-Pflege in Wien. Auch in diesem Lichte sind manche brieflichen Äußerungen zu sehen, etwa jene von Richard Strauss über die „nun wahrscheinlich ganz dem Untergang geweihte Wiener Oper“[35] oder jene von Clemens Krauss: „Im übrigen habe ich sehr traurige Nachrichten aus Wien. Die Oper scheint dort buchstäblich ‚auf dem Hund‘ zu sein, aber das liegt ja nur an der schlechten Leitung.“[36] Es lag freilich an mehr: Richard Strauss' mangelnde Distanz zum nationalsozialistischen Regime in dessen Anfangsphase, seine Übernahme der Reichsmusikkammerpräsidentschaft, sein Einspringen als Dirigent für Bruno Walter und Arturo Toscanini, machten ihn dem österreichischen Ständestaat suspekt. Bundeskanzler Schuschnigg verfügte selbst, daß sowohl in Salzburg (das durch die „1000-Mark-Sperre“ für Österreichreisende empfindlich getroffen worden war) als auch an der Wiener Staatsoper bis auf den *Rosenkavalier* die Strauss-Werke tunlichst auszumerzen seien.

Am 22. April 1936 dirigierte Hans Knappertsbusch, der von den Nazis aus seiner Leitungsposition an der Münchner Staatsoper verjagt worden war, als Gast zum ersten Mal in Wien den *Rosenkavalier*. Aus der Aufführungskritik von Max Graf in *Der Wiener Tag* geht indirekt

hervor, wie es unter Weingartners Regiment um die Strauss-Pflege bestellt gewesen war: „Musikalisch hat München [...] seine Richard-Strauss-Traditionen, und Hans Knappertsbusch hat sie mit Schwung und Temperament gehütet, der echte Strauss-Dirigent mit seiner Vitalität und seinem Feuer, der auch in seinen Bewegungen oft an Strauss erinnert. Jetzt hat Knappertsbusch, mit Beifall überschüttet, seinen *Rosenkavalier* auch in Wien dirigiert, wo man die schönste Strauss-Tradition [...] zugrunde gehen läßt. Der Strauss-Spielplan besteht, da eine schlecht besetzte *Ariadne auf Naxos* kein Publikum gefunden hat, in der Wiener Staatsoper nur mehr aus dem *Rosenkavalier*, und es wird auch nötig werden, den ganzen Richard Strauss-Spielplan von Grund auf neu aufzubauen. Dazu rechnen wir auf Knappertsbusch, der ohne viel Federlesens aus einem ungleichmäßig besetzten *Rosenkavalier* eine Glanzvorstellung gemacht hat. [...] Die von Knappertsbusch geführte *Rosenkavalier*-Vorstellung hat an die schönsten Vorstellungen der Oper erinnert, in denen Richard Strauss selbst am Pult gesessen hat."
Weingartner versuchte indes, neben der Operndirektion noch eine zweite Machtposition zurückzuerobern, nämlich jene eines ständigen Abonnementdirigenten der Philharmoniker, was ihm vorübergehend auch gelang, bis er mit 31. August 1936 demissionierte. Die Periode von Weingartners größtem Einfluß war damit vorbei. Doch auch sein Rivale Strauss fühlte, daß er ein „Unzeitgemäßer" geworden war. Zwischen Avantgarde und Popularmusik öffnete sich eine Kluft, in der er zu verschwinden fürchtete. Einen Dank an Krauss hatte er schon drei Jahre zuvor mit deutlich pessimistischen Tönen verbunden: „Daß Sie endlich in der Lage waren, die *Frau ohne Schatten* wieder zu geben, hat mich recht gefreut; hoffentlich ist die Aufführung an dem zwischen Atonalität und Tenören und Operetten hin und her taumelnden Wien nicht allzu spurlos vorübergegangen!"

„Unglücksverhütung" oder kurzsichtiger Egoismus? Der Reichsmusikkammer-Präsident

Strauss hoffte auf den frischen Wind, der vom „Dritten Reich" auch nach Österreich herüberwehen sollte. Daß die neuen Machthaber niemand anderem als ihm, dem unangefochten führenden deutschen Musiker seiner Zeit, die Präsidentschaft der Reichsmusikkammer antrugen, war selbstverständlich. Bereits am Beginn des Jahrhunderts war er Vorsitzender des Allgemeinen Deutschen Musikvereins gewesen und hatte in dieser Funktion z. B. die Uraufführung von Mahlers dritter Symphonie maßgeblich mitermöglicht. Daß er das Amt unter radikal veränderten politischen Bedingungen annahm, wird ihm heute oftmals zum Vorwurf gemacht. War der Grund künstlerischer Egoismus? Oder politische Kurzsichtigkeit? Das wiederholt beschworene Anliegen, „größeres Unglück zu verhüten"? Billigen wir Strauss letzteres zu, ohne die ersten beiden Fragen verneinen zu können.

Was Thomas Mann in den *Betrachtungen eines Unpolitischen* über „die deutsche Humanität" festhielt, nämlich daß „dem deutschen Bildungsbegriff das politische Element" vollkommen fehle, das traf auf Strauss bereits zu in der Zeit, als jene Zeilen geschrieben wurden (1918) und machte ihn ebenso wie zahlreiche andere führende Vertreter des deutschen Geisteslebens zu Beginn der dreißiger Jahre unverständig für die Umwälzung, die mit der nationalsozialistischen „Machtergreifung" stattfand. Die einsetzende „Ästhetisierung der Politik" (Walter Benjamin) mußte auch den Nestor deutscher Tonkunst zum Werkzeug, zum „musikalischen Repräsentanten" des unmenschlichen Systems degradieren. Wie wenig Strauss seiner Repräsentationsfunktion inne war, erkannte Stefan Zweig, wenn er es auch nur verschlüsselt ausdrückte: „Ich habe manchmal das Gefühl, daß Sie – und ich ehre dies sehr – der ganzen historischen Größe Ihrer Stellung selbst sich gar nicht bewußt sind [...]. Alles was Sie tun, ist bestimmt, historisch zu werden."[37] Straussens bourgeoiser Salon-Antisemitismus, der im Falle Bruno Walters oder Erich Wolfgang Korngolds bisweilen rabiate Formen annahm, ihn aber nicht daran hinderte, mit Juden beruflich, freundschaftlich, ja familiär eng verbunden zu sein, kann ebensowenig wie sein Selbstverständnis als „deutscher" Musiker im Lichte nationalsozialistischen Gedankenguts gesehen werden, auch wenn die Nachgeborenen diese Unterscheidung nur schwer treffen können oder wollen.

Festzuhalten ist jedenfalls, daß Strauss nicht der Förderung durch irgendein Regime bedurfte, an einer staatlichen Sabotage seiner Werke aber zugrunde gegangen wäre. Doch selbst wenn er die Verbre-

Der Großvater. Rechts Enkel Richard, links Christian Strauss.

chen des Regimes vorausgesehen hätte (die Arglosigkeit vieler deutscher Juden jener Zeit beweist, daß dies keineswegs einfach war), die radikale Konsequenz etwa einer Auswanderung wäre dem 1933 fast siebzigjährigen (!) Großvater zweier (nach der Nürnberger Terminologie) „halbjüdischer" Enkelkinder wohl nie in den Sinn gekommen. Zärtlich liebte er Richard den Jüngeren (geboren am 1. November 1927) und den scherzhaft „Titan" genannten Christian (27. Februar 1932), sorgte sich um ihre humanistische Erziehung inmitten einer verrohten Welt.

Sein trotziger Individualismus, dem wir „eigensinnige“ Geniewerke zu verdanken haben, hatte Strauss zu allen Zeiten ausgezeichnet, drohte ihn nun aber persönlich in Gefahr zu bringen. Auch wenn „wir jetzt gerade eine antisemitische Regierung haben“[38], wollte er nicht von dem soeben gefundenen Librettisten Zweig ablassen. Im Frühsommer 1934 erfuhr Propagandaminister Goebbels davon, daß die beiden an einer Oper nach Ben Jonson, *Die schweigsame Frau*, arbeiteten.[39] Das darauffolgende Jahr brachte Strauss um seinen Präsidentenposten, wobei ein von der Gestapo abgefangener Brief an Stefan Zweig, der von regimeverachtenden Äußerungen nur so strotzte, äußerer Anlaß war. Allerdings hat Oliver Rathkolb[40] nachgewiesen, daß Strauss' Position bereits vor diesem sattsam bekannten Zwischenfall nachhaltig erschüttert war. So war es Strauss trotz größtem Einsatz nicht gelungen, Ausnahmeregelungen für den auch von der Reichsmusikkammer verhängten „Arierparagraphen“ zu erwirken; zudem verweigerte er als Vorsitzender des Berufsstandes deutscher Komponisten eine Unterzeichnung der Statuten, da sie ein Aufnahmeverbot für Juden vorsahen. Noch im April 1935 versuchte er vergebens, Adolf Hitler von der Notwendigkeit eines „Kulturgroschens“ zu überzeugen, einer Abgabe „auf jedes Billet zu Theater, Concert, Kino, Fußball“ etc. zur Kunstförderung.

Am 16. Juni 1935 ließ Strauss seine Gattin Pauline aus Dresden selbstbewußt wissen: „[...] alles geht am Schnürchen! Ich fürchte, die ganze hohe Regierung kommt zur Erstaufführung! Aber auch das wird *diese* Oper nicht umbringen!“ Tags darauf der verhängnisvolle Brief an Zweig und eine Woche später die Uraufführung der *Schweigsamen Frau*, bei der die „hohe Regierung“ nicht erschien. Am 5. Juli 1935 notierte das „Bübchen von Minister“ Joseph Goebbels, dem sich Strauss nicht zum letzten Male beugen mußte, in sein Tagebuch: „Der Brief ist dreist und saudumm. Jetzt muß Strauss auch weg. [...] Diese Künstler sind doch politisch alle charakterlos. Von Goethe bis Strauss. Weg damit!“ Tags darauf wurde Strauss' Rücktritt vom Präsidentenamt der Reichsmusikkammer erzwungen und nach außen hin als freiwillige Entscheidung mit Rücksicht auf die „erschütterte Gesundheit“ des Komponisten ausgegeben. Dieser Rückzug gab bemerkenswerterweise den Startschuß zu einer der bedeutendsten Dirigentenkarrieren des 20. Jahrhunderts, „denn

Dieses Foto entstand, noch bevor Joseph Goebbels erkannte, daß „Künstler politisch alle charakterlos" sind.

nun erhielt Peter Raabe die Präsidentschaft und räumte daher seine Position als GMD in Aachen, die an Karajan fiel und den Beginn seines märchenhaften Aufstiegs markierte".[41] *Die schweigsame Frau* aber verschwand nach nur drei Folgeaufführungen im „Konzentrationslager der Reichsmusikkammer" (Strauss). In Wien erklang bloß einmal die Potpourri-Ouvertüre (in einem von Oswald Kabasta geleiteten Konzert der Gesellschaft der Musikfreunde am 11. Dezember 1935); Graz hatte mit der österreichischen Erstaufführung der *Schweigsamen* (1936) wieder einmal die Nase vorn, während sich die Hauptstadt erst im Jahre 1968 auf das Werk besann!
Anfang 1936 ließ Strauss einen Kompositionsplan verlauten, der ihm wohl das nationalsozialistische Regime wieder freundlicher stimmen sollte; dies wurde in Wien von der spitzen Feder Alfred Polgars zur Kenntnis genommen, der im Mai 1936 unter dem Titel „Inspiration" notierte: „Es wird gemeldet, daß Richard Strauss, der bekanntlich im Dritten Reich in Ungnade fiel, weil er für seine letzte Oper *Die schweigsame Frau* einen Text des rassisch bemakelten Stefan Zweig benützte, nun dabei ist, seinen faux pas wiedergutzumachen. Und zwar durch eine neue Tonschöpfung, in der das Tannen-

bergdenkmal und die Gruft Hindenburgs glorifiziert werden sollen. Zum Zweck dieser Arbeit hat der Meister, wie die ‚B. Z. am Mittag' meldet, eine Reise nach Ostpreußen angetreten, um aus dem historischen Ort die nötige Inspiration für sein Werk zu schöpfen. Er will gewissermaßen ganz drin in dem Objekt sein, dessen musikalische Verherrlichung er beabsichtigt. Wohin wird sich der große Meister begeben, wenn er, was doch mit Sicherheit zu erwarten ist, sein symphonisches Opus *Der Führer* schaffen wird?"[42]

Ein neuer Direktor, ein neuer Librettist

Der geborene Salzburger Erwin Kerber war administrativer Leiter an der Wiener Oper und Strauss als Sekretär und Geschäftsführer der Festspielhausgemeinde seit 1919 bestens bekannt. (Dieses Amt sollte er übrigens bis zu seinem Tode 1943 innehaben.) 1933 als „leitender juridischer Berater" in die Direktion Krauss berufen, avancierte Kerber 1935 zum Verwaltungsdirektor. Den im Mai 1935 vorgebrachten Antrag von Clemens Krauss, dieselbe Stelle auch an der Berliner Staatsoper zu übernehmen, lehnte Kerber ab und sollte nach dem kurzen Weingartner-Intermezzo belohnt werden: Vom 1. September 1936 an bestimmte er für vier Jahre selbst die Geschicke des Wiener Hauses. Um der neuen Leitung Glanz zu verleihen, wurde ihm (der auch als Regisseur erfolgreich war) der Dirigent Bruno Walter als künstlerischer Leiter beigegeben – wie Weingartner auch er nicht gerade ein Strauss-Apostel –, Hans Knappertsbusch gastierte häufig. Unserem Komponisten treu ergeben war sein nächster Textdichter – wenn der Wiener Theaterwissenschaftler Joseph Gregor in seiner literarischen Begabung auch nicht an einen Hofmannsthal oder Zweig heranreichte. Als Gründer der Theatersammlung der Österreichischen Nationalbibliothek (1922) und des Archivs für Filmkunde (1929), als Schöpfer theaterhistorischer Standardwerke war er Strauss bekannt geworden. Von Stefan Zweig stammte die Empfehlung, Gregor als Librettisten einzusetzen, sowie die erste Vorlage, die Gregor fertigstellte: *24. Oktober 1648* wurde unter seiner Hand zu *Friedenstag*. Gregor selbst regte die „bukolische Tragödie" *Daphne* an („für einen arischen Text wirklich nicht so übel", urteilte Strauss), während *Die Liebe der Danae* wieder auf ein Szenarium von Hofmannsthal zurückgeht. Was schließlich das *Capriccio*-Projekt betraf,

Der Librettist Joseph Gregor war dem Meister zugeneigt und arbeitsam; Hofmannsthal und Zweig konnte er nicht ersetzen.

versicherte sich Strauss nach unbefriedigenden Versuchen mit Gregor schließlich der Kooperation seines „Dramaturgen" Clemens Krauss. *Friedenstag* und *Daphne* (beide ausgestattet von Ulrich Roller, dem Sohn des großen Verstorbenen) wurden noch in der Ära Kerber an der Wiener Staatsoper herausgebracht.

Der „Anschluß" Österreichs an Nazideutschland im März 1938 vertrieb einen bedeutenden Teil der künstlerischen Elite aus dem Wiener Kulturleben. Bruno Walter, Carl Alwin, Lothar Wallerstein, Richard Tauber und Lotte Lehmann, um nur wenige von Abertausenden zu nennen, waren fortan nicht mehr „erwünscht". So deutlich zeichneten sich die kriegerischen Absichten des deutschen Regimes ab, daß ein Opernprojekt wie *Friedenstag* als Höhepunkt anachronistischer Weltfremdheit gesehen werden muß – wenn wir Richard Strauss nicht doch zubilligen wollen, daß er der mitleidlosen Wirklichkeit einen utopischen Entwurf entgegengeschleudert hat.

Friedenstag am Vorabend des Weltkrieges

Am 24. Juli 1938 war *Friedenstag* an der Münchner Staatsoper aus der Taufe gehoben worden, die erste Aufführung auf vormals österreichischem Territorium fand am 25. Oktober desselben Jahres in Graz statt. Am Vorabend des 75. Geburtstages von Richard Strauss, am 10. Juni 1939, war ein Großteil des Münchner Uraufführungsensembles vertreten, darunter Hans Hotter als Kommandant, Viorica Ursuleac als Maria, Regisseur Rudolf Hartmann und „natürlich" der Dirigent Clemens Krauss. Ferdinand Großmann betreute die Einstudierung der Extrachöre, darunter der Singverein der Musikfreunde und der Wiener Männergesang-Verein. Die „Festvorstellung im Rahmen der II. Reichstheaterfestwoche" blieb die bis auf den heutigen Tag einzige Wiener Aufführung des Werkes, es folgte nur eine konzertante Aufführung (Wiener Konzerthaus 1995).
Hans Hotter hatte vier Tage vor der Premiere als Jochanaan im Haus am Ring debütiert; er schildert in seinen Erinnerungen die *Friedenstag*-Schlußprobe, während derer er, von einem Heuschnupfen heimgesucht, nur markieren konnte. Im Anschluß an die Probe überschüttete ihn Richard Strauss mit Komplimenten. Auf Hotters Einwand, er hätte doch keinen Ton gesungen, unterbrach ihn der Komponist mit den Worten: „Aber ich hab gehört, wie es morgen klingen wird."[43] Der Festaufführung wurde allerhöchster Besuch zuteil: Adolf Hitler erschien in der Oper und empfing im alten Kaisersalon den Komponisten, Frau Pauline und Sohn Franz – die „nichtarische" Schwiegertochter Alice war nicht zugelassen. Wer Richard Strauss seine Bemühungen um gutes Einvernehmen mit den Machthabern ankreidet (so hatte der Komponist als Ehrengast der Eröffnung einer Theaterausstellung im Prunksaal der Nationalbibliothek am 5. Juni beigewohnt und dankte dem Führer später schriftlich für

sein Erscheinen beim Wiener *Friedenstag*[44]), der muß bedenken, daß ihn nicht vorrangig die Sorge um die Aufführung seiner eigenen Werke, sondern jene um eine Ausnahmestellung für Alice und seine Enkel dazu bewog. Fast dreißig jüdische Verwandte der Schwiegertochter sind in der Nazizeit umgekommen – dank dem Komponisten blieb Alice Strauss dieses Schicksal erspart.

Direktorenkarussell

Aus Berliner Sicht konnte Erwin Kerber, der an der Wiener Staatsoper noch „die ganze jüdische Mißwirtschaft mitgemacht“[45] und immerhin einen „Nichtarier“ wie Bruno Walter neben sich geduldet hatte, nur eine Übergangslösung darstellen. Während sich der Bariton Josef von Manowarda von seiner ostentativen Hitler-Verehrung das Wiener Amt erwartete, entschied Goebbels, daß der unscheinbare Hamburger Intendant Heinrich K. Strohm ab September 1940 nachrücken sollte. Das Amt des „Reichsstatthalters und Gauleiters von Wien“ war bereits einen Monat zuvor mit einer der schillerndsten Persönlichkeiten der damaligen Machtclique besetzt worden: Baldur von Schirach, von dessen Naheverhältnis zur Familie Strauss noch die Rede sein wird. Schirach führte Strohm am 19. September 1940 feierlich in sein Amt ein; doch bereits am 2. April 1941 mußte der an einer akuten „Nervenkrankheit“ leidende Direktor wieder abgelöst werden. Kulturreferent Walter Thomas fungierte kurzzeitig als Staatsopernleiter, Burgtheaterdirektor Lothar Müthel als Generalintendant und Betriebsbüroleiter Ernst August Schneider verwalteten das Haus provisorisch, während Schirach bereits seit Januar 1941 versuchte, den Dresdner Generalmusikdirektor Karl Böhm von seinem Posten loszueisen. Auf einen Gastspielvertrag folgte Böhms Dienstantritt als Staatsoperndirektor per 1. Januar 1943.
Der bedeutendste Exponent der Strauss-Pflege vor dem Eintreffen Karl Böhms war Rudolf Moralt. Nicht nur ideell, sondern auch familiär war der geborene Münchner dem Tonschöpfer verbunden, waren doch Moralts Großmutter und Straussens Mutter Schwestern aus der Pschorr-Familie. 1940 wechselte Moralt von Graz, wo er das Amt des Operndirektors bekleidet hatte, als Erster Kapellmeister an die Wiener Staatsoper und leitete auch (noch als Gast) die nächste Strauss-Erstaufführung an der Staatsoper: *Daphne* am 25. April 1940.

Daphne (bukolische Tragödie in einem Aufzug von Joseph Gregor)
Uraufführung am 15. Oktober 1938 in Dresden
Wiener Erstaufführung am 25. April 1940
Die „menschliche Verkörperung der Natur", wie Strauss einmal die Titelheldin bezeichnet hatte, fand bei der Wiener Erstaufführung ihre ideale

Maria Cebotari (hier als Daphne) starb wenige Monate vor Richard Strauss; sie war nur neununddreißig Jahre alt geworden.

Inkarnation in Maria Reining, der großen Marschallin und Arabella ihrer Zeit. An ihrer Seite wirkten u. a. Herbert Alsen als Peneios sowie die Tenöre Karl Friedrich (Apollo) und Josef Witt (Leukippos). Rudolf Moralt, bald Hauskapellmeister, dirigierte diese und alle *Daphne*-Vorstellungen, bis am 26. Mai 1943 der neue Direktor und Widmungsträger das Werk in die Hand nahm. Mehrmals übernahmen Maria Cebotari die Titelpartie, Anton Dermota den Leukippos, Torsten Ralf den Apollo, während Alsen bis nach dem Krieg unangefochten die Rolle des Peneios innehatte.

Nach 18 Vorstellungen bis 1944 wurde *Daphne* im Theater an der Wien am 11. November 1950 unter dem Erstaufführungs-Dirigenten Moralt, inszeniert von Hartmann, ausgestattet von Kautsky, in einer Neuproduktion gegeben; Anneliese Kupper, Anton Dermota und Karl Friedrich hießen die Hauptdarsteller. Auf Alsen folgten Oskar Czerwenka und Ludwig Weber, auf Kupper Maria Reining, auf Karl Friedrich die Tenöre Lorenz Fehenberger und Torsten Ralf in acht weiteren Aufführungen bis Juni 1954. Am 17. April 1965 übernahm die Staatsoper das Werk für fünf Aufführungen von den Wiener Festwochen ins große Haus, Hartmann und Rudolf Heinrich waren Regisseur und Ausstatter. Karl Böhm am Pult, Paul Schöffler (Peneios), Hilde Güden (Daphne), Fritz Wunderlich (Leukippos) und James King (Apollo) war die schlechthin ideale Besetzung. Am 1. April 1972 unter Horst Stein neueinstudiert, wartete das Stück mit Mimi Coertse in der Titelpartie, Donald Grobe und Jean Cox in den Tenorrollen auf, Horst Stein stand am Pult.

Daphne erwies sich als die Wiederentdeckung des Strauss-Jahres schlechthin: Die „bukolische Tragödie" erklang 1999 zwar nicht an der Staatsoper, aber in Neuinszenierungen am Salzburger Landestheater, in Essen, an der Deutschen Oper Berlin, weiters konzertant im Wiener Konzerthaus sowie am Linzer Brucknerhaus.

5. Festkonzerte und Kammermusik

Repräsentation und Einkehr – in diesem Spannungsfeld haben sich Musikdarbietungen zu allen Zeiten bewegt, doch nie so kraß wie in der Periode des Faschismus. Das im Titel formulierte Gegensatzpaar prägte auch das Musik-Erleben eines Richard Strauss in dem letzten Jahrzehnt, das er als Wiener Konzertdirigent mitgestalten sollte: An großen festlichen Anlässen, scheinbar zur eigenen Ehre, in Wahrheit aber zum höheren Ruhme des Regimes, nahm er teil und sehnte sich doch nach der beschaulichen, bescheidenen, „nutzlosen" musizierenden Kleingruppe.

Die dreißiger Jahre

Die Einladung des Philharmoniker-Vorstandes Alexander Wunderer, zu seinem 70. Geburtstag in Wien zu dirigieren oder auch nur als Gast an einem Konzert teilzunehmen, mußte Strauss angeblich aus „Termingründen" absagen. So leitete Wilhelm Furtwängler in Abwesenheit des Komponisten dessen *Heldenleben*. In Wahrheit waren es wohl eher politische Gründe, die Strauss zum Fernbleiben auch der Salzburger Festspiele 1934 veranlaßten. Es scheint, daß Strauss innerlich immer weiter von den deutschen Machthabern abrückte, während sich der österreichische Ständestaat diesen zuwandte: Mit dem Juliabkommen 1936 wurden die wirtschaftlichen und außenpolitischen Beziehungen „normalisiert".
Richard Strauss gastierte erst wieder am 20. Mai 1937 in der Donaumetropole. Ein „Monsterkonzert" im Großen Konzerthaussaal brachte dem Publikum Beethovens Fünfte und des Dirigenten *Alpensinfonie* und *Festliches Präludium*. Strauss aber verließ Wien mit einer neuen Auszeichnung. Man hatte ihn – gemeinsam mit Felix Stransky – zum ersten Ehrenmitglied der Wiener Konzerthausgesellschaft ernannt. Am 19. Oktober des Folgejahres dirigierte er in demselben Institut abermals Beethoven (und zwar die 9. Symphonie) und sein *Präludium*. Zuvor noch waren die Wiener Philharmoniker dem Künstler in München begegnet: Zur Eröffnung des „Tages der

deutschen Kunst“ am 8. Juli 1938 dirigierte Richard Strauss sein *Festliches Präludium*. Wie Hellsberg nachweist, war er in jener Zeit trotz rarer Dirigate mit den Philharmonikern zumindest als Komponist in deren Konzertprogrammen prominent vertreten. So wurde er in der Aufführungszahl lediglich von Beethoven übertroffen und von Brahms eingeholt, überflügelte aber Bruckner, Mozart und Schubert!

Der 75. Geburtstag

Dieser Anlaß brachte nicht nur die *Friedenstag*-Vorstellung an der Staatsoper, sondern bescherte dem Komponisten im Musikverein auch eine stimmungsvolle Feier mit „seinen“ Philharmonikern. Dem Fest im kleinen Kreise des Kammersaals (Vorstand Wilhelm Jerger hielt eine Ansprache, ein italienisches Gemälde wurde überreicht, Enkel Richard blies auf der Flöte ein Ständchen) folgte das Festkonzert. Neffe Moralt eröffnete mit der philharmonischen Ballfanfare, bevor Richard Strauss den Taktstock übernahm und die wei-

Im Kreise der engeren und weiteren Familie in Wien: Schwiegertochter Alice, Gattin Pauline, Sohn Franz, Enkel Christian und Mitglieder der Wiener Philharmoniker.

Reverenz vor dem Genie: Strauss mit der Beethoven-Statuette.

land in Wien uraufgeführte *Bürger als Edelmann-Suite* dirigierte[46]. In der Pause wurde Strauss mit einem verkleinerten Bronzeabguß des Heiligenstädter Beethoven-Denkmals geehrt. Mit dieser Statuette, die im Garmischer Arbeitszimmer aufgestellt wurde, verbindet sich eine der berühmtesten Strauss-Anekdoten. Als ihn ein amerikanischer Besatzungssoldat fragte, wer denn der Dargestellte sei, soll Strauss schroff geantwortet haben: „Der Gauleiter von München." Er schätzte die alten wie die neuen Mächtigen gering und achtete nur das Genie – jenes Beethovens wie sein eigenes …
Doch weiter mit dem Fest in Otto Strassers Worten: „Die folgende

Sinfonia domestica wurde zum eigentlichen Fest für ihn. In der ersten Loge saß die Familie, die beiden Enkel in blauen Matrosenanzügen, und während des Dirigierens wandte er sich immer wieder zu den Seinen und durchlebte offensichtlich den familiären Ablauf der Sinfonie mit ihnen. Richard Strauss wurde am Schluß stürmisch gefeiert, doch als ich ihn am Podiumsausgang empfing, warf er plötzlich den Taktstock weg, wankte ins Künstlerzimmer, setzte sich, merkbar erschüttert, nieder, murmelte: ‚Jetzt ist alles aus' und begann bitterlich zu weinen. Ich war bewegt und ratlos zugleich. Dachte er, der lebensfrohe Mann, gerade jetzt an das Ende? Nach kurzer Zeit kam sein Sohn, umarmte den sich beruhigenden Vater, und alles war gut." Uns will es scheinen, daß der bereits wesentlich weniger „lebensfrohe Mann" in diesem Moment nicht an sein eigenes Ende dachte. Er erkannte vielleicht, daß es bereits seit längerem nicht mehr vorrangig der Kunst galt, sondern dem politischen Kapital, das aus der Anwesenheit eines Künstlers von seinem Range geschlagen wurde. Vielleicht ließen ihn die anwesende NS-Prominenz und die Hakenkreuzfahnen im Goldenen Saal deutlich ahnen, wovon dieser Weg ausgegangen war und wohin er noch führen mußte, nämlich zur Vernichtung von Kultur, die Strauss in seinen letzten Lebensjahren noch hautnah miterlebte.

Hauskonzerte in Garmisch und Wien

Als das Hundertjahrjubiläum der Philharmoniker näherrückte, begaben sich die Vorstände Strasser und Jerger Anfang 1941 persönlich nach Garmisch, um einen Kompositionsauftrag an den Meister auszusprechen. Zwar sollte der Plan einer symphonischen Dichtung *Donau* im Skizzenstadium steckenbleiben, doch hatte der Besuch eine andere Konsequenz, nämlich eine Einladung des Schneiderhan-Quartetts in die Villa am Fuße der Zugspitze, die Otto Strasser in seinen Erinnerungen ausführlich schilderte. Am 28. April 1941 boten die Wiener Musiker dem alten Komponisten zunächst Mozarts *Jagdquartett* und Haydns G-Dur-Quartett. „Als ich während des Spiels zu Strauss hinübersah, gewahrte ich fast mit Schrecken, daß ihm die Tränen über die Wangen rollten …" Zum Abschluß spielte man den langsamen Satz aus dem *Dissonanzenquartett*, an das sich Strauss, wie er den Musikern anvertraute, beim Schluß des *Capriccio-*

Sextetts bewußt angelehnt hatte. Der Komponist spielte aus der noch unaufgeführten Komposition, und eine Idee wurde geboren: „Sogleich wurde beschlossen, das Sextett noch vor der Münchner Uraufführung der Oper in Wien aufzuführen, und tatsächlich haben wir es ein Jahr später, am 7. Mai 1942, im Rahmen einer Woche zeitgenössischer Musik gespielt."[47]
Im Dezember 1941 dirigierte Strauss noch einmal „seinen" *Idomeneo* an der Staatsoper und versäumte auch nicht den Besuch eines Mozart gewidmeten Kammerkonzertes. Das Schneiderhan-Ensemble musizierte im Palais Lobkowitz das g-moll-Streichquintett, das „vom lieben Gott direkt" herkommt, wie der gerührte Strauss den Musikern anvertraute. Das Kammermusikensemble der Philharmoniker spielte auch im folgenden Februar in der Jacquingasse auf. Man überraschte Strauss und seinen Gast Gerhart Hauptmann mit einer „Tischmusik."

Die Jahrhundertfeier der Philharmoniker

Die vierwöchigen Festlichkeiten zur Jahrhundertfeier der Wiener Philharmoniker im Frühjahr 1942 wurden am 28. März mit einem Werk unseres Komponisten, seiner *Ballfanfare*, eröffnet. Leider konnte Strauss keine neue Komposition beitragen, aber er war anderweitig in das Fest einbezogen, dirigierte am 16. April im Großen Konzerthaussaal abermals sein *Präludium* und die *Alpensinfonie* an der Spitze eines „Monsterorchesters" aus Philharmonikern und Symphonikern. Und er sandte „einen einzigartigen ‚Geburtstagsbrief'"[48], der von tiefer Zuneigung für das Orchester gekennzeichnet war: „Meine lieben Philharmoniker! Zu Eurem schönen Feste kann ich heute nur mit herzlichen Worten gratulieren. Die klingende Gabe, die ich den lieben Freunden und Kunstgenossen zur seltenen Jubelfeier zugedacht hatte, kann, so eifrig ich mich darum bemühe, zum gewünschten Datum leider nicht fertig werden. Gefühl setzt sich nicht mehr so rasch in Melodie um, wie bei den großen alten Meistern. Ich bitte deßhalb um Geduld, bis mein Geschenk seiner Empfänger würdig ist, auf daß es in Eurer Erinnerung der lebendige Ausdruck meiner Liebe und Bewunderung bleibe. Die Philharmoniker preisen heißt Geigen nach Wien tragen. Doch schätze ich das Piano der Bläser, den Glanz ihrer Harfen und die unerbittliche Pauke nicht minder. Eure künstlerischen Leistungen werden von den begeisterten Zuhörern der ganzen Welt bejubelt. Ich möchte mein Lob heute nur in zwei kurze Sätze fassen: ‚Nur wer die Wiener Philharmoniker *dirigiert* hat, weiß, was sie – sind!' Doch das bleibt unser eigenstes Geheimniß! Ihr versteht mich schon: hier – wie am Pult! Mit tausend guten Wünschen Euer dankbar getreuester Dr. Richard Strauss."

Ein Mal noch, zum Festkonzert anläßlich seines 80. Geburtstages im Juni 1944, sollte Strauss an das Dirigentenpult der Wiener Philharmoniker zurückkehren und mit diesem Auftritt eine 38 Jahre währende fruchtbare Zusammenarbeit für immer beenden.

6. Die letzten Jahre in Wien

Krieg „in Mozarts Zeichen" – Baldur von Schirach

Die Nähe der Familie und geliebter Freunde (wie Familie Mautner Markhof), die relative Ferne des Krieges und nicht zuletzt die Protektion des kunstsinnigen Reichsstatthalters Schirach bewogen Strauss Ende des Jahres 1941, seine Zelte dauerhaft in Wien aufzuschlagen. So groß die Verdienste des Politikers für den Schutz von Straussens jüdischen Verwandten waren (Alice hat zeitlebens auf ihre Dankbarkeit gegenüber Baldur von Schirach hingewiesen), so unübersehbar war auch dessen Anliegen, mit der Präsenz des großen Tondichters propagandistisch zu punkten. Mit der beschönigenden Fehleinschätzung von Schirachs angeblichem Widerstand gegen die Berliner Zentrale hat Oliver Rathkolb aufgeräumt: „Es ging Schirach keineswegs darum – wie viele in Wien glaubten –, gegen das nationalsozialistische Deutschland indirekt Widerstand zu leisten, er versuchte vielmehr, eine Steigerung der Kampfkraft durch zusätzliche kulturelle Motivationen zu erzielen."[49] Und auch die nachträglich konstruierte Distanz des Komponisten zum Reichsstatthalter können wir nicht recht glauben. So widmete Strauss dem Sohne Richard von Schirach, „meinem jüngsten Namensvetter", 1942 ein Skizzenbuch mit Aufzeichnungen zu der Tondichtung *Die Donau*. Es mag stimmen, daß Strauss jenes Werk unvollendet ließ, um keine Apotheose des „Anschlusses" zu liefern, wie Brosche vermutet; doch warum die Widmung an Schirach junior Strauss' „innere Distanz zum Politiker zum Ausdruck bringt", ist nicht einsehbar.[50]

Im Dezember 1941 beging man in Wien die „Mozart-Festwoche des Deutschen Reiches" zum 150. Todestag des Komponisten. Ein *Così fan tutte*-Gastspiel der Münchner Oper und Richard Strauss als Dirigent des von ihm bearbeiteten *Idomeneo* waren künstlerische Glanzlichter, eine Kranzniederlegung vor dem Wiener Stephansdom sowie die Eröffnungsrede Baldur von Schirachs im Großen Konzerthaussaal propagandistische „Höhepunkte" der Feiern. Während das Naziregime das „reindeutsche" Trademark Mozart auf seine Fahnen heftete (Schirach: „[…] in Mozarts Zeichen rufen wir die Jugend zum Krieg für ihre Kunst"), hatte der alte Richard Strauss einen durchgeistigten, resignativen Zugang zu dem Klassiker gefunden, der für ihn zu den „Offenbarungen der innersten Seele der Welt" zählte. Sechs Jahre zuvor, bei der *Schweigsamen Frau* in Dresden, hatte Strauss auf die Nennung des Namens von Stefan Zweig bestanden; als er am 3. Dezember 1941 *Idomeneo* dirigierte, fehlte der Name seines einstigen jüdischen Mitarbeiters Wallerstein – diesen Kampf konnte und wollte der fast 80jährige nicht mehr führen …

Unter Freunden

Der 19jährige Student Kurt Wilhelm (nachmals Autor einer unverzichtbaren Strauss-Biographie) führte Tagebuch über die häufige Anwesenheit des verehrten Künstlers in seinen Werken gewidmeten Konzerten.[51] So etwa am 10. Januar 1942: „Unter Robert Heger *Zarathustra*. Die Orchesterstimmung höher als die Orgel, oh weh. Nach dem letzten Pizzikato-C nickte Strauss und blickte ins Publikum als wollte er sagen: ‚Aus is's!'" – „14. 1.: Erstaufführung der *Japanischen Festmusik* unter seinem Neffen, Rudolf Moralt, Kapellmeister an der Wiener Staatsoper. Nach Schumann, Wolf und Pfitzner fand das Stück nur mäßigen Beifall." – Am 22. Februar ein Philharmonisches unter Knappertsbusch, der *Zarathustra* zu Gehör bringt: „Dem Applaus des Komponisten nach zu dessen Zufriedenheit, was täuschen kann, denn Knappertsbusch neigt zu extrem breiten Tempi, und die sind nicht gerade Strauss' Geschmack. […] 4. 3. führt Moralt endlich wieder einmal das *Heldenleben* auf."

Am 5. Februar 1942 wohnte Strauss der Wiener Erstaufführung von *Carmina burana* an der Seite des Komponisten bei. In einem überschwenglichen Brief bedankte sich Carl Orff für die Freundlichkeiten, die sein verehrter Kollege zu ihm geäußert hatte. Bemerkenswert ist das Antwortschreiben, in dem Strauss den Jüngeren auf „bayrische Volksspiele" hinweist, „die gerade Ihnen einen wirksamen Boden für Ihr Talent und ihre Neigung, so weit ich sie heute beurteilen kann"[52] bieten würden. Wie gut sein Beurteilungsvermögen war, zeigt sich daran, daß Orff (ohne Wissen von Strauss) zu jener Zeit bereits an der *Bernauerin* arbeitete …

Richard Strauss, Baldur von Schirach und Gerhart Hauptmann im Wiener Burgtheater.

Strauss genoß „nach Jahren der mißtrauischen Isolation“ (Wilhelm) die Gesellschaft zahlreicher Künstler und Kulturschaffender, die auch öfters bei ihm zu Gast waren. Eine persönliche Bekanntschaft verband ihn bald mit dem Lyriker Josef Weinheber, der sich bedauerlicherweise in gefährliche Nähe zu den Machthabern manövriert hatte. Vertonungen von zweien seiner Gedichte (Das tendenziöse *Sankt Michael* und *Blick vom oberen Belvedere*) entstanden zu Weinhebers 50. Geburtstag – drei Jahre später sollte sich der Dichter mit tiefverstehenden Versen zum 80er des Komponisten revanchieren. Im Februar 1942 wurde Gerhart Hauptmanns 85. Geburtstag in Wien gefeiert. Baldur von Schirach ließ es sich nicht nehmen, zwischen den beiden Titanen Strauss und Hauptmann in der Burgtheater-Loge zu erscheinen. Der Schriftsteller, den Strauss in seine Villa lud, wo er sich mit ihm über die Endfassung des *Capriccio*-Textes beriet, dankte am 28. Februar in einem Schreiben aus Dresden: „Die Wiener Wochen liegen hinter mir und zum Schönsten dessen, was ich in ihnen erlebte, gehört das wiederholte Zusammensein mit Ihnen: ein unvergänglicher Blumenkranz meines Alters."[53] Und noch eine wichtige Station jenes ereignisreichen Spätwinters: Richard Strauss stand wieder am Dirigentenpult der Staatsoper. Viermal dirigierte er noch (bis zu seinem unwiderruflich letzten Wiener Opernauftritt am 6. Mai 1942) die *Salome* im Haus am Ring. Über den ersten Abend berichtete er dem Freunde Krauss fröhlich: „Ich habe am letzten Sonntag [15. Februar] hier noch einmal ‚in alter Frische' und ohne jede Anstrengung die gute alte *Salome* dirigiert und habe mich an dem herrlichen Werk ergötzt. Kein rauher Ton den ganzen Abend! Auch [die Darstellerin der Titelpartie] Else Schulz war recht gut!"

„Handgelenksübungen" und Vollendung

Mit den häufigen Besuchen im Wiener Opernhaus äußerten sich auch wieder Einspruchsgeist und Eingriffswille des nun greisen Künstlers. Hans Hotter sollte den Kunrad in einer Neuproduktion der Wiener Staatsoper übernehmen, schlug er Schirachs Kulturreferenten Walter Thomas vor. Als der Baßbariton „keine Schneid" auf die hochgelegene Partie zu haben schien, sollte stattdessen *Ruinen von Athen* mit *Josephs-Legende* herausgebracht werden. Clemens Krauss, mit dem sich unser Komponist nun in den Endarbeiten zu seinem „Konversationsstück für Musik" befand, erfuhr von Strauss brieflich sein Mißfallen über die Gesangskultur in einer Wiener *Daphne*-Aufführung (März 1942): „[...] der Vortrag selbst – ohne jede Akzentuierung – ein verständnisloses Absingen von Noten [...]." Wie sehr verärgerte es den Komponisten, wenn schwächere Dirigenten in die Falle tappten und die artikulationsmäßig mangelhaft vorbereiteten Sänger „zudeckten"! Andererseits überliefert Kurt Wilhelm von den Proben zu *Capriccio* auch folgende Anekdoten: „Daß Krauss immer wieder hinaufrief: ‚Deutlichkeit! Wenn man nicht jedes Wort versteht, ist die Oper sinnlos', bis Strauss, hinter ihm sitzend, meinte: ‚Na, wenn man gelegentlich a bissel was von meiner Musik hört, hab ich auch nix dagegen.'"
Der kongeniale Krauss bot dem Komponisten auch eine revidierte Fassung des Couplets der Fiakermilli in *Arabella* an. Die „peinliche Triller-Tante" störte „jeden Versuch, diese Figur eine wienerische Atmosphäre verbreiten zu lassen", schrieb Krauss am 24. März 1942.

Das neugestaltete Couplet harrt noch immer der Entdeckung; *Capriccio* aber, uraufgeführt am 26. Oktober 1942 in München (Gauleiter Schirach war eigens angereist), sollte zum Abgesang einer großen Künstlerfreundschaft und zum eigenwilligen Schlußstein des bedeutendsten Opernschaffens in unserem Jahrhundert werden.
In der Folge entstanden aber noch zahlreiche „Handgelenksübungen". Im Winter 1942/43 zog der Komponist wieder in die Jacquingasse 10, beendete hier die Partitur des zweiten Hornkonzerts (dessen Uraufführung Karl Böhm im Rahmen des Salzburger „Theater- und Musiksommers" 1943 dirigierte) und die Sonatine für 16 Blasinstrumente F-Dur. Der Stadt Wien widmete er 1943 eine „Fanfare" sowie eine „Festmusik" für Blechblasinstrumente und Pauken, die er anläßlich der Überreichung des ersten Beethovenpreises am 9. April 1943 im Rathaus selbst dirigierte.[54] Er arbeitete mit dem Chor *An den Baum Daphne* eine ursprünglich verworfene Schlußvariante seiner „bukolischen Tragödie" aus und notierte den *Kupelwieser-Walzer* für Maria Mautner Markhof; Franz Schubert hatte das Stück zur Hochzeit ihrer Urgroßeltern komponiert, nie jedoch war das Stück niedergeschrieben, nur von Generation zu Generation „spielend" überliefert worden.

Strauss-Pflege an der Volksoper

Mit drei Neuproduktionen (allesamt unter der Leitung des Musikdirektors Robert Kolisko) verzeichnete das zweite Wiener Opernhaus in den Kriegsjahren einen wahrhaftigen „Strauss-Boom"[55]. Am 13. Dezember 1940, unter der Direktion Anton Baumann, zeigte die „Städtische Wiener Volksoper" eine getanzte Version von *Till Eulenspiegels lustigen Streichen*, inszeniert von Fritz Klingenbeck und ausgestattet von Walter Hoesslin. Die Choreographie besorgte die Ballettleiterin Dia Lucca, die Titelrolle jener zum „Tanzspiel" mutierten symphonischen Dichtung verkörperte Nicolai Tietze.
Nach Intendant Baumanns plötzlichem Tode im Februar 1941 übernahm Oskar Jölli die Leitung des auf „Opernhaus der Stadt Wien" umgetauften Theaters. Der altgediente NSDAP-Kulturfunktionär Jölli setzte am Vorabend von Strauss' 79. Geburtstag, dem 10. Juni 1943, eine Neuproduktion der *Ariadne auf Naxos* an. Von Traute Reuter stammte die Ausstattung, von Hans Strohbach die Inszenie-

rung. Kolisko wurde bei einigen Korrepetitionsproben von dem in Wien weilenden Meister persönlich mit Rat und Tat unterstützt. Noch heute bekannte Namen finden sich auf den Besetzungszetteln der insgesamt 37 Vorstellungen: bei der Premiere Gertrude Grob (Ariadne), Karl Friedrich (Bacchus), Rosel Schwaiger (Zerbinetta) und Nora Jungwirth (Komponist); in späteren Vorstellungen wurde die Hosenrolle von Henny Herze oder Ljuba Welitsch übernommen.

Mit dem letztgenannten Namen verbindet sich die dritte Strauss-Premiere jener Volksopern-Ära. Am 29. April 1944 legte die Bulgarin den Grundstein zu ihrem bald legendären Ruf als Salome. Partner der sinnlichen Prinzessin von Judäa waren u. a. Peter Baxevanos (Herodes), Anka Jelacic (Herodias) und Alexander Welitsch (Jochanaan), die Inszenierung stammte von Intendant Jölli persönlich, die von manchen als „schrankenlos experimentell" und „grotesk" angefeindeten, von anderen als „imponierend" gelobten Dekorationen steuerte Ruben Ter-Arutunian bei. Nach nur neun Aufführungen inmitten von Not und ständig drohenden Bombardements mußte auch die Volksopern-*Salome* vor dem „Totalen Krieg" kapitulieren. Daß sie überhaupt angesetzt wurde, war jedenfalls ein mutiger Schritt, denn das erste Opernhaus am Platz beging den 80er von Richard Strauss mit Festlichkeiten, die auch *Salome* nicht aussparten und von einer Künstlerpersönlichkeit wie Karl Böhm, dem neuen Staatsoperndirektor, getragen waren.

Staatsoperndirektor Karl Böhm

Am 1. Januar 1943 trat Böhm, dem es gelungen war, seinen Dresdner Vertrag früher zu lösen, sein Amt als Direktor der Wiener Staatsoper an. Mit dem geborenen Grazer hielt nach Clemens Krauss erstmals wieder ein profunder Künstler, der sich dem Werk von Richard Strauss verschrieben hatte, im Haus am Ring Einzug. Der Uraufführungsdirigent von *Schweigsame Frau* und *Daphne* begann die Pflege mit letztgenanntem Werk (Neueinstudierung am 26. Mai 1943), dessen Widmungsträger er war. Es folgten Neuinszenierungen von *Frau ohne Schatten* am 18. November und *Ariadne auf Naxos* am 17. Dezember 1943, deren Vorbereitung der Komponist aus dem fernen Garmisch mitverfolgte. Bombenangst, gesundheitliche Probleme und Schwierigkeiten mit den Behörden, die auf Einquartierung von Verwundeten auf dem Garmischer Anwesen insistierten, hielten den 79jährigen fest: „Ich beneide Sie um die Proben zur (der hiesigen Kreisleitung wahrscheinlich total unbekannten) *Frau ohne Schatten*“[56], schrieb er an Böhm am 2. November 1943 und ließ die Bitte folgen, seinem „Bubi“ die Teilnahme an den Proben zu ermöglichen: „[...]wenn man seinen Vater zu Tode geärgert hat, möchte er mich doch mit einigen Kenntnissen über Rechte den Theatern gegenüber vertreten können.“ Nach stattgehabter Wiener Premiere hieß es aus Garmisch: „Meine Kinder [...] erzählten mir voll Begeisterung, besonders wie sorgfältig Sie das schwere Werk einstudiert u. wie schwungvoll u. feinsinnig Sie es dirigiert haben. [...] Mit solchen Aufführungen werden Sie in Kürze alle Schwierigkeiten, die keinem Wiener Direktor noch erspart blieben, siegreich überwinden!“

Die Glückwünsche zu *Ariadne* verband Strauss mit der Ankündigung eines „kleinen Weihnachtsgeschenkes“: „Ich habe Ihnen [...] die ausgeführte Bleistiftskizze meines neuen Chorepilogs zu *Daphne* zugedacht, das ich für Ihren Opernchor geschrieben habe (übrigens sogar auf die direkte Anrede des Vorstandes). Vielleicht macht Ihnen als dem Ehrendedicatus oder Ur-Gewidmeten der *Daphne* dieselbe etwas Freude“ (21. Dezember 1943). Die Konzertvereinigung Wiener Staatsopernchor brachte *An den Baum Daphne* in einem Festkonzert anläßlich ihres 20jährigen Bestehens am 5. Januar 1947 zur Uraufführung. Allerdings stand nicht Karl Böhm, sondern Felix Prohaska am Dirigentenpult.

Am 1. März 1944 lernte Wien das Alterswerk *Capriccio* kennen. Eigentlich hätte die Staatsoper sofort nach der Münchner Premiere das „Konversationsstück“ übernehmen sollen; doch die Unbilden des Krieges verzögerten die Pläne um eineinhalb Jahre – und der Tonschöpfer mußte sich abermals mit Berichten aus zweiter Hand zufriedengeben (etwa von Alice, die ihm „nach der Generalprobe telefonisch den Mund noch ganz besonders wässerig gemacht hatte“). Nur brieflich konnte er darum Böhm seine Freude mitteilen, „daß Ihre mühevolle, sorgfältige u. aufopfernde Arbeit von einem so großen Erfolg gekrönt war. Man kann mich ja tot*schweigen*, aber nicht totkriegen“ – diese letzte Bemerkung bezog sich darauf, daß

Strauss seit kurzem wieder ein rauher politischer Wind entgegenblies. Seine Weigerung, Evakuierte und „Bombengeschädigte“ in seinem Garmischer Haus aufzunehmen, führte zu einer Beschlagnahme von Räumlichkeiten und einer neuerlichen Ächtung des Komponisten durch den Führer persönlich. „Zornig veranlaßte Hitler seinen Reichsleiter Bormann zu einem Rundschreiben an alle Parteidienststellen zur Information über den Sachverhalt. Das Schreiben – vom 14. Januar 1944 – sprach die Anordnung aus, daß alle führenden Parteigenossen bisherige persönliche Beziehungen zu dem Komponisten abzubrechen hätten; zugleich war der Presse geboten, Strauss-Aufführungen nur noch zu erwähnen, nicht aber herauszustellen, und möglichst keine großen Artikel über ihn zu bringen.“[57] Diese Anordnungen waren insbesondere im Hinblick auf den bevorstehenden 80. Geburtstag fatal; Schirach, der Generalgouverneur Hans Frank und schließlich sogar Wilhelm Furtwängler verwendeten sich für Richard Strauss, worauf sich Hitler zu einem knappen Geburtstagsglückwunsch bewegen ließ; die bedeutsamsten Feierlichkeiten für den Jubilar fanden jedoch weder in Berlin noch in der Geburtsstadt München, sondern in Wien statt.

Capriccio **(ein Konversationsstück für Musik in in einem Aufzug von Clemens Krauss und Richard Strauss)**
Uraufführung am 26. Oktober 1942 in München
Wiener Erstaufführung am 1. März 1944
Von allen nach *Arabella* entstandenen Werken wurde *Capriccio* in Wien am häufigsten aufgeführt. Weiß das als „kulinarisch“ verschriene oder gelobte Wiener Publikum doch „Verstandestheater“ und „Kopfgrütze“ (Strauss) zu schätzen? In den bloß sechs Vorstellungen bis zur Theatersperre konnte sich das anspruchsvolle Stück trotz sensationeller Besetzung (Cebotari als Gräfin, Jerger als Graf, Kunz als Olivier, Schöffler als La Roche, Marta Rohs als Clairon, Böhm am Pult) noch nicht etablieren. Erst ab der Salzburger Festspielpremiere 1950 unter Böhm wurde *Capriccio* allgemein geschätzt und festigte seinen Ruf bei der Neuinszenierung am 2. Juni 1951 im Theater an der Wien, „natürlich“ unter Böhm und Hartmann. Schöffler und Dermota blieben aus der Ur-Besetzung erhalten, Christel Goltz und Hermann Uhde sangen Gräfin und Grafen, Hans Braun den Dichter, Elisabeth Höngen die Clairon. Im Opernhaus an der Wienzeile, das der Meister selbst als ideal für das Konversationsstück betrachtet hatte, debütierte noch 1951 Lisa della Casa in der weiblichen Hauptpartie.
Ab 1960 war *Capriccio* im Haus am Ring zu sehen. Böhm blieb am Pult,

Ein Wiener Capriccio-*Ensemble: Gottfried Hornik (Olivier), Waldemar Kmentt (Flamand) und Oskar Czerwenka (La Roche).*

Dermota und Schöffler in den Kleidern des Flamand und des La Roche. Elisabeth Schwarzkopf verkörperte eine neue strahlende Gräfin, Christel Goltz war zur Clairon gereift, Walter Berry der neue Olivier. Dreimal (1964 unter Georges Prêtre, 1977 unter Horst Stein und 1992 unter Heinrich Hollreiser) von Richard Bletschacher neueinstudiert, blieb die Produktion bis 1997 im Spielplan. Im Jahre 1964 waren es neben der Della Casa die Herren Kerns, Kmentt, Berry und Wiener (der an Schöfflers Stelle gerückt war) sowie Christa Ludwig als Clairon und die Luxusbesetzung Fritz Wunderlich und Lucia Popp als italienisches Sängerpaar. 1977 wurden die Hauptpartien von Gundula Janowitz (Gräfin), Waldemar Kmentt (Flamand), Gottfried Hornik (Olivier), Oskar Czerwenka (La Roche) und Christa Ludwig (Clairon) verkörpert, 1992 waren Julia Faulkner, David Kuebler und Bo Skovhus an der Reihe, während der Olivier von einst, Walter Berry, in die Gewänder des Theaterdirektors schlüpfte. Weitere Rollenrepräsentanten über die Jahrzehnte waren u. a. Gerda Scheyrer, Claire Watson, Judith Beckmann und Felicity Lott (Gräfin), Thomas Moser, Peter Schreier und Herbert Lippert (Flamand), Hermann Prey und Olaf Bär (Olivier), Theo Adam, Franz Mazura und Rudolf Mazzola (La Roche), Hans Helm und Peter Weber (Graf) sowie Gertrude Jahn, Hertha Töpper, Margareta Hintermeier und Anne Howells (Clairon), Hans Swarowsky, Ernst Märzendorfer oder Peter Schneider dirigierten.

Die Feiern zum 80. Geburtstag

In Berlin nicht wohlgelitten, kehrte sich Strauss nach Wien, um unter Freunden seinen runden Geburtstag zu begehen. An Hans Hotter war es, dem Jubilar ein besonderes „Ständchen" im Musikverein darzubringen. Mit Strauss selbst hatte sich der Sänger in Garmisch über die Programmfolge beraten, wobei der Komponist mehrere Stunden lang „ohne Unterbrechung mit dem jugendlichen Elan seiner nahezu 80 Jahre eine schier endlose Reihe mir noch unbekannter Lieder" vorspielte und sang. Der Liederabend in Wien entwikkelte sich dann zu der erwarteten Feierstunde: „Als Strauss in der Loge Platz nahm, brachten ihm die Wiener eine jubelnde Geburtstagsovation dar. Nach dem Konzert erschien er im Künstlerzimmer, umarmte mich, sichtlich bewegt, und verließ wortlos wieder den Raum. Ich selbst war zu Tränen gerührt und hätte am liebsten niemanden mehr sehen wollen. Aber das wäre unfair gewesen gegenüber dem begeisterten, treuen Wiener Publikum."[58]

Karl Böhm erinnerte sich des 11. Juni 1944 so: „Am [...] Tage seines 80. Geburtstages waren meine Frau und ich schon seit dem frühen Morgen zu Gast bei der Familie Strauss"[59], der neben zahlreichen anderen Gratulanten auch das Schneiderhan-Quartett einen Gruß überbrachte: Die Musiker spielten den ersten Satz des Haydnschen *Lerchenquartetts*. „Zu Mittag fand im Großen Musikvereinssaal eine Matinee mit den Wiener Philharmonikern statt. Im Hause angekommen, wollte Strauss sogleich ans Pult eilen; ich ließ ihn aber in meiner Loge platznehmen, ging selbst ans Pult und dirigierte als Überraschung das *Meistersinger*-Vorspiel und den *Rosenkavalier*-Walzer. Dann kam Strauss tief gerührt zu mir auf das Podium. Ich gratulierte ihm herzlichst zum Geburtstag und übereichte ihm als Geschenk einen wertvollen Taktstock aus Elfenbein mit Gold und Brillanten [gewidmet „von der dankbaren Stadt Wien"]. Mit diesem dirigierte er sodann seinen *Till Eulenspiegel*. Als er hinterher an meiner Loge vorbeikam, klopfte er mir mit dem Taktstock auf die Schulter und meinte: ‚Na, der ist aber verflucht schwer; die *Götterdämmerung* möchte ich damit nicht dirigieren.' Nach der Pause dirigierte er seine *Sinfonia domestica*." Es wiederholten sich die zärtlichen Blicke zur Familie bei den entsprechenden Stellen des Werkes. „Die Wiener Philharmoniker spielten herrlich. – Gott sei

Strauss führt beim Konzert zum 80. Geburtstag den reichgeschmückten Taktstock, den ihm die Stadt Wien gewidmet hat.

Dank gibt es von dieser wunderbaren Aufführung noch eine Schallplatte."
Aufnahmetätigkeit prägte auch die nächsten Tage. Strauss spielte im RAVAG-Gebäude in der Argentinierstraße mehrere seiner Tondichtungen ein. Ebenfalls auf Tonträger festgehalten ist die Staatsopern-*Ariadne* am Geburtstagsabend, u. a. mit Reining, Lorenz, Seefried, Schöffler, Alda Noni und Kunz unter Böhms Leitung (die Schallplatte wurde 1964 veröffentlicht). „Der Meister war mit seiner ganzen Familie anwesend, ebenso Gerhart Hauptmann mit seinem Sohn. [...] Nach der Aufführung schenkte mir Strauss seine *Ariadne*-Partitur mit

einer herzlichen Widmung."[60] Diese Vorstellung war der Höhepunkt des „Richard Strauss-Zyklus zum 80. Geburtstag des Meisters"; weiters leitete Karl Böhm noch *Ariadne*, *Rosenkavalier*, *Capriccio* und die *Frau ohne Schatten*; Rudolf Moralt trat für *Arabella*, *Salome*, *Rosenkavalier* sowie eine Ballettpremiere mit *Couperin-Suite* (neu choreographiert von Erika Hanka) und *Josephs-Legende* am 8. Juni ans Pult.

Von den zahllosen Glückwünschen sei ein Brief erwähnt, dessen Autor „weiß, eines Tages werde auch ich einen Wirkungskreis bekommen, den ich mir so heiß wünsche und der mir die Möglichkeit geben wird, wieder endlich Opern von Ihnen aufzuführen, so wie ich sie mir denke". Das Schreiben schließt mit „alle[n] Segenswünsche[n] und Dank eines, der vielleicht der Allertreuesten einer ist"[61] und trägt die Unterschrift Herbert von Karajans.

Es gelang dem rührigen Böhm sogar noch, mit der Wiener *Capriccio*-Produktion im Juni ein Gastspiel in Zürich zu absolvieren. Die allgemeine Theatersperre, die im Sommer verhängt wurde, sollte all diesen Höhepunkten eine traurige Zäsur folgen lassen. Auch *Die Liebe der Danae* geriet bei den Salzburger Festspielen nur bis zur Generalprobe am 16. August 1944, an deren Ende ein tiefbetrübter Richard Strauss dem Orchester ein Wiedersehen „in einer besseren Welt" wünschte. Was er sich selbst wünschte, vertraute er wenig später Karl Böhm an: „Am 17. August hätte der liebe Mozart mich zu sich abberufen sollen."[62]

Zum 100. Geburtstag des Meisters ließen die Philharmoniker ein Relief an der Außenmauer der Villa anbringen. Für den Passanten, der durch das Gittertor späht, ist das Porträt sichtbar.

7. Ausklang, Nachklang

„Schöpferisch, und schon allein, durch die verlustreiche Zeit"

Josef Weinhebers Gedicht *Für Richard Strauss zum achtzigsten Geburtstag*, das im Festprogramm der Wiener Philharmoniker am 11. Juni 1944 abgedruckt wurde, kündete in sprachlicher Schönheit auch von der bitteren Zeit, die dem Komponisten bevorstand:

„Zeiten, Menschen, die Welt, das inner- und äußere Schicksal:
Alles war nur ein Klang. Und das Geliebte verging.
Aber, bewahrend den Klang, verblieb dem leidenden Herzen
Seine deutlichste Schrift: Tönt uns noch einmal Musik!
Hier spricht wahrlich nicht Not. Das Tiefe des Herzens verklärte
Ein gewappneter Mann: So, wie es war, war es gut!
Ton, Gestalt, und ein Hauch des nicht mehr Sagbaren geistert
Schöpferisch, und schon allein, durch die verlustreiche Zeit."[63]

Ab September 1944 appellierte Strauss aus Garmisch mehrfach an die „Kinder", Wien möglichst schnell zu verlassen. Zu der ständigen Bedrohung durch Bomben war noch die schockierende Meldung gekommen, daß das Ehepaar eines Abends plötzlich verhaftet und im Gestapo-Hauptquartier festgehalten wurde. Erst durch direkte Intervention von Schirach wurde die Freilassung erwirkt. Bei dem Freunde Mautner Markhof fanden Franz und Alice Unterschlupf, als unweit der Villa ein Blindgänger niederging und entschärft werden mußte. Nach dem Auszug der Familie übernahm der Architket Eugen Antosch ehrenamtlich die Verwaltung des Hauses. Das weitere Geschick des Anwesens geht aus einem Brief von Franz Strauss hervor, den er zwei Monate nach dem Tode seines Vaters an den Architekten Rosenauer sandte: „Das Haus erst von Bomben, dann von Russen und zuletzt von englischer Offiziersmesse beschädigt sah grauenhaft aus. Ein uns befreundeter Architekt [Antosch] hat es nun fertiggebracht, dass die holländ. Gesandtschaft das Haus auf 4 Jahre gemietet hat [...]"[64] – und dieser Mietvertrag hat noch heute Gültigkeit, womit ein lange zurückreichender Plan, in der Jacquingasse eine Strauss-Gedenkstätte einzurichten, so bald nicht in die Tat umgesetzt werden wird.

Straussens Briefe wurden gegen Jahresende 1944 pessimistischer und trüber; wohl erarbeitete er eine Konzertfassung des *Rosenkavalier*-Walzers, überlegte aber, daß ihn „die lieben Philharmoniker bei meiner demnächst bevorstehenden Beerdigung spielen mögen". Und am 25. November 1944 konstatiert er: „Mein Lebenswerk ist zerstört, meine Opernwerke, die gerade in den letzten Jahrzehnten an den großen deutschen Bühnen einen hohen Grad künstlerischer Reife und von geschulten Künstlerensembles, großen Dirigenten und Regisseuren und Meisterorchestern Aufführungen von seltener Vollendung erleben durften – werde ich nicht mehr hören und sehen. Aus meinem schönen, beinahe ganz ruinierten Wiener Hause fliehen meine armen Kinder, die ich nach 60 Jahren ernstester künstlerischer Arbeit nun wahrscheinlich als Bettler werde zurücklassen müssen […]."[65]

Diese Zeilen schrieb Strauss noch vor dem vernichtenden Schlag, der die Heimstatt und zugleich das Sinnbild der Wiener Opernkunst am 12. März 1945 traf: als letzte Konsequenz des Hitler-Wahnes wurde das Haus am Ring in Schutt und Asche gelegt. Der noch amtierende Direktor Karl Böhm ließ den greisen Künstler am 17. März die

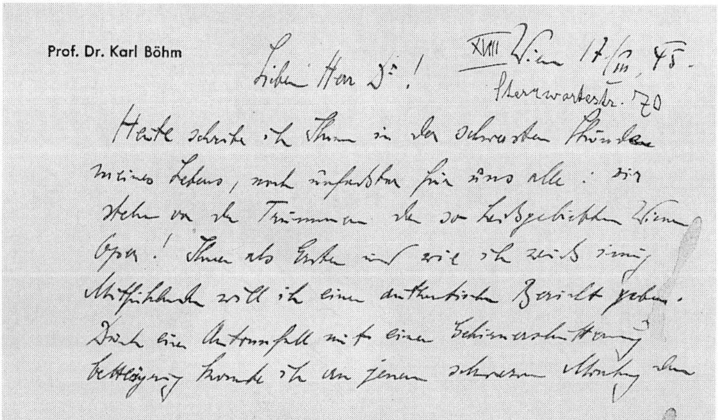

Prof. Dr. Karl Böhm

Lieber Herr Dr.!

XVIII Wien 17/III. 45.
Sternwartestr. 70

Heute schreibe ich Ihnen in der schwersten Stunde meines Lebens, auch unfasslich für uns alle: wir stehen vor den Trümmern der so heißgeliebten Wiener Oper! Ihnen als Erstem und wie ich weiß einzig Mitfühlendem will ich einen authentischen Bericht geben. Durch einen Autounfall mit einer Gehirnerschütterung und Bettlägerigkeit konnte ich an jenem schweren Montag den

„… in der schwersten Stunde meines Lebens": Böhm informiert Strauss von der Zerstörung der Wiener Oper.

traurige Nachricht erfahren: „Heute schreibe ich Ihnen in der schwersten Stunde meines Lebens, noch unfaßbar für uns alle ...“[66]

„Mein künstlerisches Vermächtnis“

Kein theoretischer Text aus der Feder von Richard Strauss ist bekannter geworden als sein „Künstlerisches Vermächtnis“[67], das in einem Brief an Karl Böhm vom 27. April 1945 enthalten ist. Knapp „nach der furchtbaren Wiener Katastrophe“ legte Strauss „so eine Art Testament“ vor, das er jedoch „schon vor einiger Zeit niedergeschrieben“ hatte; wir können davon ausgehen, daß die Ausführungen eine letzte Nachwirkung des Denkprozesses sind, den das Scheitern der Wiener Direktion über zwei Jahrzehnte zuvor ausgelöst hatte.

Das Manifest basiert auf dem Gedanken von zwei bis drei Opernbühnen, deren koordinierte Spielpläne einen möglichst breiten Querschnitt des Repertoires bieten. Das Haus am Ring als „Opernmuseum“, in dem „quasi eine Permanente Ausstellung der größten Werke der Literatur in erstklassiger Ausführung in immer währender Probenarbeit auf der Höhe gehalten, ohne daß täglich gespielt wird“, mit Künstlern, die „nicht durch Belästigung mit minderwertigen Werken zwischendurch immer wieder verdorben“ würden; das Theater an der Wien als „Spieloper“ für einen „dem Bildungs- wie bessern Unterhaltungsbedürfnis gleich gerechten Spielplan“; und schließlich als dritte Bühne „zu billigen Preisen“ die Volksoper, wo ein gemischtes Programm Platz fände und auch Novitäten „zur Diskussion gestellt“ werden könnten. Die entsprechenden Werklisten enthalten mindestens ebenso viele heute als vollkommen überflüssig geltenden Opern (wie Chabriers *Gwendoline* oder Schillings' *Ingwelde*) wie deutliche Lücken („*Otello* verurteile ich im ganzen wie alle zu Operntexten verunstalteten Libretti nach klassischen Dramen, wie z. B. Gounods *Margarete*, Rossinis *Tell*, Verdis *Don Carlos*! Sie gehören nicht auf die deutsche Bühne“), selbstverständlich aber, auf „Opernmuseum“ und „Spieloper“ gerecht verteilt, den gesamten Strauss!

Richard Strauss konnte nicht ahnen, daß schon kurz nach Abfassung seines Schreibens das Theater an der Wien für ein Jahrzehnt die Heimstatt des Staatsopernensembles werden sollte; zwar gehörten nicht, wie Strauss es idealtypisch entworfen hatte, *Guntram, Feuersnot* oder *Die schweigsame Frau* zum Programm des „idealen Hauses für die sogenannte Spieloper", doch wurden wohl *Ariadne, Intermezzo, Arabella* und *Capriccio*[68] sowie die eigentlich für das große Haus bestimmten *Salome, Elektra, Rosenkavalier* und *Daphne* hier aufgeführt. Ein überreicher Strauss-Spielplan bot sich in den unmittelbaren Nachkriegsjahren dar, der an die besten Zeiten der Pflege seiner Werke in Wien anknüpfen konnte. Hier wurde auch *Die Liebe der Danae* im Uraufführungsjahr 1952 von Clemens Krauss vorgestellt.

Abschied von Strauss – Abschiede mit Strauss

Mehrmals war Strauss noch mit Wien in indirektem Kontakt, ohne es noch einmal zu betreten. Im Februar 1947 konnte sich der Dreiundachtzigjährige bei Bürgermeister Theodor Körner für die Urkunde der österreichischen Staatsbürgerschaft bedanken, „die zu meiner großen Freude nunmehr auch das äußere Symbol darstellt meiner seit langem vollzogenen Zugehörigkeit zum geistesverwandten Österreich".[69] Maria Jeritza war durch die Zuwidmung des Liedes *Malven* im März 1949 so gerührt, daß sie den Komponisten überreden wollte, „mit mir in Wien zu gastieren [...]. Ich garantiere Ihnen, ganz Österreich und Umgebung werde ich Ihnen zu Füßen legen lassen."[70] Doch dazu kam es begreiflicherweise nicht mehr, auch nicht zu dem Wien-Besuch, den der junge Generalsekretär der Gesellschaft der Musikfreunde Rudolf Gamsjäger anregte.

Am 11. Juni 1949 ließ die Staatsoper im Theater an der Wien dem abwesenden Richard Strauss ihre höchste Auszeichnung zuteil werden. Vor Beginn einer von Clemens Krauss geleiteten *Salome*-Aufführung teilte Ministerialrat Egon Hilbert dem Publikum mit, daß Unterrichtsminister Felix Hurdes den Komponisten zum Ehrenmitglied ernannt hatte. Letzte Grüße an die Wiener Philharmoniker sandte Strauss am 20. Juli 1949. Er widmete dem Orchester „Ein paar Tropfen aus der versiegten Donauquelle", ein Skizzenblatt der nicht mehr vollendeten symphonischen Dichtung. Das Begleitschreiben lautet: „Die schöne Geburtstagsnummer Ihrer Musikblätter hat mich sehr erfreut u. schlägt an mein schlechtes Gewissen, daß es mir nicht möglich war, den lieben Philharmonikern mein Donauversprechen noch zu erfüllen! Aber wenn der alte Pegasus lahm ist, kann man eben ‚nix mehr machen'! Nehmen Sie darum bitte den letzten Tropfen freundlich auf und seien Sie […] herzlich gegrüßt von Ihrem treu ergebenen Dr. Richard Strauss."[71]

Am 8. September 1949 schloß Richard Strauss in seiner Garmischer Villa für immer die Augen. Franz Strauss berichtete, daß sein Vater wenige Stunden vor seinem Ableben noch einmal erwacht sei und die Worte sprach: „Es ist alles wahr, was ich in *Tod und Verklärung* geschrieben habe; genau so ist es, wenn man vor dem Ende steht." Dieses Werk, von Clemens Krauss geleitet, stand auch im Zentrum der Trauerfeier in der Gesellschaft der Musikfreunde, bei der Joseph Gregor die Totenrede hielt. (Der Österreichische Rundfunk, damals RAVAG, hatte im Anschluß an die Todesmeldung ausgerechnet *Till Eulenspiegels lustige Streiche* gesendet!) Auch die Staatsoper ehrte den Dahingegangenen am 13. September 1949 mit *Tod und Verklärung* (unter Karl Böhm) und einer *Elektra* unter dem „lieben Neffen" Rudolf Moralt. Das Wirken dieser beiden Dirigenten blieb weiterhin eng mit Richard Strauss verknüpft. Moralts eigener Tod sollte ihn aus der Arbeit an dessen Werken reißen: Er starb am 16. Dezember 1958 knapp nach einer *Ariadne*-Probe an der Staatsoper. Am Abend hätte er *Josephs-Legende* an diesem Hause leiten sollen.

Direktor Böhm hatte zum Fest der Operneröffnung 1955 mit *Rosenkavalier* unter der Leitung von Hans Knappertsbusch und *Frau ohne Schatten* unter eigener Stabführung zwei Werke des Freundes Strauss auf das Programm gesetzt. Acht Jahre zuvor hatte Karl Böhm übrigens die Uraufführung der Symphonischen Phantasie nach *Frau ohne Schatten* beim ersten internationalen Musikfest der Wiener Konzerthausgesellschaft uraufgeführt. Der Schlußpunkt seines Wirkens sollte ebenfalls im Zeichen des Genies stehen. Im Jahre 1981 verfilmte der deutsche Regisseur Götz Friedrich in Wien *Elektra*, und Böhm war die musikalische Leitung anvertraut. Die letzte Orchestersitzung hielt der vom Tode Gezeichnete just am 11. Juni, dem Geburtstag des Idols ab. Mit demselben Datum widmete er Leonie Rysanek, die ausnahmsweise in die verzehrende Titelpartie des Einakters geschlüpft war, sein Foto mit den Worten: „Meiner schon immer geliebten ‚Frau' und jetzt zur Spitze ihres Könnens gereiften ‚Elektra' mit innigstem Dank im Namen von R. Strauss und seinem

Stellvertreter auf Erden in höchster Verehrung/Dein Karl."[72] Zwei Monate später starb der Dirigent in Salzburg.
Von Karl Böhm hatte Herbert von Karajan im Frühjahr 1956 die Leitung des Hauses am Ring übernommen. Für die Kontinuität der Amtsführung trotz aller äußerlich spektakulären Brüche und Demissionen spricht es, daß es jenes von Richard Strauss auf Karl Böhm übergegangene „künstlerische Vermächtnis" war, das auch die Ära Karajan prägte. In der Pressekonferenz, bei der die Berufung Herbert von Karajans zum künstlerischen Leiter der Wiener Staatsoper bekanntgegeben wurde, bekannte sich der neue Chef zu diesem Vermächtnis, bezeichnete es gar als seine „künstlerische Religion".
Und wie stand es um die Strauss-Pflege in der Ära Karajan? Den Werken des großen Vorgängers galten in den Jahren 1956–1964 nicht mehr und nicht weniger als vier Neuproduktionen: *Arabella* 1959 unter Joseph Keilberth, *Capriccio* 1960 unter Karl Böhm, *Intermezzo* 1963 im Theater an der Wien, abermals unter Keilberth, und, endlich mit dem Hausherren am Pult sowie als Regisseur, *Die Frau ohne Schatten* am hundertsten Geburtstag des Meisters, dem 11. Juni 1964. Von einem Strauss-Dirigenten karajanischen Formats hätte man erwarten können, daß er sich wenigstens um die Pflege der Klassiker *Salome* oder *Elektra* selbst bemüht hätte. Doch stand Karajan vor „seiner" ersten Strauss-Premiere nur einmal am Pult, um einen Festwochen-*Rosenkavalier* (am 7. Juni 1962) zu leiten. *Die Frau ohne Schatten*, von Richard Strauss „als Morgengabe" zu seinem Direktionsantritt in Wien uraufgeführt, wurde Karajans Abgesang als Leiter der Staatsoper. Seine Demission war zum Zeitpunkt der Premiere bereits eingereicht und bald danach auch akzeptiert. Die zweite Vorstellung des Werkes am 17. Juni 1964 blieb somit Karajans letzter Auftritt als künstlerischer Leiter des Hauses. Seinem mittelbaren Nachfolger Heinrich Reif-Gintl blieb es vorbehalten, mit der Erstaufführung der *Schweigsamen Frau* eine empfindliche Lücke im Strauss-Repertoire der Staatsoper zu schließen.

Die Liebe der Danae (Heitere Mythologie in drei Akten von Joseph Gregor)
Uraufführung am 14. August 1952 bei den Salzburger Festspielen
Wiener Erstaufführung am 25. September 1952
Die erste der beiden postum ins Staatsopernrepertoire gebrachten

Strauss-Opern erlebte nur neun Aufführungen, alle in der Saison 1952/53, alle unter der Leitung ihres „Schutzherrn“ Clemens Krauss. Von den Salzburger Festspielen war die Josef-Witt-Inszenierung übernommen worden, Schöffler (Jupiter), Patzak (Merkur), August Jaresch (Pollux) verkörperten das Götter-Trio, Anneliese Kupper sang die Titelrolle, Josef Gostic den Midas.

***Die schweigsame Frau* (Komische Oper in drei Aufzügen, frei nach Ben Jonson von Stefan Zweig)**
Uraufführung am 24. Juni 1935 in Dresden
Wiener Erstaufführung am 1. März 1968
Längere Lebensdauer war und ist der erst 1968 für Wien entdeckten einzigen Kooperation Zweig – Strauss beschieden. Hans Hotter (den Wien nie als Morosus erleben durfte!) inszenierte, Silvio Varviso dirigierte die Erstaufführung. Oskar Czerwenka war und blieb bis 1973 der Morosus, Robert Kerns der Barbier, William Blankenship der Henry und Mimi

Zwei junge Sänger auf dem Sprung zur Weltkarriere: Thomas Moser und Edita Gruberova in der Schweigsamen Frau *(1978).*

Coertse die vermeintlich schweigsame Aminta. Am 1. Oktober 1978 unter Heinrich Hollreiser neueinstudiert, erreichte die Produktion insgesamt 37 Aufführungen. Das Liebespaar der Neueinstudierung war Edita Gruberova und Thomas Moser, der Onkel Morosus Siegfried Vogel. Letzterer machte mehrmals Karl Ridderbusch und Marius Rintzler Platz, die Titelpartie übernahmen Patricia Wise und Karin Ott.
Der *Schweigsamen Frau* galt die bislang letzte Strauss-Premiere im Haus am Ring. Am 21. Dezember 1996 wurden Kurt Rydl, Natalie Dessay, Bo Skovhus und Michael Schade umjubelt, Ausstatter-Regisseur Marco Arturo Marelli und Horst Stein leiteten den Überraschungserfolg der Saison in einer um die Chorstellen reduzierten, intimeren Version. Mittlerweile war die Produktion auch mit Franz Hawlata (Morosus), Simina Ivan (Aminta) oder Benedikt Kobel (Henry) zu erleben. Von Horst Stein übernahm den Taktstock mehrmals Ernst Märzendorfer, der im Anschluß an die Vorstellung am 3. März 1999 zum Ehrenmitglied der Staatsoper ernannt wurde.

„... für alle Zeit ..."

Eine Geschichte der Wiener Strauss-Pflege in dem halben Jahrhundert seit des Meisters Tod würde ein eigenes Buch füllen. Darum seien nur noch einige Streiflichter aus den 1990ern angefügt. Bedarf es irgendwelcher Beweise für das Weiterleben seiner Werke im heutigen Wien? Ein Blick auf die Spielpläne der Konzert- und Opernhäuser genügt. Seinen fünfzigsten Todestag begehen die Wiener Philharmoniker mit einem Festkonzert, die Staatsoper mit einem halben Dutzend ihm gewidmeter Abende sowie, zum Ausklang des Jahres 1999, einer Neuinszenierung der *Frau ohne Schatten*. Gewiß bleiben auch noch Wünsche offen; etwa eine Wiedererweckung des *Intermezzo* (z. B. an der Volksoper), eine Wiederentdeckung des *Bürger als Edelmann* (z. B. mit den vereinigten Ensembles von Burgtheater und Staatsoper) oder eine Begegnung mit dem Opernerstling *Guntram*, die man sich doch allenfalls nur konzertant vorstellen kann.
Eine über dreißig Jahre alte *Rosenkavalier*-Inszenierung tut an der Staatsoper Dienst, die am 13. Oktober 1999 zum 275. Mal gezeigt wird; doch wenn kostbare Stimmen und ein gut disponiertes Orchester zusammenwirken, vermittelt sich auch beim x-ten Sehen und Hören des Werkes ein lebendiger Zauber. Die Bühnenwerke unseres Komponisten bieten aber auch dem modernen Regisseur jede Möglichkeit zu beeindrucken, das belegten etwa Harry Kupfers aufwühlende *Elektra*-Interpretation des Jahres 1989 oder die Ehrenrettung,

die Marco Arturo Marelli der *Schweigsamen Frau* 1996 angedeihen ließ.

Daß Richard Strauss für seine Staatsoper eine gesunde, leistungsfähige Ballett-Truppe wünschte und durchsetzte, daß er (mit *Josephs-Legende*) zumindest *ein* unsterbliches Tanzstück geschaffen hat, wird nicht vergessen. Zeitgenössische Choreographen entwickeln auch Werke weiter, die ursprünglich nicht für den Tanz bestimmt waren, das Publikum aber nichtsdestoweniger auch in dieser Form faszinieren: so wie Rudi van Dantzigs *Letzte Lieder* (1979), die 39 Aufführungen im Haus am Ring und weitere 30 auf Gastspiel erreichten; der junge österreichische Choreograph Manfred Aichinger setzte 1997 im Odeon unter dem Titel *Die Zeit, die ist …* Fragmente aus dem *Rosenkavalier* um; und Renato Zanella, Ballettdirektor der Wiener Staatsoper, fügte seinem Programm *Alles Walzer* einmal den *Rosenkavalier*-Konzertwalzer ein.

Keine Frage, *Der Rosenkavalier* wird zu oft zitiert. Gelernte Opernfreunde beginnen ihren Tag mit den Worten: „Jetzt wird gefrühstückt" und beenden ihn womöglich mit „Leopold, mir gengan" (wobei doch das zurückhaltende „Leupold, wir gehn" original wäre!). Zu reizvoll ist die Poesie Hofmannsthals, die, selbst wenn nur nachgesprochen, vom Zauber der Straussischen Melodie umtönt wird, um nicht bei jeder halbwegs passenden Gelegenheit verwendet zu werden. Am Ende dieses Buches, das Strauss und Wien zum Inhalt hat, sei es erlaubt, sich aus diesem Operntext abermals zu bedienen. Denn kein Satz umschreibt die Dauerhaftigkeit der Beziehung zwischen den unvergänglichen Meisterwerken des Richard Strauss und dem dankbaren Publikum der Donaumetropole besser – und „wienerischer" – als die Schlußworte der Sophie: „[…] beieinand' für alle Zeit und Ewigkeit".

ANHANG

1. Richard Strauss als Dirigent in Wien

Richard Strauss ist insgesamt 411mal in Wien als Dirigent aufgetreten, davon in 58 Konzerten und 353 Vorstellungen in den Wiener Opernhäusern. 203 dieser Vorstellungen galten eigenen Werken.

a) Strauss als Dirigent seiner Werke an der Staats- und Volksoper

Die Ägyptische Helena (Helena, Menelas, Hermione, Aithra, Altair, Da-ud)

1928

11. Juni	Jeritza, Graarud, Bachrich, Angerer, Manowarda, Pataky
14. Juni	Jeritza, Graarud, Bachrich, Angerer, Manowarda, Pataky
17. Juni	Jeritza, Graarud, Bachrich, Angerer, Manowarda, Pataky
30. Dezember	Hussa, Schubert, Bachrich, Angerer, Manowarda, Pataky

1929

5. Januar	Schwarz, Schubert, Bachrich, Angerer, Manowarda, Gallos
6. Februar	Schwarz, Lorenz, Bachrich, Jungbauer, Manowarda, Gallos
7. März	Schwarz, Schubert, Bachrich, Jungbauer, Manowarda, Gallos
17. April	Jeritza, Leuer, Bachrich, Angerer, Manowarda, Pataky

1930

8. Januar	Pauly, Graarud, Bachrich, Angerer, Manowarda, Pataky
22. März	Pauly, Graarud, Bachrich, Jungbauer, Manowarda, Pataky
30. Dezember	Pauly, Graarud, Bachrich, Angerer, Manowarda, Gallos

Ariadne auf Naxos (Ariadne, Zerbinetta, Komponist, Bacchus, Musiklehrer)

1918

27. April	Jeritza, Heim, Lehmann, v. Környey, Duhan

1919

19. Mai	Jeritza, Kurz, Lehmann, Fischer-Niemann, Wiedemann

1920

15. Januar	Jeritza, Kurz, Lehmann, Oestvig, Duhan
10. Februar	Jeritza, Kurz, Lehmann, Leuer, Duhan
31. Mai	Jeritza, Kurz, Lehmann, Leuer, Duhan

1921

12. Januar	Born, Schöne, Lehmann, Oestvig, Wiedemann
24. Februar	Windheuser, Ivogün, Lehmann, Piccaver, Wiedemann
19. April	Born, Hauser-Schulthess, Lehmann, Niemann, Wiedemann

1922

27. April	Jeritza, Kurz, Rajdl, Oestvig, Duhan

1923

23. Februar	Lehmann, Kurz, Rajdl, Niemann, Wiedemann
8. März	Lehmann, Schöne, Rajdl, Oestvig, Wiedemann
9. April	Lehmann, Kaiser, Rajdl, Oestvig, Duhan
22. Dezember	Lehmann, Schöne, Rajdl, Oestvig, Duhan

1924

15. Januar	Born, Gerhart, Geyersbach, Oestvig, Duhan
25. Februar	Lubin, Gerhart, Achsel, Fischer-Niemann, Renner
24. September	Born, Kurz, Rajdl, Piccaver, Duhan

1928

3. Januar	Lehmann, Gerhart, Angerer, Piccaver, Duhan
4. April	Lehmann, Gerhart, Achsel, Schubert, Duhan
16. Juni	Schwarz, Gerhart, Angerer, Appels, Duhan

1929

8. Januar	Born, Gerhart, Angerer, Piccaver, Wiedemann

1930

17. Januar	Lehmann, Kern, Achsel, Piccaver, Wiedemann
1. April	Lehmann, Gerhart, Achsel, Piccaver, Jerger

1931

5. Januar	Lehmann, Kern, Angerer, Piccaver, Wiedemann
13. Februar	Lehmann, Gerhart, Achsel, Piccaver, Wiedemann
11. April	Lehmann, Kern, Achsel, Kalenberg, Jerger

Der Bürger als Edelmann (Jourdain, Lucile, Cléonte, Mufti)
(gemeinsam mit dem Burgtheater, im Redoutensaal)

1924

1. Oktober	Thaller, Seidler, Zeska, Wiedemann

Elektra (Elektra, Chrysothemis, Klytämnestra, Orest, Aegisth)

1910

19. Juni	Walker, Förster Lauterer, Mildenburg, Weidemann, Leuer **(Dirigentendebüt an der Wiener Hofoper)**

1911

6. April	Rabl-Kriesten, Förster Lauterer, Mildenburg, Weidemann, Leuer

1912

27. März	Sanden, Förster Lauterer, Mildenburg, Weidemann, Schmedes

1915

28. April	Gutheil-Schoder, Kiurina, Mildenburg, Schwarz, Leuer
6. Oktober	Gutheil-Schoder, Weidt, Paalen, Weidemann, Leuer

1916

7. Oktober	Gutheil-Schoder, Weidt, Paalen, Weidemann, Leuer

1918

22. April	Gutheil-Schoder, Weidt, Paalen, Weidemann, Leuer

1919

15. Dezember	Gutheil-Schoder, Weidt, Paalen, Manowarda, Leuer

1921

4. Januar	Gutheil-Schoder, Mihacsek, Krüger, Manowarda, Schmedes
11. März	Gutheil-Schoder, Mihacsek, Paalen, Manowarda, Schmedes
10. Mai	Gutheil-Schoder, Hafgren-Dinkela, Paalen, Manowarda, Leuer

1922

16. Februar	Gutheil-Schoder, Weidt, Kittel, Weidemann, Schmedes
7. Dezember	Gutheil-Schoder, Weidt, Paalen, Manowarda, Hofer

1923

6. Dezember	Gutheil-Schoder, Weidt, Paalen, Manowarda, Hofer

1924

4. März	Gutheil-Schoder, Mihacsek, Olszewska, Schipper, Schmedes
6. Mai	Gutheil-Schoder, Mihacsek, Olszewska, Schipper, Hofer

1926

7. Dezember	Kappel, Born, Olszewska, Jerger, Hofer

1927

17. Februar	Wildbrunn, Weidt, Paalen, Manowarda, Hofer
22. April	Kappel, Weidt, Olszewska, Schipper, Hofer
14. Dezember	Wildbrunn, Born, Olszewska, Manowarda, Schubert

1928

20. Januar	Wildbrunn, Achsel, Mildenburg, Schipper, Maikl
9. Februar	Wildbrunn, Merz, Paalen, Schipper, Maikl

1929

15. Januar	Wildbrunn, Achsel, Paalen, Manowarda, Schubert
24. April	Wildbrunn, Born, Mildenburg, Manowarda, Maikl

1930

25. Januar	Wildbrunn, Ursuleac, Mildenburg, Nissen, Graarud

27. März	Burkhardt, Achsel, Paalen, Jerger, Graarud
22. April	Wildbrunn, Achsel, Paalen, Schipper, Graarud

1931

4. Februar	Wildbrunn, Ursuleac, Rünger, Manowarda, Graarud
6. März	Wildbrunn, Ursuleac, Rünger, Schipper, Graarud

Feuersnot (Diemuth, Kunrad, Schweikert v. Gundelfingen, Ortolf Sentlinger)

1912

28. März	Jeritza, Schützendorf, Dimano, Nosalewicz (Volksoper)

1922

18. März	Kiurina, Schipper, Breuer, Manowarda
20. März	Kiurina, Schipper, Breuer, Manowarda
26. März	Kiurina, Weil, Wernigk, Manowarda
30. März	Born, Schipper, Breuer, Manowarda
3. April	Born, Weil, Breuer, Manowarda
11. April	Born, Weil, Breuer, Manowarda
11. Mai	Born, Weil, Wernigk, Manowarda

Die Frau ohne Schatten (Kaiser, Kaiserin, Amme, Barak, Färberin)

1920

6. Januar	Oestvig, Kiurina, Paalen, Mayr, Gutheil-Schoder
4. Mai	Ziegler, Jeritza, Paalen, Schipper, Gutheil-Schoder

1921

29. April	Niemann, Kiurina, Branzell, Mayr, Pirchhoff
13. Mai	Oestvig, Kiurina, Paalen, Jerger, Pirchhoff

1922

30. Januar	Oestvig, Wolf, Paalen, Jerger, Kemp
12. Mai	Oestvig, Kiurina, Olszweska, Mayr, Leander
28. Dezember	Oestvig, Gentner-Fischer, Weidt, Jerger, Pirchhoff

1923

27. Januar	Niemann, Pauly, Paalen, Jerger, Hesse
12. April	Oestvig, Geyersbach, Weidt, Jerger, Pirchhoff
28. Dezember	Oestvig, Geyersbach, Weidt, Mayr, Pirchhoff

1924

17. April	Schubert, Hafgren-Dinkela, Olszweska, Mayr, Hesse
13. Mai	Niemann, Geyersbach, Weidt, Mayr, Kemp

1927

2. Januar	Hofer, Achsel, Paalen, Jerger, Kappel
26. April	Hofer, Achsel, Burkhardt, Jerger, Kappel

1928

20. Februar	Hofer, Achsel, Burkhardt, Jerger, Forbach

Gesellschafts- und Theatertänze im Stile Ludwig XV. (Ensemblestück)
Couperin-Bearbeitung

1923

22. Februar	(im Rahmen der Ballett-Soirée im Redoutensaal)

Idomeneo (Idomeneo, Idamantes, Ilia, Ismene, Oberpriester, Arbaces)
Mozart-Bearbeitung

1931

16. April	Kalenberg, Hadrabova, Schumann, Nemeth, Mayr, Madin
19. April	Kalenberg, Hadrabova, Schumann, Nemeth, Manowarda, Madin
29. April	Kalenberg, Hadrabova, Helletsgruber, Nemeth, Manowarda, Markhoff

1941

3. Dezember	Sabel, Réthy, Böttcher, A. Konetzni, Alsen, Kunz

Intermezzo (Christine, Storch, Baron Lummer)

1927

15. Januar	Lehmann, Jerger, Ziegler
18. Januar	Lehmann, Jerger, Ziegler
21. Januar	Lehmann, Jerger, Ziegler
23. Januar	Lehmann, Jerger, Ziegler
26. Januar	Lehmann, Jerger, Ziegler
28. Januar	Lehmann, Jerger, Ziegler
1. Februar	Achsel, Jerger, Ziegler
20. April	Lehmann, Jerger, Wernigk

1928

11. Januar	Lehmann, Jerger, Wernigk
24. Februar	Lehmann, Jerger, Wernigk
16. April	Lehmann, Jerger, Wernigk

1930

30. Januar	Lehmann, Hammes, Zimmermann
14. Februar	Lehmann, Hammes, Zimmermann

1931

14. Januar	Lehmann, Hammes, Zimmermann

Josephs-Legende (Potiphar, Potiphars Weib, Joseph, Sulamith, Erzengel)

1922

18. März	Raimund, Gutheil-Schoder, W. Fränzl, Pichler, Verlik

20. März	Raimund, Gutheil-Schoder, Birkmeyer, Pichler, Verlik
23. März	Czadill, Marberg, W. Fränzl, Pichler, Verlik
26. März	Czadill, Gutheil-Schoder, Birkmeyer, Pichler, Verlik
30. März	Raimund, Gutheil-Schoder, W. Fränzl, Pichler, Verlik
3. April	Raimund, Marberg, Birkmeyer, Pichler, Verlik
11. April	Raimund, Gutheil-Schoder, Birkmeyer, Pichler, Verlik
21. April	Raimund, Gutheil-Schoder, Birkmeyer, Pichler, Verlik
25. April	Raimund, Gutheil-Schoder, W. Fränzl, Pichler, Verlik
6. Mai	Czadill, Gutheil-Schoder, Birkmeyer, Pichler, Verlik
11. Mai	Czadill, Marberg, W. Fränzl, Pichler, Verlik
13. Dezember	Raimund, Gutheil-Schoder, Birkmeyer, Losch, Verlik
30. Dezember	Raimund, Gutheil-Schoder, Birkmeyer, Losch, Verlik

1923

5. Januar	Raimund, Gutheil-Schoder, W. Fränzl, Pichler, Verlik
24. Januar	Raimund, Gutheil-Schoder, Birkmeyer, Pichler, Verlik
5. März	Czadill, Gutheil-Schoder, Birkmeyer, Pichler, Verlik
5. April	Raimund, Strohlendorf, W. Fränzl, Pichler, Verlik

1924

19. Februar	Raimund, Gutheil-Schoder, Birkmeyer, Pichler, Verlik

1927

8. Januar	Raimund, Pfundmayr, Birkmeyer, Pichler, Verlik
23. Februar	Raimund, Pfundmayr, Birkmeyer, Pichler, Verlik
3. Mai	Raimund, Pfundmayr, W. Fränzl, Pichler, Verlik

1928

16. Januar	Raimund, Pfundmayr, Birkmeyer, Pichler, Verlik

1929

25. Januar	Raimund, Pfundmayr, Birkmeyer, Pichler, Verlik
6. März	Raimund, Pfundmayr, W. Fränzl, Pichler, Verlik

1930

6. März	Raimund, Pfundmayr, W. Fränzl, Pichler, Verlik
19. April	Raimund, Pfundmayr, W. Fränzl, Pichler, Verlik

1931

20. Februar	Raimund, Pfundmayr, W. Fränzl, Pichler, Verlik
4. März	Raimund, Pfundmayr, Birkmeyer, Pichler, Verlik

Der Rosenkavalier (Marschallin, Ochs, Sophie, Octavian, Faninal)

1912

29. März	Windheuser, Mayr, Jovanovic, Gutheil-Schoder, Hofbauer

1916

27. September	Weidt, Mayr, Jovanovic, Gutheil-Schoder, Haydter

1918

25. April	Weidt, Mayr, Dahmen, Gutheil-Schoder, Wiedemann

1919

24. Mai	Brügelmann, Mayr, Dahmen, Gutheil-Schoder, Wiedemann

1920

11. März	Weidt, Bohnen, Schumann, Lehmann, Wiedemann
5. April	Windheuser, Manowarda, Schumann, Lehmann, Madin
12. Mai	Windheuser, Zec, Jovanovic, Gutheil-Schoder, Madin
17. Dezember	Windheuser, Manowarda, Schumann, Gutheil-Schoder, Madin

1921

9. März	Siems, Bohnen, Jovanovic, Gutheil-Schoder, Madin

1922

5. Februar	Weidt, Mayr, Schöne, Lehmann, Wiedemann
5. April	Mihacsek, Mayr, Schumann, Gutheil-Schoder, Wiedemann

1923

4. Februar	Kappel, Mayr, Schumann, Schwarz, Wiedemann
17. März	Mihacsek, Mayr, Schumann, Schwarz, Wiedemann
2. April	Mihacsek, Mayr, Schumann, Gutheil-Schoder, Madin

1924

29. Februar	Weidt, Mayr, Schöne, Gutheil-Schoder, Wiedemann
19. März	Mihacsek, Mayr, Schumann, Gutheil-Schoder, Wiedemann
21. April	Kappel, Mayr, Schumann, Jeritza, Wiedemann

1926

25. Dezember	Lehmann, Manowarda, Schumann, Olszewska, Wiedemann

1927

9. Februar	Weidt, Mayr, Gerhart, Achsel, Wiedemann
30. Dezember	Wildbrunn, Manowarda, Schumann, Olszewska, Madin

1928

5. Februar	Wildbrunn, Jerger, Gerhart, Schwarz, Madin
7. April	Lehmann, Mayr, Gerhart, Achsel, Madin
25. Dezember	Born, Manowarda, Schumann, Achsel, Wiedemann

1929

27. Januar	Born, Mayr, Kern, Achsel, Wiedemann
15. Februar	Weidt, Mayr, Schumann, Achsel, Wiedemann
31. März	Lehmann, Mayr, Böhm, Achsel, Wiedemann
6. April	Lehmann, Mayr, Schumann, Achsel, Wiedemann

Die Ruinen von Athen (Der Fremde, Ein Grieche, Seine Frau)
Beethoven-Bearbeitung

1924

20. September	Jerger, Manowarda, Jovanovic
25. September	Jerger, Manowarda, Jovanovic

Salome (Salome, Jochanaan, Herodias, Herodes, Narraboth)

1911

9. April	Wenger, Schützendorf, Drill-Orridge, Recht, Ritter (Dirigentendebüt am Kaiserjubiläums-Stadttheater/Volksoper)

1920

12. Februar	Jeritza, Fischer, Weidt, Schmedes, Maikl
16. März	Jeritza, Duhan, Weidt, Leuer, Ziegler
29. Mai	Jeritza, Weil, Paalen, Schmedes, Noe
23. Dezember	Gutheil-Schoder, Wiedemann, Paalen, Schmedes, Maikl

1921

22. Januar	Jeritza, Wiedemann, Pauer-Pillecker, Schmedes, Maikl
14. Februar	Gutheil-Schoder, Krenn, Paalen, Schmedes, Maikl
10. April	Jeritza, Krenn, Paalen, Schmedes, Maikl
23. Mai	Jeritza, Krenn, Weidt, Leuer, Wernigk

1922

27. Januar	Kemp, Jerger, Paalen, Schmedes, Wernigk
13. Februar	Gutheil-Schoder, Weil, Weidt, Schmedes, Gallos
5. Mai	Jeritza, Weil, Weidt, Schmedes, Gallos
11. Juni	Jeritza, Jerger, Weidt, Hofer, Gallos

1923

12. Januar	Pauly, Krenn, Weidt, Schmedes, Gallos
19. Februar	Gutheil-Schoder, Jerger, Paalen, Schmedes, Gallos

1924

14. März	Geyersbach, Jerger, Weidt, Hofer, Maikl
15. September	Jeritza, Jerger, Olszewska, Hofer, Gallos

1927

11. Februar	Pauly, Jerger, Weidt, Hofer, Gallos
7. April	Schwarz, Wiedemann, Paalen, Hofer, Gallos
7. Dezember	Kemp, Schipper, Olszewska, Schubert, Maikl

1928

13. April	Jeritza, Jerger, Paalen, Hofer, Gallos

1929

2. April	Jeritza, Jerger, Paalen, Leuer, Maikl

1930

16. März	Jeritza, Jerger, Paalen, Graarud, Kalenberg

1931

21. Januar	Ranczak, Rode, Paalen, Graarud, Kalenberg
14. März	Stünzner, Schipper, Paalen, Graarud, Gallos

1942

15. Februar	Schulz, Schöffler, Schürhoff, Witt, Dermota
5. März	Schulz, Jerger, Bugarinovic, Sattler, Sallaba
23. März	Schulz, Schöffler, Pense, Witt, Dermota
6. Mai	Schulz, Hotter, Bugarinovic, Sattler, Dermota

Schlagobers (Praliné, Teeblüte, Kaffee, Cacao, Zuckero)

1924

9. Mai	Pichler, Losch, Pfundmeyer, Nemeth, A. Birkmeyer
12. Mai	Pichler, Losch, Pfundmeyer, Nemeth, A. Birkmeyer

Strauss und sein letzter Wiener Jochanaan: Hans Hotter.

1927

8. Januar	Pichler, Losch, Pfundmeyer, Nemeth, A. Birkmeyer
3. Februar	Raab, Losch, Pfundmeyer, Nemeth, A. Birkmeyer
19. Februar	Pichler, Losch, Pfundmeyer, Nemeth, A. Birkmeyer
3. Mai	Pichler, Losch, Pfundmeyer, Nemeth, A. Birkmeyer

1928

1. Januar	Pichler, Losch, Pfundmeyer, Nemeth, A. Birkmeyer

1929

25. Januar	Pichler, Raab, Pfundmeyer, Nemeth, A. Birkmeyer
18. Februar	Pichler, Raab, Pfundmeyer, Nemeth, A. Birkmeyer

b) Opern anderer Komponisten unter der Leitung von Richard Strauss

Komponist	*Werk*	*Aufführungszahl*
Beethoven	*Fidelio*	17
Bizet	*Carmen*	5
Boieldieu	*Johann von Paris*	2*
Cornelius	*Der Barbier von Bagdad*	4
Gluck	*Don Juan* (Ballett)	2
Humperdinck	*Hänsel und Gretel*	6
Kröller/ Rimski-Korsakow	*Scheherezade* (Ballett)	4
Mozart	*Bastien und Bastienne*	5**
	Così fan tutte	10***
	Die Zauberflöte	12
	Don Juan	5
	Figaros Hochzeit	6*
Nicolai	*Die lustigen Weiber von Windsor*	1
Pergolesi	*Die Magd als Herrin*	5**
Schillings	*Mona Lisa*	1
Strauß	*Die Fledermaus*	1
Wagner	*Das Rheingold*	2
	Der fliegende Holländer	8
	Die Walküre	4
	Götterdämmerung	2
	Lohengrin	13
	Siegfried	2
	Tannhäuser	2
	Tristan und Isolde	15
Weber	*Abu Hassan*	5 **
	Der Freischütz	7

* im Redoutensaal
** gemeinsam im Redoutensaal
*** davon 9 Vorstellungen im Redoutensaal

c) Richard Strauss als Konzertdirigent in Wien

(Datum/Haus: MV = Musikverein, KH = Konzerthaus/Klangkörper; in Klammer neben dem Werk: SolistIn)

1895 *2. April/MV/Berliner Philharmoniker*

Wagner	Meistersinger-Vorspiel
Grieg	Klavierkonzert a-moll (Teresa Carreno)
Liszt	Mephistowalzer
Beethoven	7. Symphonie

1901 *23. Januar/MV/Kaim-Orchester München*

Strauss	Till Eulenspiegel
	Drei Orchesterlieder (Pauline Strauss-de Ahna)
	Ein Heldenleben
	Vier Orchesterlieder (Pauline Strauss-de Ahna)
	Vorspiel zum 2. Akt Guntram

1902 *21., 25., 26. Juni /„Venedig in Wien" (Prater)/div. Orchester*
(Aus dem Programm der drei Konzerte:)

Wagner	Tannhäuser-Ouvertüre
	Meistersinger-Ouvertüre
Berlioz	Benvenuto Cellini-Ouvertüre
Liszt	Prometheus
Schillings	Vorspiel zum 2. Aufzug Ingwelde
	Symphonischer Prolog zu König Ödipus
Strauss	Till Eulenspiegel
	Tod und Verklärung
	Ein Heldenleben

1906 *16. Dezember /MV/Wiener Philharmoniker (Abonnement-Konzert)*

Weber	Oberon-Ouvertüre
Mozart	Symphonie g-moll, KV 550
Beethoven	3. Symphonie

1907 *3. März /MV/Wiener Philharmoniker (Abonnement-Konzert)*

Liszt	Les Préludes
Brahms	4. Symphonie
Strauss	Also sprach Zarathustra

1. Dezember/MV/Wiener Philharmoniker (Abonnement-Konzert)

Spohr	Jessonda-Ouvertüre
Wagner	Faustouvertüre
Debussy	Nachmittag eines Fauns
Strauss	Sinfonia domestica

1908 *8. März /MV/Wiener Philharmoniker (Abonnement-Konzert)*

Mozart	Symphonie D-Dur (KV 297)

	Bischoff	Symphonie E-Dur
	Strauss	Tod und Verklärung
1913	*20. November /MV/Wiener Tonkünstlerorchester*	
	Strauss	Also sprach Zarathustra
		Orchesterlieder
		Lieder mit Klavier (Franz Steiner/R. Strauss)
		Festliches Präludium
		Burleske (Wera Schapira)
		Tod und Verklärung
	25. März 1914/KH/Wiener Philharmoniker	
	Mozart	Jupiter-Symphonie,
	Beethoven	Dritte Leonoren-Ouvertüre
	Strauss	Sinfonia domestica
1915	*5. Dezember/MV/Wiener Philharmoniker (Abonnement-Konzert)*	
	Strauss	Alpensinfonie
	(den Rest des Programmes dirigierte Felix von Weingartner)	
1916	*27. Februar/MV/Wiener Philharmoniker (Abonnement-Konzert)*	
	Strauss	Also sprach Zarathustra
		Salomes Tanz
		Alpensinfonie
1918	*19. April/MV/Wiener Tonkünstlerorchester („Richard Strauss–Johann Strauß-Abend")*	
	Strauss	Zwei Militärmärsche
		Till Eulenspiegel
		Walzerfolge aus Rosenkavalier (Tanz: Grete Wiesenthal)
	J. Strauß	Fledermaus-Ouvertüre
		Frühlingsstimmenwalzer (Alfred Grünfeld, Klavier)
		Donauwalzer (Tanz: Grete Wiesenthal)
		Perpetuum mobile
		Radetzkymarsch
	29. April/Hofoper/Hofopernorchester	
	Strauss	Don Juan
		Tod und Verklärung
		3 Orchesterlieder (Lotte Lehmann)
		Sinfonia domestica
1920	*31. Januar/Finanzministerium/Ein Kammerorchester der Wiener Philharmoniker (Cerclekonzert zugunsten des Salzburger Festspielhausfonds)*	
	Strauss	Orchestersuite aus Der Bürger als Edelmann/UA

14. Februar/KH/Wiener Sinfonie-Orchester
Strauss — Alpensinfonie
Szene der Freihild aus Guntram (Berta Kiurina)
Festliches Präludium
30. Mai/MV/Wiener Philharmoniker
Mahler — Vierte Symphonie
Strauss — Also sprach Zarathustra

1921 *8. Januar/KH/Staatsopern-Orchester („Ballfest beim Prinzen Orlofsky")*
Strauß — Die Fledermaus (Ouvertüre und 2. Akt)
20. und 22. Februar/MV/Wiener Philharmoniker (zwei Arbeitersinfoniekonzerte)
Beethoven — 8. Symphonie
Strauss — Orchesterlieder (Berta Kiurina)
Mozart — Symphonie C-Dur (K.V. 551)
26. und 27. Februar /MV/Wiener Philharmoniker (zwei Abonnement-Konzerte)
Berlioz — König Lear-Ouvertüre
Mozart — Jupiter-Symphonie
Strauss — Sinfonia domestica
13. März /KH/Wiener Philharmoniker, Wiener Symphonieorchester, Volksopernorchester („Monsterkonzert")
Strauss — Alpensinfonie
7. Mai /MV/Akademischer Orchesterverein
Strauss — Hornkonzert op. 11 (Karl Stiegler)
(den Rest des Programmes dirigierte Franz Pawlikowsky)

1922 *9. März/KH/Wiener Philharmoniker*
Strauss — Don Juan
Wagner — Meistersinger-Vorspiel
28. März/KH/Wiener Symphonieorchester
Beethoven — Egmont-Ouvertüre
Violinkonzert (Adolf Busch)
6. Symphonie

14. Mai/MV/Wiener Philharmoniker (Außerordentliches Konzert)
Strauss — Also sprach Zarathustra
Orchesterlieder op. 51/ÖEA (Richard Mayr)
Ein Heldenleben
8. Dezember/KH/Schubertbund
Strauss — Bardengesang/ÖEA
9. Dezember 1922/KH/Wiener Symphonieorchester
Strauss — Alpensinfonie

1923 *16. März/MV/Wiener Philharmoniker (Außerordentliches Konzert)*
Strauss — Don Quixote

		Orchesterlieder op. 44 (Alfred Jerger)
		Sinfonia domestica
	10. April/MV/Wiener Philharmoniker (Außerordentliches Konzert)	
	Strauss	Also sprach Zarathustra
		Orchesterlieder (Elisabeth Schumann)
		Ein Heldenleben
1924	*21. Februar /MV/Wiener Philharmoniker („Richard Strauss-Abend")*	
	Strauss	Aus Italien
		Burleske (Alfred Blumen)
		Sinfonia domestica
	1. und 2. März/KH/Wiener Philharmoniker, Wiener Symphonieorchester, Volksopernorchester („Monsterkonzert")	
	Strauss	Alpensinfonie
	(den Rest des Programmes dirigierten F. Schalk und C. Krauss)	
	10. Mai/MV/Wiener Philharmoniker („Richard Strauss-Konzert")	
	Strauss	Also sprach Zarathustra
		Orchesterlieder op. 51 (Richard Mayr)
		Ein Heldenleben
	14. Mai/MV/Wiener Philharmoniker („Richard Strauss-Konzert")	
	Strauss	Don Juan
		Sinfonia domestica
1927	*27. Januar /KH/Wiener Philharmoniker (Außerordentliches Konzert)*	
	Strauss	Aus Italien
		Zwei Militärmärsche op. 57
		Salomes Tanz
		Burleske (Jascha Spiwakowsky)
		Till Eulenspiegel
1929	*22. und 23. Januar/KH/Wiener Schubertbund*	
	Strauss	Die Tageszeiten
	23. Februar/KH/Wiener Symphonieorchester	
	Spohr	Jessonda-Ouvertüre
	Mozart	Symphonie A-Dur, KV 201
	Wagner	Tannhäuser-Ouvertüre
	Strauss	Heldenleben
1930	*10. Januar/MV/Wiener Männergesang-Verein, Staatsopernorchester*	
	Strauss	Das österreichische Lied/UA
1931	*3. und 4. Januar/MV/Wiener Philharmoniker (zwei Abonnement-Konzerte)*	
	Mozart	Jupiter-Symphonie
	Beethoven	6. Symphonie
	Weber	Oberon-Ouvertüre

9. Januar/KH/Konzertvereinigung Wiener Staatsopernchor, Wiener Symphonieorchester, Wiener Singakademie

Strauss	Vorspiel zu Guntram
	Hölderlin-Hymnen (Margit Angerer)
	Zwei Orchesterlieder (Josef Manowarda)
	Taillefer
	Wanderers Sturmlied
	Zwei Stücke a cappella op. 34

24. und 25. Januar/MV/Wiener Philharmoniker, Männergesang-Verein (zwei Abonnement-Konzerte)

Haydn	Symphonie mit dem Paukenwirbel
Liszt	Faustsymphonie (Solist Georg Maikl)

3. Februar/MV/Wiener Philharmoniker (im Rahmen des Philharmonikerballes)

Strauss	Kampf und Sieg/UA

21. und 22. Februar/MV/Wiener Philharmoniker (zwei Abonnement-Konzerte)

Beethoven	7. Symphonie
Strauss	Sinfonia domestica

10. April/KH/Wiener Philharmoniker, Wiener Symphonieorchester („Monsterkonzert“)

Strauss	Alpensinfonie
Wagner	Ouvertüre zu Der Fliegende Holländer
Mozart	Adagio und Fuge c-moll
Liszt	Mazeppa

1932 *27. und 28. Februar/MV/Wiener Philharmoniker (zwei Abonnement-Konzerte)*

Mozart	Symphonie B-Dur (KV 319)
Beethoven	5. Symphonie
Liszt	Mephistowalzer
Strauss	Tod und Verklärung

1937 *20. Mai/KH/Wiener Philharmoniker, Wiener Symphonieorchester („Monsterkonzert“)*

Beethoven	5. Symphonie
Strauss	Alpensinfonie
	Festliches Präludium

1938 *19. Oktober/KH/Wiener Symphonieorchester, Singakademie, Schubertbund*

Strauss	Festliches Präludium
Beethoven	9. Symphonie (E. Rokyta, I. Riehl, J. Patzak, H. Nissen)

1939 *11. Juni/MV/Wiener Philharmoniker (Festkonzert zum 75. Geburtstag von Strauss)*

Strauss	Orchestersuite Der Bürger als Edelmann
	Sinfonia domestica

1942 *16. April/KH/Wiener Philharmoniker, Wiener Symphonieorchester („Monsterkonzert")*

Strauss	Festliches Präludium
	Alpensinfonie

1944 *11. Juni/MV/Wiener Philharmoniker (Festkonzert zum 80. Geburtstag von Strauss)*

Strauss	Till Eulenspiegel
	Sinfonia domestica

2. Strauss-Aufführungen in Staats- und Volksoper

(Datum der Erstaufführung/Dirigent)

	1902–1944	1945–1999	**Gesamt**
Ägyptische Helena (11. 6. 1928/Strauss)	30	10	**40**
Arabella (21. 10. 1933/Krauss)	29	115	**144**
Ariadne (UA 4. 10. 1916/Schalk)	143	293	**436**
(V: 10. 6. 1943/Kolisko)	37		**37**
Bürger als Edelmann (1. 10. 1924/Strauss)	4		**4**
Capriccio (1. 3. 1944/Böhm)	6	101	**107**
Couperin-Suite (Ba) (UA 18. 2. 1923/Strauss)	88	4	**92**
Daphne (25. 4. 1940/Moralt)	18	18	**36**
Elektra (24. 3. 1909/ Reichenberger)	111	203	**314**
Feuersnot (29. 1. 1902/Mahler)	24		**24**
(V: 26. 1. 1912/Pitteroff)	7	17	**24**
Frau ohne Schatten (UA 10. 10. 1919/Schalk)	61	55	**116**
Friedenstag (10. 6. 1939/Krauss)	1		**1**

	1902–1944	1945–1999	**Gesamt**
Idomeneo (Be) (UA 16. 4. 1931/Strauss)	12		**12**
Intermezzo (15. 1. 1927/Strauss) (V: 19. 6. 1969/Märzendorfer)	16	18 20	**34** **20**
Josephs-Legende (Ba) (18. 3. 1922/Strauss)	99	86	**185**
Letzte Lieder (Ba) (7. 1. 1979/Hollreiser)		69	**69**
Liebe der Danae (25. 9. 1952/Krauss)		9	**9**
Rosenkavalier (8. 4. 1911/Schalk)	332	563	**895**
Ruinen von Athen (Be) (UA 20. 9. 1924/Strauss)	6		**6**
Salome (14. 10. 1918/Schalk) (V: 23. 12. 1910/Zemlinsky)	125 38	340	**465** **38**
Schlagobers (Ba) (UA 9. 5. 1924/Strauss)	40		**40**
Schweigsame Frau (1. 3. 1968/Varviso)		53	**53**
Till Eulenspiegel (Ba) (V: 18. 12. 1940/Kolisko)	20		**20**
Die Zeit, die ist … (Ba) (9. 6. 1997/Tonband)		7	**7**
Gesamt:	1.247	1.981	**3.228**

Zahlenangaben bis 30. Juni 1999 einschließlich Auswärts-Gastspiele.
V: = Aufführungen des Kaiserjubiläums-Stadttheaters bzw. der Volksoper.
Alle anderen waren Vorstellungen der Hof- bzw. Staatsoper (im Haus am Ring, Theater an der Wien, Volksoper, Odeon und auf Gastspielen) mit Ausnahme von *Bürger als Edelmann* (= Aufführungen des Burgtheaters im Redoutensaal der Hofburg). (Ba) = Ballett, (Be) = Bearbeitung.

Anmerkungen und Quellen

I. Teil: Der Eroberer (1882–1919)

1 Richard Strauss, Betrachtungen und Erinnerungen, hg. von Willi Schuh, Zürich 1949, Abdruck mit Genehmigung des Atlantis-Musikbuch-Verlages, Mainz
2 zit n. Walter Deppisch, Richard Strauss, Reinbek bei Hamburg 1968
3 ebda.
4 zit n. Roland Tenschert, Richard Strauss und Wien. Eine Wahlverwandtschaft, Hollinek Verlag, Purkersdorf bei Wien 1949
5 ebda.
6 Original im Richard Strauss-Archiv, Garmisch
7 vgl. Clemens Hellsberg, Demokratie der Könige. Die Wiener Philharmoniker, Wien 1992
8 Diese und die folgenden Kritiken zit. n. Tenschert.
9 zit. n. Franz Willnauer, Gustav Mahler und die Wiener Oper, Wien–München 1983
10 Laut Hellsberg ist bei den Strauss-Konzerten „anhand der verkauften Karten ein reges Publikumsinteresse feststellbar".
11 zit. n. Tenschert
12 zit. n. Willnauer
13 Alle Briefe Mahler – Strauss zitiert nach: Herta Blaukopf (Hg.), Gustav Mahler. Richard Strauss. Briefwechsel 1888–1911, Piper Verlag, München 1980.
14 zit. n. Willnauer
15 zit. n. Blaukopf
16 Tenschert
17 ebda.
18 ebda.
19 Wie die Wirkung des Dirigenten Richard Strauss in wenigen Worten beschreiben? Marcel Prawy überliefert dazu das treffendste Diktum. Auf seine Frage an Karl Böhm, wie Strauss ohne merkbare Regung die überraschendsten Nuancierungen und Tempowechsel zustande gebracht hätte, antwortete Böhm: „Er is' einfach dag'sessen und war der Richard Strauss." (persönliche Mitteilung)
20 zit. n. Grasberger/Hadamowsky, Göttlich ist und ewig der Geist. Richard-Strauss-Ausstellung zum 100. Geburtstag. Katalog Österreichische Nationalbibliothek, Wien 1964
21 Dieses und die folgenden Briefzitate zit. n. Blaukopf.
22 Alma Mahler, Gustav Mahler. Erinnerungen und Briefe, Amsterdam 1940
23 Blaukopf
24 Joseph Gregor, Meister und Meisterbriefe um Hermann Bahr, Wien 1947
25 Die von Lily Reiff-Sertorius verfaßten *Erinnerungen an Richard Strauss* beziehen sich zwar nicht auf die Wiener Aufführung des *Enoch Arden*; sie enthalten jedoch ein Zeugnis der typisch Straussischen derben Ironie, mit der er überempfindliche Zeitgenossen wie Mahler wiederholt verletzt haben mag, die er jedoch auch sich selbst angedeihen ließ: „Strauss hat zu der Dichtung eine schön klingende, pianistisch dankbare melodramatische Musik geschrieben, und ich glaubte, er souffliierte wohl dem Rezitator ab und zu bei der stundenlangen Leistung, aber er widersprach entrüstet: ‚*Was* glauben Sie? Ich schlafe am Flügel, wenn ich nichts zu tun habe, und Possart stupft mich, wenn mein

Stichwort kommt. Es ist mir langweilig, jeden Abend zuzuhören, besonders wenn Possart immer an derselben Stelle ein paar Tränerln rausdrückt.' Infolgedessen konnte ich bei der Aufführung eben an jener Stelle, als alles um mich her vor Rührung schluckte und schneuzte, durchaus nicht ergriffen sein, zumal Strauss einen belustigten Blick zu uns hinunterwarf." In: Richard Strauss-Blätter (= RSB) Heft Nr. 11/1984, Hans Schneider Verlag, Tutzing

26 zit. n. Tenschert

27 zit. n. ebda.

28 zit. n. Willnauer

29 zit. n. Tenschert

30 zit. n. Oswald Panagl, „Über Strauß in seiner egoistischen (aber großartigen) Persönlichkeit". Person und Werk von Richard Strauss im Tagebuch Arthur Schnitzlers, in: RSB 39/1998

31 Alle Korngold-Zitate aus: Julius Korngold, Deutsches Opernschaffen der Gegenwart, Leipzig–Wien 1921.

32 zit. n. Blaukopf

33 Strauss, Betrachtungen und Erinnerungen

34 Richard Strauss – Hugo von Hofmannsthal. Briefwechsel, hg. von Willi Schuh, Zürich 1978, Abdruck mit Genehmigung des Atlantis-Musikbuch-Verlages, Mainz

35 siehe Anm. 34

36 Max Graf, Die Wiener Oper, Wien 1955

37 zit. n. Carmen Ottner, Hans Gregor. Direktor der Wiener Hofoper in schwerer Zeit, in: Oper in Wien 1900–1925, Symposiumsbericht, Wien 1989

38 Felix von Weingartner, Lebenserinnerungen, Zürich 1929

39 zit. n. Tenschert

40 Korngold

41 Marcel Prawy, Die Wiener Oper, Wien 1969

42 zit. n. Manfred Wagner, Alfred Roller in seiner Zeit, Wien und Salzburg 1996

43 zit. n. Kurt Wilhelm, Richard Strauss persönlich, München 1984

44 zit. n. Franz Grasberger, Richard Strauss und die Wiener Oper, Hans Schneider Verlag, Tutzing 1969

45 ebda.

46 Brief an Hofmannsthal

47 Diesen Titel trägt ein zur Zeit dieser Niederschrift noch unpublizierter Artikel von Carmen Ottner, den mir die Autorin freundlicherweise zur Einsicht überlassen hat. Geplante Veröffentlichung in den RSB, Dezember 1999.

48 zit. n. ebda.

49 zit. n. ebda.

50 Alle drei Zitate aus dem Briefwechsel Strauss – Hofmannsthal vom Juli 1914.

51 Dieser und der folgende Brief im Briefwechsel Strauss – Hofmannsthal.

52 Briefwechsel Richard Strauss – Franz Karpath, publiziert in: RSB 7/1975, hg. von Günter Brosche

53 zit. n. Ottner 1999

54 zit. n .ebda.

55 ebda.

56 Tenschert

57 Edda Fuhrich/Gisela Prossnitz, Die Salzburger Festspiele, Band I: 1920–1945, Salzburg und Wien 1990

58 zit. n. Ottner 1999

59 Hans von Bülow nannte seinen Schützling scherzhaft „Johann Wagner“. Das ist mehr als ein gelungenes Wortspiel mit Komponistennamen. Nicht nur der deutsche Farbenzauberer und Bühnendramatiker, auch der populäre österreichische Klassiker prägte das Schaffen unseres Komponisten. Anläßlich des 100. Geburtstages von Johann Strauß faßte Richard seine künstlerische Sympathie für den Wiener Namensvetter in folgende Worte: „Johann Strauß ist von allen Gottbegnadeten für mich der liebenswürdigste Freudenspender. Dieser erste, allgemeine Satz mag etwa als das Motto der Gefühle gelten, die ich für diese wunderbare Erscheinung hege. Insbesondere verehre ich in Johann Strauß die Ursprünglichkeit, die Urbegabung. In einer Zeit, wo sich schon alles ringsum mehr dem Komplizierten und Gedachten zugewandt hatte, erschien dieses Naturtalent mit der Fähigkeit, aus dem Vollen zu schöpfen. Er gilt mir als einer der letzten, die primäre Einfälle hatten. Ja, das Primäre, das Ursprüngliche, das Urmelodische, das ist's ...“ *(Neues Wiener Tagblatt,* 25. Oktober 1925).

60 Richard Specht, in: *Der Merker,* Nr. 10, zit. n. Grasberger

61 Wie Carmen Ottner (Ottner 1999) recherchiert hat, erwog Strauss bei der Programmierung des von ihm zu leitenden Konzerts auch die konzertante Aufführung einiger Passagen aus *Guntram* und *Feuersnot* mit Leo Slezak und Lotte Lehmann – gewiß nicht ohne den Hintergedanken, die beiden Werke (erstmals bzw. wieder) in den Spielplan der Hofoper zu bringen!

62 Weingartner sollte es bei diesem Anlauf nur bis an die Volksoper schaffen, die er in zeitlicher Parallelität zu Straussens Staatsoperndirektion (1919–1924) leitete.

63 Walter Perl, Visionen der Jugend. Leopold Andrian und der literarische Symbolismus, in: *Frankfurter Allgemeine Zeitung,* 15. November 1966. Vgl. auch: Hans Ulrich Becker, Giacomo Meyerbeer. Kosmopolit mit Wiener und Prager Wurzeln, in: *Le Prophète,* Programmheft der Wiener Staatsoper, 1998

64 Dieses Schreiben war auf Wunsch von Strauss in der ersten Ausgabe des Briefwechsels (1926) übrigens weggelassen worden, da es „auf falschen Voraussetzungen beruht. Der Berliner und der Wiener Strauss waren zwei ganz verschiedene Menschen.“

65 Erst nach seiner Demission hatte er sich Rechenschaft darüber abgelegt, daß ein Schläfchen nach der Vormittagsprobe („ich hörte zuerst von Richard Strauss von dieser Hygiene“) und eine „gewisse Behaglichkeit der Lebensführung“ der Gesundheit und dem Schöpfertum zuträglich sind.

66 zit. n. Grasberger

67 zit. n. Ottner 1999

68 Diese und die folgenden Zitate von Strauss und Schalk aus: Günter Brosche (Hg.), Richard Strauss – Franz Schalk. Ein Briefwechsel, Hans Schneider Verlag, Tutzing 1983.

69 Berndt W. Wessling, Lotte Lehmann. Sie sang, daß es Sterne rührte, Köln–Rodenkirchen 1995

70 zit. n. Stephen Gallup, Die Geschichte der Salzburger Festspiele, Wien 1989

71 zit. n. Tenschert

72 zit. n. Günter Brosche, Richard Strauss und Arnold Schönberg, in: RSB 2/1979

73 zit. n. Otto Strasser, Richard Strauss und die Wiener Philharmoniker, in: RSB 3/1980

74 ebda.

75 Hellsberg

76 zit. n. ebda.

77 zit. n. ebda.
78 Tenschert
79 ebda.
80 ebda.
81 Brief im Archiv der Wiener Konzerthausgesellschaft
82 *Neue Freie Presse,* 20. Oktober 1913
83 Telegramm im Richard Strauss-Archiv, Garmisch
84 Strauss – Schalk. Briefwechsel
85 Strauss – Hofmannsthal, Briefwechsel
86 Brosche, siehe Anm. 52
87 zit. n. Grasberger
88 ebda.
89 Just in dieser Zeit publizierte Weingartner seine Pläne zur Gründung einer Wiener „Theater-Intendantur". Dieses Projekt zur Verpachtung der Hoftheater um ihres Weiterbestandes willen legte Weingartner (der reichlich unglaubwürdig versicherte, die Stellung der Theaterdirektoren wäre durch seinen Ideengang nicht berührt!) auch Staatskanzler Renner vor.
90 zit. n. Grasberger
91 ebda.
92 Alle Äußerungen von Strauss und Schalk in diesem Absatz zit. n. ebda.

II. Teil: Der künstlerische Oberleiter (1919–1924)

1 zit n. Grasberger
2 Alle Zitate aus den Verträgen nach den im Richard Strauss-Archiv, Garmisch aufliegenden Kopien.
3 zit. n. Grasberger
4 Alle Briefzitate Strauss – Schalk sind dem von Günter Brosche herausgegebenen Briefwechsel entnommen (siehe I. Teil, Anm. 68).
5 Weiterführende Angaben in: K. J. Kutsch/Leo Riemens, Großes Sängerlexikon, Stuttgart 1987
6 Robert Werba, Maria Jeritza. Die Primadonna des Verismo, Wien 1981
7 Marcel Prawy in: RSB 8/1982
8 Strauss verstimmte stets die (echte oder vermeintliche) Nachlässigkeit, mit der er sein Schaffen in München behandelt sah. Als dort im August 1916 *Salome* und *Rosenkavalier* zu Ehren von Marie Gutheil-Schoder ins Programm genommen wurden, vermerkte er bitter an Hofmannsthal, er müsse sich „ausschließlich bei der Wiener Sängerin bedanken, daß in meiner Vaterstadt ab und zu ein Werk von mir aufgeführt werden darf. Es ist schon arg!" (28. Juli 1916)
9 Die *Giuditta*-Uraufführung an der Staatsoper 1934 mit Richard Tauber war Strauss ein besonderer Dorn im Auge.
10 zit. n. Grasberger
11 Als bedeutende Strauss-Sänger jener Epoche sind weiters der Baßbariton Josef von Manowarda, die Mezzosopranistin Rosette Anday und der dramatische Sopran Helene Wildbrunn sowie der geborene Brünner Alfred Jerger zu nennen. Jerger war von Richard Strauss in Zürich entdeckt worden, als er im *Rosenkavalier* für einen erkrankten Ochs einsprang. Der Komponist empfahl ihn zunächst an die Münchner Staatsoper, bis er ihn 1921 nach Wien engagierte. Hier blieb Jerger bis 1963 tätig, zeichnete sich in einem immensen Repertoire und insbesondere im Strauss-Fach (u. a. Jochanaan, Orest, Ochs, Mu-

siklehrer und Barak) aus. Als Mandryka bei der Dresdner Uraufführung der *Arabella* 1933 ging er in die Musikgeschichte ein und sang wenig später auch die Wiener Erstaufführung des Werkes. Weiters kreierte er für Wien den Storch (*Intermezzo*, 1927), Altair (*Die Ägyptische Helena*, 1933) und den *Capriccio*-Grafen (1944). Seine letzte an der Staatsoper verkörperte Strauss-Partie war der Haushofmeister in *Ariadne auf Naxos*.

12 Briefwechsel Strauss – Hofmannsthal

13 Es ist bemerkenswert, daß Hugo von Hofmannsthal selbst die „Eintragung des ersten Einfalls unterm 26. Februar 1911" fand, wie er in der *Theater- und Musikwoche* 1919, Nr. 29, angab, hatte er doch bereits vier Monate zuvor, im Oktober 1910, Strauss eine diesbezügliche Idee mitgeteilt.

14 zit. n. Hellsberg

15 Brief an Schalk, 26. Juli 1919

16 zit n. Wessling (Anm. 69, Teil I)

17 Heinrich Kralik, Richard Strauss. Weltbürger der Musik, Wien 1963

18 zit. n. Grasberger

19 zit. n. ebda.

20 zit. n. ebda.

21 zit n. Susanne Rode-Breymann, Die Wiener Staatsoper in den Zwischenkriegsjahren. Ihr Beitrag zum zeitgenössischen Musiktheater, Hans Schneider Verlag, Tutzing 1994

22 zit. n. Tenschert

23 zit. n. Grasberger

24 zit n. Hellsberg

25 Max Springer in der *Reichspost*, 21. Oktober 1920

26 Luzi Korngold, Erich Wolfgang Korngold. Ein Lebensbild, Verlag Lafite, Wien 1967

27 Michael Bohnen war übrigens auch der Ochs in dem 1925 gedrehten *Rosenkavalier*-Film, zu dem Hofmannsthal das Szenario, Richard Strauss einige Neukompositionen beisteuerte.

28 Tenschert

29 Matthew Boyden (Richard Strauss, München–Wien 1999) beziffert die Vermögensverluste, die Strauss im Gefolge des Ersten Weltkriegs erlitt, auf rund 20 Millionen DM. Und so „begann ein Leben mühevollen Geldverdienens von vorne" (Strauss).

30 hierzu ausführlich in: Carmen Ottner (Hg.), Oper in Wien 1900–1925, Symposiumsbericht, Wien 1989

31 Maria Jeritza hatte am 19. November 1921 ihr triumphales Metropolitan-Debüt in Korngolds *Die tote Stadt* gefeiert.

32 Die Wiener Erstaufführung des *Bürger als Edelmann* fand schließlich doch unter des Komponisten Leitung am 1. Oktober 1924 im Redoutensaal statt.

33 Tenschert

34 Nebenbei sei angemerkt, daß sich der Burgtheaterdirektor Max Paulsen, der am 1. August 1921 sein Amt angetreten hatte, ebenso wie die Staatsopernleiter über eine zweite Spielstätte freuen konnte: dreieinhalb Monate vor dem Redoutensaal war, am 8. September 1922, das Akademietheater eröffnet worden.

35 Der Brief wurde am Morgen des 19. März 1922 geschrieben.

36 zit. n. Tenschert

37 zit. n. Rode

38 L. Korngold

39 Brief an Schalk vom 21. Oktober 1922
40 L. Korngold
41 zit. n. Grasberger
42 Am 29. Mai 1922 vollendete der Komponist und Kritikersohn sein 25. Lebensjahr.
43 zit. n. Grasberger
44 abgedruckt im Briefwechsel Strauss – Schalk
45 Rode
46 Eine der letzten Produktionen im Redoutensaal vor dessen vorläufiger Schließung für den Theaterbetrieb 1973 galt Strauss' Couperin-Bearbeitung unter dem Titel *Hommage à Couperin* (Choreographie: Aurel von Miloss).
47 zit. n. Grasberger
48 Rode
49 Grasberger
50 abgedruckt im Briefwechsel Strauss – Schalk
51 „Noch 1946 erinnerte sich Strauss in einem Brief an den früheren Vorstand der Philharmoniker Burghauser Szells. Er läßt ihn grüßen und fragt, ob er noch immer den Eulenspiegel (auswendig) spiele." Strasser in: RSB 3/1980
52 zit. n. Tenschert
53 ebda.
54 Hellsberg
55 Auf der Südamerika-Reise verstarben drei Musiker: der Primgeiger Karl Knoll schied mit nur 38 Jahren freiwillig aus dem Leben, der Klarinettist Franz Behrends und der Kontrabassist Eduard Madenski, beide von Strauss hochgeschätzt, wurden von Lungenentzündungen dahingerafft.
56 RSB 3/1980
57 Hellsberg
58 dieses und das folgende Zitat nach Rode.
59 Laut einer persönlichen Mitteilung Maria Gerharts an Robert Werba schrieb Strauss im *Abu Hassan* zusätzliche Kadenzen für zwei Arien der Künstlerin.
60 zit. n. Wilhelm
61 Tenschert: „Das kleine Gelegenheitspoem, ein Unikum im Œuvre des Meisters, war seit seinem Erklingen bei der Hochzeitszeremonie verschollen und ist erst am 4. Mai 1948 bei einem Konzertabend des Wiener Schubertbundes mit Louis Dité und Adolf Broschek an der Orgel zur ersten öffentlichen Konzertaufführung gelangt."
62 Rosenauer wurde Mitte der 1920er Jahre von dem Komponisten auch für den Bau eines Strauss-Festspielhauses bei Athen ausersehen. Zur Verwirklichung dieses ehrgeizigen Projektes ist es allerdings nie gekommen
63 siehe Wilhelm
64 Diese Behauptung äußerten nicht nur straussfeindliche Zeitgenossen wie Emil Petschnig ("... der rücksichtslose Ausbeuter der österreichischen Gemütlichkeit [um nicht zu sagen: Dummheit], welche Rolle er anscheinend nicht so bald aufzugeben gesonnen ist, baut er sich doch jetzt hier eine prächtige Villa auf von der Gemeinde kostenlos überlassenem Grundstücke", zit. n. Franzpeter Messmer, Richard Strauss. Biographie eines Klangzauberers, Zürich 1994), sondern auch Strauss-Forscher unserer Zeit wie Karl Kramer („In addition to the many musical and festive celebrations in honor of his sixtieth birthday, Strauss received a plot of land as a gift from the city of Vienna." In: RSB 16/1986)!

65 zit n. Wilhelm
66 RSB Nr. 19/1988
67 Friderike Zweig/Stefan Zweig, Unrast der Liebe. Ihr Leben und ihre Zeit im Spiegel ihres Briefwechsels, © 1951 und 1981 by Scherz Verlag, Bern, München, Wien
68 Susanne Rode in: RSB 28/1992
69 ebda.
70 „Wiener Sommer 1924", in: Alfred Polgar, Kleine Schriften, Band I, © 1983 by Rowohlt Verlag GmbH, Reinbek
71 zit. n. Rode
72 Die eskapistische Bedeutung von Oper im allgemeinen und Operntheater im besonderen sollte sich mit den immer ernsteren politischen Verhältnissen jedoch immer stärker ausprägen. Eine auf die Braunfels-Oper *Don Gil* gemünzte Rezension Rudolf Felbers vom Mai 1925 macht dies deutlich: „Der heutige Mensch liebt es nicht, unaufhörlich an den Ernst seines Lebens erinnert zu werden. [...] In der langen Zeit des letzten, schrecklichsten aller Kriege hat er allzulange ernsten, trübsinnigen Gedanken nachhängen müssen. Darum verlangt es den Menschen heute in seinen Mußestunden nur nach Humor" (zit. n. Rode). Die bislang letzte gelungene Ehrenrettung von *Schlagobers* unternahm Walter Werbeck beim Strauss-Symposium 1999.
73 Günter Brosche, „Warum Strauss nicht Ehrendoktor der Wiener Universität werden konnte", in: RSB 31/1994
74 publiziert in: RSB 11/1984
75 Signe Scanzoni/Götz Klaus Kende, Der Prinzipal. Clemens Krauss. Fakten, Vergleiche, Rückschlüsse, Hans Schneider Verlag, Tutzing 1988
76 Strauss am 20. Juni 1929 an Schalk: „[...] ich glaube nicht, daß in der Weltgeschichte ein zweites Duomvirat [sic!] von gleicher menschlicher und künstlerischer Übereinstimmung existiert."
77 zit. n. Grasberger
78 Minna von Alth/Gertrude Obzyna, Burgtheater 1776–1976, Bd. I, Wien 1977
79 zit. n. Grasberger
80 zit. n. Kralik
81 Originaldokument im Richard Strauss-Archiv, Garmisch
82 Auch nach dem Zweiten Weltkrieg wirkte diese Konditionierung des Spielplans, die natürlich in engem Zusammenhang mit der Erwartungshaltung des Publikums zu sehen ist, deutlich nach: die tabellarische Übersicht „40 Jahre Strausspflege", von Götz Klaus Kende und Stephan Kohler in RSB 16/1986 weist nach, daß Wien auch gegenüber Strauss' Vaterstadt zwischen 1946 und 1986 die Oberhand bewahrte: 1337 Strauss-Aufführungen in München standen immerhin 1489 in Wien gegenüber.
83 Brief an Hofmannsthal, ca. 12. März 1913
84 zit. n. Grasberger

III. Teil: Der große alte Herr (1925–1949)

1 Marcel Prawy, Die Wiener Oper, Wien 1969
2 Günter Brosche, Richard Strauss – Clemens Krauss. Briefwechsel, Hans Schneider Verlag, Tutzing 1997 (so auch alle weiteren Zitate aus dem Briefwechsel)
3 Otto Strasser, Und dafür wird man noch bezahlt. Mein Leben mit den Wiener Philharmonikern, Wien 1974, © Copyright 1974 by Paul Neff Verlag, Wien, as-

signed by Otto Strasser 1993 to Theater-Verlag Eirich Gesellschaft m. b. H., A-1150 Wien. Der Abdruck erfolgt mit freundlicher Genehmigung des Verlages.

4 „Schalk bleibt uns erhalten und mit ihm die nüchterne Tüchtigkeit und die Herrschaft des Musikbeamtentums“, lautete etwa das Verdikt von Heinrich Kralik. Richard Specht urteilte differenzierter: „[...] ich empfinde es als schwere Ungerechtigkeit, einen Künstler von solcher Kultiviertheit und Traditionstreue, der sich in allen Krisen des Opernhauses als das klügste ‚staatserhaltende' Element erwiesen hat, jetzt mit Unbill zu überhäufen“ (zit. n. Rode).

5 zit. n. Rode

6 Wesentliche Angaben über Franz Schneiderhan verdanke ich Hofrat Dr. Günter Brosche. Der verdienstvolle Leiter der Musiksammlung der Österreichischen Nationalbibliothek und Generalsekretär der Internationalen Richard Strauss-Gesellschaft hat mich dankenswerterweise in den noch unpublizierten Artikel „Im Zimmer nebenan. Richard Strauss' Tätigkeit an der Wiener Oper nach seinem Ausscheiden als Direktor“ (1999) Einblick nehmen lassen. Erwähnter Artikel sowie der Briefwechsel zwischen Richard Strauss und Franz Schneiderhan, bearbeitet von Günter Brosche, werden demnächst in den Richard Strauss-Blättern erscheinen.

7 Strauss schrieb auf Kopfpapier der Staatsoper: „Dr. Richard Strauss verpflichtet sich, ab 1. Dezember 1926 für fünf Jahre jährlich zwischen 1. Dezember und 1. Mai je 20 Vorstellungen (davon mindestens 15 eigene Werke) ehrenamtlich in der Staatsoper zu dirigieren. (2500 S. pro Vorstellung als Honorar in Rechnung gestellt). Er macht außer der für das Baurecht bereits überlassenen Rosenkavalierpartitur auch die Partitur der *Ägyptischen Helena* nach ihrer Vollendung der Staatsbibliothek zum Geschenk.
Für diese Leistungen wandelt die österreichische Regierung den mit Dr. Strauss geschlossenen Vertrag über das Baurecht in ein dauerndes Eigentumsrecht um, wogegen sich Dr. Strauss verpflichtet, das Haus 10 Jahre lang ab 1. Dezember gar nicht [zu] verkaufen. [...] Dieses Anrecht auf Eigentum erlischt auch nicht, wenn Dr. Strauss durch Krankheit oder Tod an der Erfüllung der Dirigierverpflichtung gehindert wird. In diesem Falle sind die Erben verpflichtet die an $2^1/_2$ Milliarden fehlende Restquote in Raten nachzuzahlen. Die österreichische Regierung sichert für die Dauer seiner Dirigiertätigkeit Dr. Strauss Befreiung von Einkommens- und Kapitalrentensteuer zu, stellt ihm ein Staatstelefon und Dienstauto kostenlos, sowie für die Dauer seines Aufenthalts in Wien die Parterreloge rechts 2 als Dienstloge. Dr. Richard Strauss. Garmisch, 25. September 1926.“ Zitiert nach Brosche 1999.

8 zit n. Grasberger/Hadamovsky

9 „Von mir nicht verschuldete Verhältnisse zwingen mich leider Sie zu bitten, für dieses Jahr von meinen gegebenen Versprechen mich zu entbinden“, lautete der Telegrammtext (zit. n. Strasser in: RSB 3/1980).

10 Dieser und die folgenden Briefe zit. n. Brosche 1999.

11 Oft hat Clemens Krauss darauf hingewiesen, daß ihm nicht nur die Pflege der Straussischen Meisterwerke am Herzen lag, sondern daß er auch sonst von dieser Musikerfigur geprägt worden ist, z. B.: „Richard Strauss belehrte mich über Hans von Bülows Auslegung der Tristanpartitur, der als Dirigent der Uraufführung wohl noch im Besitz aller Wünsche Richard Wagners war.“ (Zit. n. Thomas Leibnitz, „Sie wissen am besten was ich brauche“. Clemens Krauss: Eine Karriere im Zeichen Richard Strauss' und der Oper, in: RSB 30/1993.) Auch in der Diri-

giertechnik verdankte Krauss einiges dem Meister: „Mit einfacher, an Richard Strauss gemahnender Zeichengebung, ohne jegliche ekstatische Verzerrung der Gesichtszüge führte er in gemessener Ruhe den Taktstock, während die meist ruhende linke Hand kleine Anweisungen gab.“ (Ebda.)

12 zit. n. Strasser in: RSB 30/1993

13 zit n. Leibnitz in: RSB 30/1993

14 Höchste Leistung aus begeistertem Herzen. Clemens Krauss als Direktor der Wiener Staatsoper. Eine Dokumentation von Götz Klaus Kende, Salzburg 1971

15 zit. n. Fuhrich/Prossnitz

16 im Briefwechsel Strauss – Hofmannsthal

17 Kende 1971

18 ebda.

19 zit. n. Grasberger

20 Zur Analyse des musikalischen Gehalts dieser Bearbeitung darf auf Raymond Holdens detaillierten Beitrag „Richard Strauss' Performing Version of *Idomeneo*“ in: RSB 36/1996 verwiesen werden.

21 Original in der Musiksammlung der Österreichischen Nationalbibliothek

22 vgl. Franz Mailer, „Zum Besten der Musikstadt Wien und im Interesse aller“. Aus der Chronik der Konzertvereinigung Wiener Staatsopernchor, in: 50 Jahre Konzertvereinigung Wiener Staatsopernchor, Wien 1977

23 vgl. Festbroschüre 100 Jahre Wiener Schubertbund, Wien 1963

24 vgl. Hans Peter Kauder, Anmerkungen zu Richard Strauss-Autographen im Vereinsschatz des Wiener Männgergesang-Vereins, in: RSB 29/1993

25 Hellsberg: „Musikstück für Orchester, auch *Festliches Vorspiel* genannt, ist eine Zusammenfassung der ersten und dritten von insgesamt vier Nummern aus *Festmusik zu lebenden Bildern* (uraufgeführt 1892 in Weimar); die Uraufführung von *Kampf und Sieg* als Einzelkomposition erfolgte auf dem Philharmonikerball.“

26 im Briefwechsel Strauss – Krauss

27 an Krauss am 21. März 1932

28 Strasser in: RSB 3/1980

29 abgedruckt bei Grasberger

30 Kende 1971

31 ebda.

32 vgl. Hellsberg

33 dazu detailliert: Kende/Scanzoni 1988

34 Strasser in: RSB 3/1980

35 an Joseph Gregor, 8. Januar 1935

36 an Strauss, 7. Oktober 1935

37 zit. n. Franz und Alice Strauss/Franz Grasberger (Hgg.), Der Strom der Töne trug mich fort. Die Welt um Richard Strauss in Briefen, Hans Schneider Verlag, Tutzing 1967

38 an Zweig am 26. Februar 1935

39 Es ist allgemein bekannt, wie glücklich Strauss mit dem unerwartet kongenialen Stefan Zweig war. Weniger bekannt ist eine kuriose Briefstelle, in der sich der hochgebildete Literat nicht gerade als Kenner des Straussischen Liedschaffens erweist. Seine Frau Friderike ließ er im Januar 1933 wissen: „Von Strauss habe ich einen reizenden Brief, er schreibt mit Noten das Lied hin (ich glaube von Brahms): ‚Daß ich Dich gefunden, Du liebstes [sic!] Kind/Das freut mich alle Tage, die mir beschieden sind‘“!

40 Oliver Rathkolb, Führertreu und gottbegnadet. Künstlereliten im Dritten Reich, Wien 1991
41 Fred K. Prieberg, Musik im NS-Staat, Frankfurt a. Main 1982
42 Alfred Polgar, Auszug aus „Inspiration“, Kleine Schriften, Band 1, © 1983 by Rowohlt Verlag GmbH, Reinbek
43 Hans Hotter, „Der Mai war mir gewogen ...“. Erinnerungen, München 1996
44 Brief vom 21. Juni 1939, vgl. Rathkolb
45 zit. n. Rathkolb
46 „Wir hatten, eine kleine Nebenabsicht damit verbunden, dieses kammermusikalische Stück mit unseren jüngsten Leuten besetzt, um zu zeigen, was uns verlorenginge, wenn sie einrücken müßten.“ (Strasser 1974).
47 Strasser 1974
48 Hellsberg
49 Rathkolb
50 G. Brosche, Miscellanea. Richard-Strauss-Autographen nach Wien, in: RSB 31/1994
51 abgedruckt in: Kurt Wilhelm, „Fürs Wort brauche ich Hilfe“. Die Geburt der Oper *Capriccio* von Richard Strauss und Clemens Krauss, München 1988
52 zit. n. Strauss/Grasberger
53 zit. n. ebda.
54 Der Anlaß war keineswegs, wie Fred K. Prieberg mutmaßt, der fünfte Jahrestag von Hitlers Einzug in Wien!
55 vgl. Kurt Zerzawy, Von der „Volksoper“ zum „Opernhaus der Stadt Wien“: 1938–1945, in: Die Volksoper. Das Wiener Musiktheater, Wien 1998
56 Briefzitate teilweise nach den Originalen und Abschriften im Garmischer Archiv, teils nach: Karl Böhm, Begegnungen mit Richard Strauss, hg. von Franz Eugen Dostal, Wien 1964
57 Prieberg
58 Hotter
59 Böhm/Dostal
60 ebda.
61 zit. n. Strauss/Grasberger
62 zit. n. Böhm/Dostal
63 Josef Weinheber, Sämtliche Werke Bd. 2, Otto Müller Verlag, Salzburg 1972
64 zit. n. Korinna Kohout (Hg.), Richard Strauss dirigiert Architektur. Der Komponist und sein oberösterreichischer Architekt Michael Rosenauer. Ausstellungskatalog, Linz 1999
65 an Heinz Tietjen, in: Strauss/Grasberger
66 Original im Richard Strauss-Archiv, Garmisch
67 in: Richard Strauss, Betrachtungen und Erinnerungen
68 Schon am 25. März 1942 hatte Strauss an Clemens Krauss geschrieben: „Sie dürfen nicht vergessen, daß unser Capriccio kein Stück fürs große Publikum, um so mehr als es in einem zu großen Haus gespielt wird, wo man nur ein Drittel des Textes versteht. Das Theater an der Wien wäre dafür das richtige Haus!“
69 zit. n. Strauss/Grasberger
70 zit. n. ebda.
71 Original im Archiv der Wiener Philharmoniker
72 Peter Dusek/Helmut Koller, Elektra. Rache ohne Erlösung. Das Buch zum Film, Monaco o. J.

Namenregister